목적이 이끄는 기독교 기본 교리

(인도자용 1)

국제제자훈련원은 건강한 교회를 꿈꾸는 목회의 동반자로서 제자 삼는 사역을 중심으로
성경적 목회 모델을 제시함으로 세계 교회를 섬기는 전문 사역 기관입니다.

목적이 이끄는 기독교 기본 교리(인도자용 1)

초판 1쇄 발행 2005년 7월 22일
개정 1판 1쇄 발행(4쇄) 2006년 1월 27일
개정 1판 6쇄 발행(9쇄) 2015년 1월 30일

지은이 새들백교회 톰 할러데이·케이 워렌 공저

펴낸이 박주성
펴낸곳 국제제자훈련원
등록번호 제2013-000170호(2013년 9월 25일)
주소 서울시 서초구 효령로68길 98 (서초동)
전화 02-3489-4300 **팩스** 02-3489-4329
E-mail dmipress@sarang.org

ISBN 978-89-5731-154-7 03230

※ 책값은 뒤표지에 있습니다. 잘못된 책은 구입하신 곳에서 교환해드립니다.

목적이 이끄는 기독교 기본 교리

새들백교회의

톰 할러데이 · 케이 워렌 공저

국제제자훈련원

서문

왜 이 교재를 사용해야 하는가?

노스캘리포니아의 시에라 산맥에 통나무 집을 지은 적이 있다. 10주 동안 허리가 휘어지게 산지를 개간한 후, 내 눈앞에 나타난 것은 평평한 사각형의 튼튼한 지반뿐이었다. 나는 실망스러웠지만, 평생 100채 이상의 교회 건물을 지으신 아버지께서는 "얘야, 기운을 내거라! 기초를 놓았으면, 이제 가장 중요한 일은 끝난 거야"라고 말씀하셨다. 나는 그것이 삶의 모든 영역에 적용되는 원리라는 것을 그때 배울 수 있었다. 기초가 감당할 수 있는 것 이상의 건물은 결코 세울 수 없다.

기초가 건물의 크기와 내구성을 결정하며, 그것은 우리의 삶에서도 마찬가지다. 거짓된 기반 위에 세워진 삶은 하나님이 원하시는 높이에 결코 도달할 수 없다. 기초 공사를 날림으로 한다면, 당신의 삶 역시 뻗어 나갈 수 없을 것이다.

그런 이유로 이 교재는 매우 중요하다. 『목적이 이끄는 기독교 기본 교리』는 목적이 이끄는 삶의 성경적 기초가 된다. 당신에 대한 하나님의 목적을 성취하려면, 삶을 변화시키는 이 진리들을 먼저 이해해야만 한다. 이 교재는 이미 새들백교회에서 지난 10년 이상 수천 명의 사람들이 배워 왔으며, 끊임없이 보완되었다. 나는 이 교재를 배우는 과정이 우리 교회에서 가장 중요한 과정이라고 말하곤 한다.

왜 삶에 성경적 기반이 필요한가

- *개인의 성장과 안정을 위해 필요하다.* 우리 삶의 매우 많은 문제들이 잘못된 생각에서 시작된다. 그런 이유로 예수님은 진리가 우리를 자유케 할 것이라 말씀하셨고, 골로새서 2장 7절에서 "그(그리스도) 안에 뿌리를 박으며 세움을 입어"라고 말씀하셨다.
- *건강한 가정을 위해 필요하다.* 잠언 24장 3절에서 "집은 지혜로 말미암아 건축되고 명철로 말미암아 견고히 되며"라고 말씀한다. 급변하는 세상 속에서 흔들리지 않는 가정은 하나님의 불변의 진리 기초 위에 세워진다.
- *리더십의 출발점이 된다.* 자신이 가 본 곳보다 더 멀리까지 사람들을 인도할 수는 없다. 잠언 16장 12절은 "그(왕의) 보좌가 공의로 말미암아 굳게 섬이니라"라고 말씀한다.
- *천국의 영원한 상급의 근거다.* 바울은 "만일 누구든지 …이 터 위에 세우면 각각 공력이 나타날 터인데 그날이 공력을 밝히리니 …만일 누구든지 그 위에 세운 공력이 그대로 있으면 상을 받고"(고린도전서 3:12~14)라고 말했다.
- *하나님의 진리만이 영원한 기반이다.* 성경은 "바른 말 곧 우리 주 예수 그리스도의 말씀과

경건에 관한 교훈에 착념"(디모데전서 6:3)하며 "하나님의 견고한 터는 섰으니"(디모데후서 2:19)라고 말씀한다.

예수님은 이 중요한 진리를 설명하시며 산상수훈의 결론을 내리셨다. 두 채의 집이 다른 기초 위에 세워졌다. 모래 위에 세워진 집은 비, 홍수, 바람에 휩쓸려 떠내려가 파괴되었다. 그러나 견고한 반석 위에 세워진 집은 튼튼히 남아 있었다. 예수님은 "그러므로 누구든지 나의 이 말을 듣고 행하는 자는 그 집을 반석 위에 지은 지혜로운 사람 같으리니"(마태복음 7:24)라고 결론을 내리셨다. 유진 피터슨이 의역한 영어 성경인 『MESSAGE』 역에서는 이 뜻을 더 명확하게 보여 주고 있다. "내가 너희에게 하는 이 말은 너희 삶에 도움이 되는 정도의 말이 아니라… 너희 삶을 세울 기초가 되는 말이다."
나는 이 교재 과정을 더 할 수 없을 만큼 강력히 추천한다. 이 과정은 우리 교회, 우리 교회의 교역자들, 그리고 수천 명의 평신도들의 삶을 변화시켰다. 너무나 많은 사람들이 너무나 오랫동안 우리의 일상생활과 신학은 연관이 없다고 생각하고 살아 왔다. 그러나 이 과정은 바로 그 틀을 깨어버린다. 이 교재는 우리가 믿는 것이 우리가 매일 행동하고 말하는 것의 기초가 되었다는 것을 분명히 보여 준다. 삶을 변화시키는 이 교재를 이제 모든 사람들이 사용할 수 있게 되었다는 사실이 나는 너무 감격스럽다.

-릭 워렌, 새들백교회 담임목사
『목적이 이끄는 삶』 저자

감사의 글

이 교재는 미국 새들백교회의 수백 명의 사역자들이 지난 10년 간 성실하게 사역한 결과물이다. 교재 연구에 참여했거나 이 교재를 직접 가르치며 소그룹을 인도했던 사역자들 모두에게 깊이 감사한다. 그들 모두의 이름을 들어 감사를 전하는 것은 불가능하겠지만, 그중에서도 린다 존슨, 케리 존슨, 톰 울리히, 론 로즈, 엘리자베스 스티프, 타드 웬도프, 롭 드클로츠, 숀델 할러데이의 이름을 기억하고 싶다. 그들이 했던 사역은 지금 당신의 손에 들린 이 교재에 뚜렷한 흔적을 남겼을 뿐 아니라, 더 나아가 그들이 가르치고 양육한 사람들의 삶에 흔적을 남겼다.

드러나지 않는 곳에서 섬겼던 하나님의 종들에게도 감사의 마음을 전하고 싶다. 또한 우리에게 신학자들을 주신 데 대해 하나님께 감사한다. 수천 년의 세월 동안, 그들은 하나님의 백성들이 진리의 반석 위에 발을 디디고 굳게 서도록 도와주었다. 우리는 본 교재에서 신학 서적을 많이 인용하지 않는 대신, 그 서적에서 말하는 교리를 잘 설명하고 있는 목사들과 작가들의 글을 인용했다. 그러나 오해하지 않기 바란다. 이 책의 모든 인용문과 이 교재의 모든 내용은 신학자들이 땀 흘리며 이룩한 연구를 기반으로 한다.

-톰 할러데이, 케이 워렌

들어가기 전에

진리가 우리를 자유케 하리라

교리가 딱딱하고 재미없다고 생각하는가? 사실 기독교에서 교리보다 더 신나고 재미있는 것은 없다.

교리란 하나님의 말씀을 연구하는 것이다. 하나님의 말씀은 결코 변하지 않는 진리다. 그리고 진리는 나 자신과 세상에 대해서 올바른 시각을 갖게 해 준다. 따라서 믿음으로 모든 결정을 내릴 수 있게 해 주고 기쁨을 누리게 해 준다. 신나고 즐거운 일이다.

이 교재의 목적은 기독교 신앙의 기본 진리들을 간단명료하고, 체계적이고, 삶에 적용할 수 있도록 가르치는 것이다. 다시 말해, 교리를 가르치려는 것이다. 왜 교리를 배워야 할까? 당장 먹고 살기도 힘든 이 세상에서 왜 교리를 배워야 하는가? 그 이유는 성경 교리가 우리 앞에 놓인 그 절실한 필요들에 답을 주기 때문이다. 그러므로 개인적인 신앙 생활과 삶을 영위해 나가는 문제를 교리와 상관없는 것으로 보지 말길 바란다. 우리에게는 두 가지 모두 필요하다. 우리 모두는 인생 가운데 만나는 문제와 필요들을 어떻게 해결해야 하는지 배워야 한다. 근심 걱정을 해결하는 한 가지 열쇠는 천국의 소망에 대한 교리를 깨닫고 마음에 두는 것이다. 결혼한 부부라면, 더 나은 결혼 생활에 대해 성경이 무엇이라고 가르치는지 알아야 할 것이다. 동시에 우리 모두는 교리를 더 깊이 이해함으로써, 건강한 관계를 형성하는 기반이 되는 하나님의 사랑을 확신해야 할 것이다. 부모들은 자녀 양육에 대한 성경의 실제적인 가르침을 배워야 한다. 동시에 하나님의 주권, 즉 하나님께서 통치하신다는 사실을 이해해야 할 것이다. 그럼으로써 부모로서 불가피하게 겪게 되는 고비들을 잘 통과해 나갈 수 있게 된다. 교리는 우리의 가장 깊숙한 필요들을 채워 준다.

우리의 옆과 위와 내면을 바라보는 관점을 바꾸어 놓을 성경 공부 과정에 참여하게 된 것을 환영한다. 이 교재의 목표는 기독교 세계관 개발이다. 기독교 세계관은 모든 것을 하나님 관점의 필터로 보는 능력이다. 이 교재를 공부함으로써 다음과 같은 유익을 얻게 될 것이다.

교리가 살아 움직이게 하라!

깊이 있는 교리를 가르치기 위해 복잡한 공식이나 도표를 활용할 수도 있을 것이다. 그러나 꼭 그래야만 교리를 가르칠 수 있는 것은 아니다. 배운 진리를 일상생활에 적용할 수 있도록 교리를 가르치는 몇 가지 방법을 나누어 볼까 한다. 당신이 이미 숙련된 교사라 하더라도, 우리가 제안하는 것에서 한두 가지 새로운 아이디어를 얻을 수 있기 바란다. 그리고 이제 막 교사로 섬기기 시작했다면, 이 제안들을 당신의 생명줄로 여기고 세상에서 가장 신나는 메시지인 하나님에 관한 진리를 나누기 시작하기 바란다.

1. 개인적으로 적용하게 하라

- 당신의 의문점에 대해 이야기하라.
- 투명하게 당신을 오픈하라.
- 당신의 삶의 이야기들을 하라.
- 오늘 배운 진리가 내일 무엇을 변화시킬지 생각하라.

2. **신비한 것을 너무 단순하게 만들어서 가르치거나, 단순한 것을 너무 신비하게 포장해서 가르치지 말라.** 어떤 진리들은 우리가 결코 이해할 수 없는 것들이 있다(예를 들어, 하나님의 영원성 또는 삼위일체 교리 등). 지난 2,000년 동안 수많은 신학자들이 붙잡고 씨름해 온 진리들을 간단하게 가르치려고 애쓰지 말라. 이해할 수 없는 심오한 문제를 명확하게 가르치려 하다 보면 오히려 많은 부분을 전달하지 못하게 되는 것이 당연하다. 성경에는 우리가 이해할 수 없는 문제들이 많다는 사실을 편안하게 받아들이라. 때로 교리는 쉽게 풀리는 수학 공식 같지만, 사실은 들으면 들을수록 그 복잡함과 단순함에 경외감을 품게 되는 아름다운 교향곡과 같다.
반대로, 모든 교리를 너무 어렵게 설명하고 있지는 않은지 돌아보라. 교리를 가르칠 때 흔히 범하게 되는 실수는 단순한 진리를 설명하려고 복잡한 설명을 덧붙이는 것이다. 예수님을 보라. 그분은 일상생활의 간단한 것들을 사용하여 하나님의 깊은 진리를 묘사하셨다. 예수님은 하늘의 새를 통해 하나님의 사랑을 가르치셨고(마 6:26), 꽃을 보며 하나님의 축복을 보이셨고(마 6:28~32), 씨로 하나님의 말씀을 묘사하셨다(마 13:4~9). 그 장면을 머릿속에 그려 보라. 가능한 한 쉽게 가르치라.

3. **진리가 사람들을 자유케 한다는 것을 잊지 말라.** 교재를 준비할 때, 또는 모임 시간 직전에 "나는 부족하지만, 이 시간 누군가가 자유케 되어 변화를 맛볼 것이다"라고 스스로에게 말하라. 예수님은 "진리가 너희를 자유롭게 하리라"(요 8:32)라는 말씀으로 이러한 역사를 약속하셨다. 그리스도의 진리는 우리를 꽁꽁 묶고 있는 거짓말들을 파괴하는 능력이 있다.

4. **목소리에 열정을 담아 가르치라.** 이 교재의 인도자들을 교육하면서 보니, 성공의 열쇠는 얼마나 열정을 가지고 가르치느냐의 문제였다. 당신이 가르치게 될 내용은 성도 개개인에게 매우 중요한 문제이기 때문에, 사탄은 심지어 당신이 말하고 있는 중에도 당신이 하고 있는 일의 영향력을 스스로 의심하도록 유혹할 것이다. 아무도 당신의 말에 귀 기울이지 않는다거나, 당신이 가르치는 것이 그들의 삶에 별 영향을 끼치지 못할 것이라는 좌절감을 느끼게 할 것이다. 당신이

가르치는 진리가 사람들의 삶을 변화시킬 것이라는 하나님의 약속을 믿으라. 그러면 사람들은 당신의 목소리에서 열정을 느낄 것이다.

5. **그룹원들과 의사소통하라.** 전화 통화를 할 때, 당신은 통화하는 상대방과 연결된다. 그러나 갑자기 연결이 끊어지면, 의사소통이 끝난다. 가르칠 때도 똑같다. 이 인도자용 교재에는 당신이 가르치는 사람들과 "연결"을 유지하도록 도와줄 수 있는 많은 조언들이 담겨 있다. 그중 가장 중요한 두 가지는 이미 언급한 것으로서, 개인적으로 적용하도록 가르치고, 목소리에 열정을 담아 가르치라는 것이다.

우리가 기도하는 바는 전도서 12장 10절의 말씀이 우리 모두에게 참으로 실현되는 것이다. "전도자가 힘써 아름다운 말을 구하였나니 기록한 것은 정직하여 진리의 말씀이니라." 진리를 가르치는 일에 하나님께서 당신을 사용하셔서 진리가 사람들의 가슴에 새겨지고 그들의 마음을 사로잡기를 기도한다. 우리를 능히 이기게 하실 이 진리를 다른 사람들과 나눌 때, 당신과 하나님의 관계 역시 더욱 새로워지기를 바란다.

-톰 할러데이, 케이 워렌

이 교재의 사용법

이 교재의 특징

이 인도자용 교재에는 인도자를 위한 각종 자료들이 포함되어 있다.

1. **강의안**: 강의안은 최대한 쉽게 가르칠 수 있도록 만들어졌다. 각 단락마다 어떻게 가르쳐야 할지 안내해 주는 상세한 강의 노트가 들어 있다. 물론 이 강의 노트를 사용하기 쉽게 수정할 수도 있고, 인도자의 스타일에 맞게 변형할 수도 있다. 다만 이 자료들은 인도자가 가르칠 내용을 준비할 수 있도록 만들어졌다. 강의 노트에는 교리의 개요, 적절한 예화들이 들어 있으며, 그 교리를 매일의 삶에 어떻게 적용할지 그룹원들과 토론할 수 있도록 도울 것이다. 이 자료들을 잘 활용한다면, 그룹이 교재 공부를 시작하는 데 도움이 될 것이다.

   이 교재를 효과적으로 활용하기 위해 알아 두어야 할 몇 가지가 있다.

- 인도자용 자료는 각 연구 단락의 서두에 있는 강의 개요를 따른다.
- 학생용 교재와 번갈아 가며 볼 필요 없도록, 학생용 교재의 내용과 중복되는 내용은 굵은 글씨체로 표기했다. 인도자용 교재 한 권만 가지고도 인도할 수 있다.

예수님의 이름들 5

상대방을 알기 위해 가장 먼저 알아야 할 것 중 하나는 이름이다. 그런데 예수님의 경우에는 이름을 아는 것이 그리 쉬운 일이 아니다. 엘웰의 『*Topical Analysis of the Bible*』(주제별 성경 분석)에서는 성경에 등장하는 예수님의 이름 184개를 열거한다.[2]

설교자 빌리 선데이는 이보다 더 많은 이름을 찾아냈다. "성경에 등장하는 주 예수 그리스도의 이름은 256개이다. 그분은 어떤 하나의 이름으로 표현할 수 있는 이상의 분이시기 때문이다."[3]

예수님의 이름만을 가지고도 평생 공부할 수 있을 것이다.

성경에서 사람의 이름은 그 사람의 정체성을 보여 주는 명함이다. 예수 그리스도의 이름들은 그분이 누구신지 알 수 있도록 도와주는 촉매가 된다.

짚고 넘어갑시다 6

사람의 이름

성경에 등장하는 이름들은 오늘날 우리가 생각하는 것보다 훨씬 큰 의미를 가지고 있었다. 이름은 한 사람에 대한 세 가지 구체적 내용을 나타냈다.

1. 하나님이 그를 지으신 목적 2. 그의 지위 3. 하나님이 그에게 주신 약속

- 학생용 교재의 빈칸에 들어갈 답 밑에는 밑줄이 그어져 있다. 답을 써 넣는 형식을 사용한 데는 두 가지 이유가 있다. 첫째, 사람들이 배운 것을 오랫동안 기억할 수 있도록. 연구에 따르면, 우리는 들은 것의 95%를 72시간 후에 잊어버린다고 한다. 정말 교사들을 우울하게 하는 통계가 아닐 수 없다. 그러나 듣고 써 본 것은 72시간 후에도 70%를 기억한다고 한다. 그리고 우리가 써 넣기 형식을 사용하는 두 번째 이유는 나중에 참가자들이 다시 찾아볼 수 있도록 하기 위해서다. 자기가 직접 써 놓은 것을 보면 더욱 친근하게 느껴질 것이며, 참조할 수 있다. (CD( )로 표시된 자료는 국제제자훈련원 홈페이지(www.discipleN.com)를 통해 제공되는 파워포인트를 사용하기 바란다. 그 슬라이드에는 각 연구 단락의 개요뿐 아니라 빈칸에 넣을 답도 들어 있다.)
- 인도자용 교재의 역할은 인도자가 진리를 분명하게 전달하도록 돕는 것이다. 인도자의 분명한 전달을 돕기 위해 이 교재에는 검증된 예화들, 교회 지도자들의 인용문, 간단한 그림, 개인적 적용 등, 다양한 출처의 자료들이 들어 있다. 이 자료 중 일부가 당신의 스타일과 맞지 않을지라도, 다른 자료들은 의미 있게 사용하여 도움을 얻을 수 있길 바란다. 우리는 당신이 모험을 해 보기를 권한다. 교사로서 새로운 것을 시도해 보라. 그것만이 성장하는 방법이다.

2. **박스**: 이 교재를 진행하는 동안, 하나님께서 하나님 자신, 우리, 세상에 대해 말씀하시는 것을 참가자들이 잘 깨달을 수 있도록 네 가지 보충 설명을 달아 두었다.

- **짚고 넘어갑시다**: 교리가 사람들을 주눅 들게 하는 한 가지 이유는 어려운 단어들 때문이다. '짚고 넘어갑시다'를 통해 어렵고 거창한 단어들의 의미를 살펴볼 것이다.
- **집중 탐구**: 배운 내용 중에 중요한 부분을 좀 더 심도 깊게 들여다보거나, 다른 관점에서 보는 시간이다.
- **기억합시다**: 교리적 진리는 우리의 삶에 적용되어야 한다. '기억합시다'에서는 개인의 삶에 적용할 교리를 기억하게 될 것이다.
- **말씀을 삶 속으로**: 야고보서 1장 22절에서는 "너희는 도를 행하는 자가 되고 듣기만 하여 자신을 속이는 자가 되지 말라"고 말씀한다.

3. **Teaching Tip**: 이 교재에는 60개 이상의 조언이 여기저기 배치되어 있다. 이 조언들은 당신이 가르치는 진리에 사람들을 집중시킬 뿐 아니라, 당신도 하나님께 계속 집중할 수 있게 도와줄 것이다.

4. **토의**: 각 장 마지막에는 토론할 질문들이 있다. 그 질문들을 어떻게 활용할 것인가에 대해 대

부분의 리더들은 두 가지 의견을 이야기한다. 어떤 사람들은 공부하는 중간에 그 질문들을 활용하여, 가르치는 짬짬이 토론을 한다. 또 어떤 사람들은 그 장을 마친 후에 사람들에게 토론할 시간을 주곤 한다. 정답은 없다. 개인의 취향의 문제이지만, 그룹의 필요를 고려하면 된다. 가르치면서 중간 중간에 토론하는 것을 선호하는 교사들을 위해서, 특정한 질문에 대해 토론하면 좋을 곳들을 표시해 두었다.

5. **한 주제 당 두 장으로 구성**: 각 주제마다, 두 번에 나누어 공부하도록 장을 나누었다. 각 장은 강의 시간만 45분 정도 소요되도록 구성되었으며, 토의는 따로 시간을 정해 진행해야 한다.

6. **부록**: 어떤 장 끝에는 추가로 부록이 첨부되어 있다. 앞서 공부했던 부분에 대한 내용도 있지만, 대부분의 부록은 공부 중에 발생할 수 있는 질문에 답하는 내용이다. 즉 굳이 가르칠 내용이라기보다는, 더 깊이 알기 원하는 사람들에게 참고 자료로 제시하면 될 부분이다.

7. **암송 카드**: 이 교재에서 다루고 있는 열한 가지 핵심 진리 각각에 대한 암송 카드가 뒤에 첨부되어 있다. 각 암송 카드의 한 면에는 열한 가지 교리의 핵심이, 다른 쪽에는 그 교리와 관련된 요절이 있다.

8. **파워포인트에 들어 있는 추가 자료**:

- **파워포인트 프레젠테이션**: 국제제자훈련원 홈페이지(www.discipleN.com)를 통해 제공되는 파워포인트 자료에는 각 장을 인도할 때 활용할 수 있는 파워포인트 프레젠테이션이 들어 있다. 이 슬라이드에는 각 장의 개요와 학생용 교재의 빈칸에 들어갈 답이 나와 있다. 각 슬라이드에는 번호가 있는데, 슬라이드를 보여 주어야 할 부분에는 오른쪽처럼 아이콘으로 그 번호를 표시해 두었다.

형식

이 교재는 먼저 많은 사람을 모아 놓고 가르친 후에, 소그룹으로 나누어 토론할 수 있는 시간을 주는 것이 효과적이다. 그 동안 새들백교회에서 사용했던 세 가지 형식은 다음과 같다.

수요일 혹은 주일 저녁 예배

15분간 찬양을 부르며 시작하고, 이어서 40분간 가르치고, 15분 간의 소그룹 토론으로 마친다. 또는 가르치는 시간을 60분으로 잡고 토론 질문을 중간중간 삽입한다.

교재를 마치는 데 소요되는 기간

이 교재는 성경 공부 그룹용 1년 커리큘럼으로 활용할 수 있다. 새들백교회에서도 이런 식으로 수천 명의 교인들이 이 교재를 공부했다.
사람들을 일렬로 앉히는 것보다는, 8~12명의 그룹으로 만들어 테이블 중심으로 앉히는 것이 좋다. 둥근 테이블이 제일 좋을 것이다. 과정을 시작하기 전에 먼저 그룹을 배정해 준다. 한 그룹이 1년 내내 같은 사람들과 강의를 듣고 토론하게 되면서 교리 연구에 있어 중요한 관계라는 요소가 더해지게 된다. 그룹마다 리더와 총무를 뽑아서, 토론 시간을 인도하고 그룹원들을 돌보게 하라. 아래와 같은 방식으로 모임을 인도하면 효과적일 것이다.

1. 10~15분의 찬양
2. 5~10분의 광고 및 암송 점검
3. 45~50분의 강의
4. 20~30분의 그룹 토의
5. 10~15분의 그룹 기도

소그룹

대부분의 소그룹 모임 시간이 제한되어 있으므로, 소그룹에서 이 교재를 진행하게 될 때에는 각 장을 두 주에 나누어 하기를 권한다.

Contents

서문 5

감사의 글 7

들어가기 전에 9

이 교재의 사용법 13

도입 19

1장 성경 I 41
2장 성경 II 65

3장 하나님 I 87
4장 하나님 II 107

5장 예수님 I 131
6장 예수님 II 153

7장 성령 I 177
8장 성령 II 197

9장 창조 I 221
10장 창조 II 243

도입

밭 갈기

- **삶을 변화시키는 하나님 말씀의 능력을 믿는다.**
- **교리를 배움으로써 얻게 될 변화를 믿음으로 기대한다.**

강의 개요

기독교 세계관 계발하기

왜 교리를 배우는가?

하나님에 대한 진리를 아는 것이 하나님을 더 잘 알게 도와주기 때문에

지식은 신앙의 기초이기 때문에

나의 영혼을 살찌우기 위해

다른 사람들을 섬기기 위해

잘못된 길로 들어서지 않기 위해

생각이 행동을 결정하기 때문에

하나님이 명령하셨기 때문에

1. 진리를 배우라.
2. 진리를 행하라.
3. 진리를 지키라.

주의 : 지식을 아는 것만으로는 매우 위험할 수 있다.

도입

기독교 세계관 계발하기

Teaching TIP

훌륭한 교사의 자질 중 한 가지는 참가자들과 커뮤니케이션하는 능력이다. 인도자가 제일 먼저 신경써야 할 부분은 청중이 당신의 말에 집중하여 경청하도록 하는 것이다. 그들이 당신과 친밀한 관계를 맺었다고 느끼게 하라. 앉아서 TV를 쳐다보고 있는 것처럼 느끼게 하지 말라. 인도자인 당신과 참가자들이 관계를 맺게 하라.
참가자들과 커뮤니케이션하려면, 당신 자신보다 당신이 가르치는 사람들에게 집중해야 한다. "주님, 제가 가르치는 동안 제가 어떻게 가르치고 어떻게 말하고 있는지보다, 제가 가르치는 사람들의 필요에 초점을 맞추도록 도와주십시오"라는 짧은 기도를 드리는 것은 정말 엄청난 차이를 불러올 것이다.

주의 : 이 '도입' 장과 교재 마지막에 나오는 '적용' 장은 두 장으로 나누어 있지 않다. '도입' 장에서는 참가자들에게 이 교재로 공부하는 것에 기쁘게 헌신할 수 있는 마음가짐을 주는 것이 좋을 것이다. 강의 시간이 충분하지 않다면, "지식은 신앙의 기초이기 때문에"와 "나의 영혼을 살찌우기 위해"라는 제목의 단락을 생략하고 진행할 수 있다.

『목적이 이끄는 기독교 기본 교리』 과정에 참여한 것을 환영한다. 이 교재를 통해 우리는 모든 사람의 삶에서 가장 중요한 한 가지에 대해 이야기할 것이다. 그것은 우리가 삶을 살아가는 방식을 결정한다. 그것은 우리가 내리는 결정, 우리가 사랑하는 사람들을 대하는 태도, 하루 중에 우리가 경험하는 감정들, 우리가 끼칠 영향력 등을 결정한다. 이것은 바로 우리의 '세계관'인데, 우리가 세상을 내다보는 안경이라고도 할 수 있다.

우리가 붙잡고 씨름해야 할 세계관에 대한 네 가지 질문들이 있다.

1. 나는 누구인가?
2. 나는 어디에 있는가?
3. 무엇이 잘못되었는가?
4. 해결책은 무엇인가?

우리는 이 교재를 공부하면서 네 가지 질문에 대한 분명한 해답을 찾아볼 것이다. 자, 시작하기 전에 빨간색에 대해 잠깐 생각해 보자. 빨간색에 관한 다른 세계관을 가지고 있는 네 그룹으로 나누어보겠다. 왼쪽 앞 편에 앉은 사람들은 빨간색을 싫어하는 세계관을 가졌다. 그리고 오른쪽 앞 편에 앉은 사람들의 세계관의 주축은 빨간색을 좋아하는 것이다. 왼쪽 뒤편 사람들이 가지고 있는 신념은 빨간색 같은 것은 없다는 것이다. 그리고 오른쪽 뒤편 사람들의 세계관은 우리가 빨간색을 어떻게 생각하든 상관없이 서로 잘 지내야 한다는 것이다.

이제 이런 세계관들을 염두에 두고, 한 가지 질문을 하겠다. 빨간 사과를 좋아하는가? 빨리! 소리 내어 대답해 보라!

세계관이 어떤 힘을 가지고 있는지 느껴지는가? 만일 내가 여러분의 세계관을 지정해 주지 않고 이 질문을 했다면, 여러분은 배가 고픈지 아닌지, 혹은 사과를 좋아하는지 아닌지에 근거하여 대답했을 것이다. 그러나 지금 우리는 모두 사과의 색깔에 초점을 맞추었다. 여러분이 인식하든 그렇지 않든 간에, 여러분의 세계관은 여러분의 감정과 여러분이 내리는 결정의 기초가 된다.

Teaching TIP

빨간 사과를 손에 들고 이야기한다면 예화의 효과가 한층 증대될 것이다.

이런 이유로, 여러분에게 가장 중요한 것 중 하나가 바로 여러분 자신의 세계관이다. 그러나 우리 대부분은 그 세계관이 아무렇게나 만들어지도록 방치해 두었다. 어렸을 때 학교에서 배운 것들, 남들로부터 들었던 의견들, 성경에서 배운 것들이 모두 섞여서 세계관의 국이 끓여진 것이다. 그리고 그 결과 하나님의 것이 아닌 우리 자신의 세계관이 만들어진 경우가 허다하다. 그러나 또 다행인 것은 하나님은 우리 안에 그런 세계관이 지배하기를 원하지 않으시며, 우리를 흑암 속에 남겨 두지 않으신다는 것이다. 하나님은 우리에게 그분의 지식과 그분의 통찰력을 주기 원하신다. 하나님이 우리를 위해 그 아들을 보내셨고 우리에게 그분의 말씀을 주셨다는 사실에서 그것을 분명히 알 수 있다. 하나님께서는 우리가 하나님을 알기를 원하신다.

빌립보서 1장 9, 10절을 보자.

> **"내가 기도하노라 너희 사랑을 지식과 모든 총명으로 점점 더 풍성하게 하사 너희로 지극히 선한 것을 분별하며…"(빌립보서 1:9, 10).** 4

"지식과 모든 총명으로"에 밑줄을 그어 보라. 우리의 감정이나 경험에서 오는 지식으로는 사랑이나 선한 것을 행할 수 없다. 그런 것들을 행할 수 있는 능력은 우리의 지식과 모든 총명, 즉 세계관에서 나온다.

찰스 콜슨은 이렇게 말했다.

"세계관이라는 단어는 추상적이거나 철학적으로 들릴 수 있고, 학구적인 교수들이나 파이프 담배를 피우면서 토론할 만한 주제로 느껴질 수 있다. 그러나 사실 개개인의 세계관은 극히 실제적이다. 그것은 우리가 세계를 바라보는 신념의 집합체며, 우리가 매일 내리는 결정과 행동의 방향을 정하는 '큰 그림' 이다."[1]

유다서 1장 20절을 보라.

"사랑하는 자들아 너희는 너희의 지극히 거룩한 믿음 위에 자신을 세우며 성령으로 기도하며"(유다서 1:20).

이것이 이번 장의 주제 구절이다. "믿음 위에" 라는 말에 밑줄을 그어 보자. 여러분이 삶을 세울 기반으로 어떤 것을 선택하느냐에 따라 여러분이 세상을 보는 관점, 즉 세계관이 결정된다. 돈 버는 것 위에 삶을 세우면, 여러분은 그러한 세계관을 갖게 될 것이다. 유명해지고 인기를 얻는 것 위에 삶을 세우면 여러분은 주변에서 일어나는 일을 완전히 다른 관점으로 보게 될 것이다. 하나님께서 원하시는 우리 삶의 기반은 하나님에 대한 믿음이다.

세계관은 다른 말로 '교리' 라고도 할 수 있다. 교리라는 단어를 듣고 오해하지 말기 바란다. 많은 사람들이 교리가 세상에서 가장 무미건조하고 지루한 것이라고 생각한다. 이를테면 늙은 교수가 중얼중얼 대는 목소리로 끝없이 강의하는 동안 학생 대부분이 졸고 있는 분위기 같은 것 말이다.

짚고 넘어갑시다

5

기독교 교리란 무엇인가?

- **기독교 교리는 삶에서 가장 중요한 문제들에 대해 성경이 가르치는 것을 조직적으로 요약한 것이다.**

다른 말로 하면, 교리는 다음과 같은 질문들에 대해 하나님께서 어떻게 말씀하실까를 연구한 것이다.

옳고 그른 것을 어떻게 결정할까?
죽고 난 후에 내 앞에 무슨 일이 기다리고 있을까?
왜 착한 사람들에게 나쁜 일들이 일어나는 것일까?
왜 사람들은 그런 식으로 행동하는가?
내가 간절히 원하는 삶을 어디에서 찾을 수 있는가?

1) 찰스 콜슨 · 럼슬 피어시 공저, 『그리스도인 이제 어떻게 살 것인가?』(요단 역간)

교리는 전혀 무미건조하거나 지루한 것이 아니다. 찰스 스윈돌은 교리에 대해 이렇게 말한다.

"나무에게 뿌리의 역할과 같은 것이, 그리스도인에게는 교리의 역할이다. 우리는 거기서 정서적 안정, 정신적 성장의 자양분, 뿐만 아니라 영적 에너지와 판단력을 얻는다. 뿌리로 돌아감으로써, 우리는 우리가 정확히 어디에 서 있는지 현 상태를 결정할 수 있다. 그리고 하나님이 원하시는 삶을 살도록 우리 자신을 무장할 수 있다."[2)]

이 교재를 공부하면서 여러분이 가장 많이 듣게 될 또 다른 단어는 '신학(theology)' 이다.

- **신학의 실제적인 정의는 : 이해를 추구하는 믿음이다.**

신학이라는 단어는 문자적으로 "하나님에 대한 연구"를 뜻한다. 연구는 신학의 중요한 부분이다. 연구하며 이해하려 애쓰는 것이 신학이다.

기독교는 생각하는 믿음이다. 그렇기 때문에 만일 여러분에게 질문거리가 없다면, 여러분의 믿음은 성장하지 않고 있는 것이다. 이 교재를 공부하면서 많은 질문을 하길 바란다. 그러나 질문하는 것만으로는 충분하지 않다. 우리는 답을 찾아야 한다. 이 교재를 공부하다 보면 생각해야 하는 시간이 많아질 텐데, 그것은 그리 쉬운 일이 아니다. "사람들이 생각하고 있다고 착각하게 하는 사람은 사랑받지만, 정말로 생각하게 하는 사람은 미움을 받을 것이다"[3)]라는 말도 있다. 진리에 대해 생각하는 것은 운동과 같아서, 처음에는 적응하기 힘들지만 나중에는 그것이 얼마나 도움이 되는 일인지 알게 된다.

토의 1번의 내용을 여기서 나눌 수 있다.

여러분이 이 과정에 참여하게 된 데에는 여러 이유가 있을 것이다.
그 이유는 의문이 있어서일 수도 있다. 그저 어떤 구절을 성경 어디에서 찾을 수 있는지와 같은 의문일 수도 있지만, 어떻게 살아야 하는지에 대한 진지한 질문들일 수도 있다. 여러분은 일상생활의 갈등과 혼란으로 인해 발생하는 질문들을 여러분의 믿음과 조화시키기를 원한다.

---

2) Charles Swindoll, *Growing Deep in the Christian Life*(Sisters, Ore. : Multnomah Press, 1986), 12–13.

3) Glenn Tinder, *Political Thinking : The Perennial Questions*, 4th ed. (Glenview, Ill. : Scott, Foresman, 1986), 1.

여러분 중에는 자꾸 의심이 생겨 이 공부를 시작하겠다고 결심했을 수도 있다. 여러분이 하나님을 믿고 있는 것인지 확신하지 못할 수도 있다.

어떤 이유로든 여러분 모두 여기서 만나게 되어 기쁘고, 함께 하나님의 진리를 탐구하기 원한다. "성경을 너무 따져 이해하려 하지 말고 그냥 믿음으로 받아들이세요"라고 말하는 사람들도 있다. 그러나 우리는 이 교재를 공부하면서 절대 그런 식으로 넘어가지는 않을 것이다. 교회에 오면서 머리를 떼어놓고 올 필요는 없다. 결국 우리의 뇌도 하나님께서 만드신 것이니까.

여러분은 성경이 우리가 궁금해 하는 것에 대해 무엇이라고 말씀하고 있는지 알고 싶을 것이다. 함께 하나님의 말씀을 공부해 가면서, 성경에 해답들이 가득한 것을 발견하게 될 것이다. 성경은 우리가 기대했던 대로 대답해 주지는 않을 수도 있지만, 항상 진리만을 말할 것이다.

여러분이 이 과정에 참여하게 된 이유가 무엇이든 간에, 이 교재를 마칠 때쯤이면 다른 사람이 되어 있을 것이다. 내가 이렇게 말하는 것은 내가 훌륭한 교사라서가 아니다. 나 역시 여러분과 마찬가지로 하나님의 진리를 배우고 내 삶에 적용하려고 애쓰는 사람일 뿐이다. 변화는 누가 가르치느냐에 달려있지 않고, 우리가 이야기할 주제에 달려있다. 하나님의 진리는 모든 것을 변화시키는 능력이 있다. 때로는 순식간에 그리고 보통은 아주 천천히, 그러나 확실히 변화시킨다.

먼저 우리가 왜 교리를 배워야 하는지 알아보면서, 하나님께서 우리의 삶에 행하실 일에 대한 기대를 가져 보자.

왜 교리를 배우는가? 6

하나님에 대한 진리를 아는 것이 하나님을 더 잘 알게 도와주기 때문에

제임스 패커는 이렇게 말했다.

> **"우리가 세상의 주인이시며 세상을 다스리시는 하나님을 모른 채 살아가야 한다면 너무 비참할 것이다. 하나님을 모르는 이들에게는 세상은 이해할 수 없고, 미쳐 돌아가며, 고통스러운 장소일 뿐이다."[4]**
>
> **-제임스 패커**

4) 제임스 패커, 『하나님의 대변자』(아가페 역간)

하나님을 모르고 이 세상에서 사는 것은 앞 유리가 보이지 않는 차로 운전하는 것과 같다. 가속장치(액셀러레이터)를 아무리 세게 밟고 열심히 핸들을 돌린다 해도, 계속 여기저기 부딪히느라 앞으로 나갈 수가 없다.

우리 모두는 마음 깊은 곳에서부터 하나님을 알기 원한다. 사람들이 어려운 상황에 처하게 되면 본능적으로 신을 찾는 것에서 이런 사실을 알 수 있다. 그리고 다행스러운 것은 하나님도 우리가 그분을 알기를 원하신다는 것이다! 그렇기 때문에 하나님은 자신의 아들 예수를 보내셨고, 그분의 말씀을 우리에게 주셨다.

물론 하나님에 대해 아는 것만으로는 하나님과 관계를 맺을 수 없다. 성경이나 하나님에 관한 지식을 알고도 하나님을 개인적으로 만나지 못한 사람들을 우리는 자주 보게 된다. 그래도 하나님을 더 알기 위해 우리 모두는 하나님에 관한 지식을 얻어야 한다. 말씀을 읽고 하나님에 대해 배우려는 간절한 마음이 있다는 것은 여러분이 하나님을 사랑한다는 증거이다. 한 대학생이 고향에 있는 여자 친구에게 "이번 학기에 네가 보낸 스물세 통의 편지를 받았는데, 바쁜 상황이 좀 정리되는 대로 곧 읽으려고 해. 어쨌든 나는 너를 정말로 사랑해"라고 말한다면, 여자 친구가 그의 사랑을 믿을 수 있겠는가?

하나님을 알려면 하나님에 대해 성경이 말씀하고 있는 진리를 알아야 한다. 하나님이 어떤 분이신지 추측해 보는 것으로는 하나님과의 관계를 형성할 수 없다. 관계는 진리 위에 세워진다. 만일 여러분이 누군가에 대한 거짓말을 믿는다면 그 사람에 대해 절대 알 수 없는 것과 마찬가지다.

잠언 2장 2~5절은 이렇게 말씀한다.

> **"네 귀를 지혜에 기울이며 네 마음을 명철에 두며 지식을 불러 구하며 명철을 얻으려고 소리를 높이며 은을 구하는 것같이 그것을 구하며 감추어진 보배를 찾는 것같이 그것을 찾으면 여호와 경외하기를 깨달으며 하나님을 알게 되리니"(잠언 2:2~5).**

하나님은 우리 모두를 목적을 가지고 만드셨지만, 때로 우리는 우리가 만들어진 가장 중요한 목적을 잊고 산다. 여러분이 만들어진 가장 큰 목적은 절대 다음과 같은 것들이 아니다.

사회적으로 성공하는 것
자녀들을 훌륭하게 키우는 것
좋은 책을 쓰는 것

도입

세상의 불의를 종식시키는 것
집을 아름답게 꾸미는 것
돈을 많이 버는 것

여러분은 하나님을 알기 위해 만들어졌다.

> **하나님을 아는 것은 당신을 지혜롭게 할 것입니다.**
> **하나님을 아는 것은 당신의 눈을 뜨게 할 것입니다.**
> **하나님을 아는 것은 당신에게 소망을 줄 것입니다.**
> **하나님을 아는 것은 당신이 어려움을 헤쳐 나갈 수 있도록 도울 것입니다.**
>
> **-케이 워렌**

여러분은 하나님의 진리를 배우는 데 시간을 드리는 것이 가치 있는 두 번째 이유가 있다.

지식은 신앙의 기초이기 때문에 7

히브리서 6장 1, 2절을 보라.

> **"그러므로 우리가 그리스도의 도의 초보를 버리고 죽은 행실을 회개함과 하나님께 대한 신앙과 세례들과 안수와 죽은 자의 부활과 영원한 심판에 관한 교훈의 터를 다시 닦지 말고 완전한 데 나아갈지니라"(히브리서 6:1, 2).**

우리 모두는 자신의 가치관을 통해 살아갈 방향을 결정한다.

때로는 다른 사람들의 의견을 우리의 가치관으로 삼으려 하지만, 사람마다 각기 너무 다른 의견을 내놓기 때문에 몹시 혼란스러워지게 된다.

때로는 감정을 따라 살아가려 하기도 한다. 하고 싶으면 하고, 싫으면 마는 것이다. 그러나 우리는 잘못된 것을 하고 싶어 할 때가 많다. 그리고 옳은 것을 하고 싶지 않을 때도 많다.

때로는 전통을 가치관으로 삼으려 한다. 다른 사람들의 삶을 지탱해 온 것이니, 나에게도 도움이 될 것이라고 생각하는 것이다.
그러나 우리의 삶을 세울 만큼 강한 기반이 되는 것은 하나님을 아는 지식뿐이다. 읽고 쓰려면 먼저 ㄱ, ㄴ, ㄷ을 알아야 하듯이, 올바르게 살려면 먼저 하나님에 대한 진리를 알아야 한다.
'모르는 게 약이다' 라는 속담은 맞는 말이 아니다. 만약 시속 90㎞로 운전하다가 경찰에게 걸려서 차를 세웠을 때, 제한 속도가 시속 60㎞인 것을 못 보았느냐고 경찰이 묻는다면, 모르는 것은 결코 약이 아니다. 만일 내가 서랍에서 하얀색 무좀 약이 들은 병을 보고, 초콜릿 케이크 위에 얹으면 어울리겠다고 생각한다면 나의 무지 때문에 나는 목숨을 잃게 될 것이다.

무지는 위험하다. 더구나 하나님의 진리에 대한 무지는 상상을 초월할 정도로 엄청나게 위험하다. 우리의 기쁨을 잃을 위험이 있다. 우리의 가정이 위험에 처한다. 우리의 영원한 집을 잃을 수 있다.

든든한 기초를 쌓으려면 많은 시간이 필요하다. 그리고 그것은 힘든 일이다. 기초를 다지려면 허리를 굽히고 땅을 파야 한다. 그런 의미에서 여러분이 이 자리에 온 것만도 대단한 일이라 생각한다. 이 과정에 참여하겠다고 마음먹은 것은 "나는 내 삶의 기초를 쌓기 위해 기꺼이 땅을 파겠다. 나는 기꺼이 힘든 일을 하겠다. 내가 삶의 영원한 기초를 세우는 것을 주님께서 도와주시기를 원한다"라고 말하는 것이다.

우리 모두는 다음 질문들에 대한 답을 찾아야 한다.

나는 그리스도인으로서 어떻게 성장할 것인가?

내가 구원받았다는 사실을 어떻게 확신할 수 있는가?

세상에 악이 존재한다는 사실에 대해 어떻게 대처해야 하는가?

오직 성경만이 이 질문들에 대한 답을 갖고 있다.

다음 두 구절을 보라. 한 구절은 에베소서 말씀이고 다른 한 구절은 마태복음 말씀이다. 먼저 에베소서 말씀은 기초가 없는 삶에 대해 이야기하고 있으며, 마태복음 말씀은 기초를 쌓는 것이 왜 중요한지에 대해 이야기하고 있다.

기초가 놓여 있지 않은 삶

> **"우리가 다 하나님의 아들을 믿는 것과 아는 일에 하나가 되어 온전한 사람을 이루어 그리스도의 장성한 분량이 충만한 데까지 이르리니 이는 우리가 이제부터 어린아이가 되지 아니하여 사람의 속임수와 간사한 유혹에 빠져 모든 교훈의 풍조에 밀려 요동하지 않게 하려 함이라"(에베소서 4:13, 14).**

에베소서의 이 구절은 하나님의 진리의 기초가 없는 삶이 어떤 것인지에 대해서 두 가지 분명한 그림을 보여 준다.

Teaching TIP

교리를 가르칠 때 개발해야 할 가장 중요한 기술의 하나는 성경을 소리 내어 읽는 기술이다. 성경 그대로 읽는 것보다 진리를 더 순수하게 말할 수 있는 방법이 없다는 것을 기억하라. 그러나 우리는 우리가 말하고 싶은 것들 때문에 성경 구절을 빨리 읽고 지나치기쉽다. 마치 셰익스피어 연극의 배우처럼 극적으로 읽는 것도 마찬가지로 듣는 사람의 정신을 산만하게 한다. 에베소서 4장 13, 14절을 그냥 읽기만 하는 것이 아니라 그 의미를 전달하기 위해 힘쓰라. 다음을 기억하라.

- 천천히 읽으라(그러나 너무 느리지 않게).
- 자연스럽게 읽으라(당신의 개성이 드러나게 하라).
- 또박또박 읽으라.
- 핵심 단어들을 강조하라.
- 열정적으로 읽으라(당신이 진심으로 읽을 때 듣는 사람들도 당신의 진심을 느낀다).
- 이 구절을 읽음으로써 주님에 대한 당신의 사랑을 표현하라.

1. "요동하지 않게" 8

진리를 알지 못하면 나는 상황에 밀려다닌다.

<퍼펙트 스톰>이라는 영화를 보았는가? 그 영화는 작은 어선이 포효하는 바다에 삼켜지는 이야기를 담고 있다. 하나님 없는 이 세상에서의 삶은 하나님의 진리의 닻이 없는 배를 타고 항해하는 것과 같다.

2. "모든 교훈의 풍조에 밀려"

진리를 알지 못하면 나는 거짓 가르침에 속는다.

<트위스터>라는 영화를 보았는가? <바람과 함께 사라지다>는? 하나님의 진리가 없으면 우리는 아무 힘없이 쓸려 다닐 수밖에 없다.

기초가 놓여 있는 삶

"그러므로 누구든지 나의 이 말을 듣고 행하는 자는 그 집을 반석 위에 지은 지혜로운 사람 같으리니 비가 내리고 창수가 나고 바람이 불어 그 집에 부딪치되 무너지지 아니하나니 이는 주추를 반석 위에 놓은 까닭이요"(마태복음 7:24, 25).

"반석 위에"라는 말에 밑줄을 그어 보자.

우리의 반석이 무엇 위에 세워졌다고 예수님께서 말씀하셨는가? "이 말"을 듣는 것 위에 세워졌고, 또한 그 말을 "행하는" 것 위에 세워졌다고 하셨다. 우리에게는 말씀을 듣는 것과 행하는 것이 모두 필요하다. 따라서 이 교재에서는 진리를 듣는 것뿐만 아니라, 배운 말씀대로 행하도록 서로를 격려하는 시간을 갖게 될 것이다.

우리는 『아기 돼지 세 마리』 중 첫째, 둘째 돼지의 믿음을 갖기가 너무 쉽다. 우리는 우리의 삶을 우리 자신의 생각과 감정으로 된 지푸라기나 나뭇가지로 세운다. 그게 더 쉽고 빠르기 때문이다. 그러나 분명히 삶의 문제들이 찾아와서 우리의 믿음을 훅 불어 무너뜨리려 할 것이다. 나는 여러분이 벽돌로 집을 지은 돼지가 되기를 바란다.

교리를 알아야 하는 세 번째 이유가 있다.

나의 영혼을 살찌우기 위해 9

물이나 묽은 죽만 먹고 지내 본 적이 있는가? 어떤 느낌이 들었는가? 불과 며칠도 안돼서, 씹어 먹을 수 있는 당근 하나라도 얻을 수 있다면 그 무엇이라도 내놓을 수 있을 것 같을 것이다. 누구나 씹을 수 있는 단단한 음식을 필요로 한다. 그것은 다 자란 어른이라는 증거다. 여러분의 몸을 지탱해 줄 단단한 음식이 필요한 것이다.

교리는 우리 영혼을 위한 단단한 음식이다. 달리 말하면 영혼의 양식이다. 바울이 디모데를 격려한 것을 보자.

> **"네가 이것으로 형제를 깨우치면 그리스도 예수의 좋은 일꾼이 되어 믿음의 말씀과 네가 따르는 좋은 교훈으로 양육을 받으리라"(디모데전서 4:6).**

우리 영혼은 저절로 살찌지 않는다. 우리는 단단한 음식을 먹어야 한다. 성경이 말하는 진리를 이해하려면 한참 씹어야 한다. 히브리서에서 분명하게 경고하는 것은 하나님의 말씀을 파고들지 않으면 어린 아기 수준의 그리스도인으로 남는다는 것이다. 유아적인 그리스도인들은 항상 너무나도 많은 욕구들을 가지고 있어서 다른 사람들의 필요를 전혀 채워 주지 못하는 성도들이다.

> **"때가 오래 되었으므로 너희가 마땅히 선생이 될 터인데 너희가 다시 하나님의 말씀의 초보에 대**

하여 무엇인지 누구에게서 가르침을 받아야 할 처지이니 단단한 음식은 못 먹고 젖이나 먹어야 할 자가 되었도다 이는 젖을 먹는 자마다 어린아이니 의의 말씀을 경험하지 못한 자요 단단한 음식은 장성한 자의 것이니 그들은 지각을 사용하므로 연단을 받아 선악을 분별하는 자들이니라"(히브리서 5:12~14).

이 구절에서 "마땅히 선생이 될 터인데"와 "젖이나 먹어야 할"이라는 말에 밑줄을 그어 보자. 이 편지를 받은 성도들은 오히려 퇴행하고 있었다. 여러분에게 단단한 식물이 필요한 것은 믿음이 계속 성장하기 위해서뿐 아니라, 또한 기존에 가진 영적 생활 수준을 유지하기 위해서이다. 하나님의 말씀을 먹는 것을 중단해도 여러분은 현 상태로 계속 머무를 것이라고 생각하지 말라. 하나님의 말씀이 없으면 여러분의 영적 생활은 약해질 것이다.

하나님의 말씀을 지속적으로 섭취함으로써 우리는 든든히 세워진다.

"지금 내가 여러분을 주와 및 그 은혜의 말씀에 부탁하노니 그 말씀이 여러분을 능히 든든히 세우사…"(사도행전 20:32).

토의 2번과 3번의 내용을 여기서 나눌 수 있다.

다른 사람들을 섬기기 위해 10

디모데전서 4장 6절의 순서에 주목하라.

"네가 이것으로 형제를 깨우치면 그리스도 예수의 좋은 일꾼이 되어 믿음의 말씀과 네가 따르는 좋은 교훈으로 양육을 받으리라"(디모데전서 4:6).

먼저 여러분 자신이 말씀으로 공급받은 후에, 배운 것을 가지고 남들과 나누는 것이다.
다른 사람들을 격려하고자 하는가? 디도서 1장 9절을 보라.

"미쁜 말씀의 가르침을 그대로 지켜야 하리니 이는 능히 바른 교훈으로 권면하고 거슬러 말하는 자들을 책망하게 하려 함이라"(디도서 1:9).

진정한 격려를 할 수 있는 한 가지 열쇠는 하나님의 진리를 아는 것이다. 하나님의 진리가 없으면 여러분의 격려는 그저 여러분의 말일 뿐이며 그러한 격려를 받는 이에게 큰 힘이 되지 않는다.

어느 날 저녁, 한 친구가 힘든 상황 때문에 낙심해서 여러분의 집에 왔다고 하자. 혹은 여러분의 친구가 회사에서 해고되었을 수 있다. 어떻게 위로하고 격려하겠는가? 친구에게 격려가 될 만한 영화 비디오를 보여 주겠는가? 팥빙수라도 만들어 주겠는가? 친구의 어깨를 토닥이며 "잘될 거야"라고 말해 주겠는가? 그러면 아마 친구는 "잘될지 네가 어떻게 알아?"라고 말할 것이다. 우리가 잘될 거라고 말하는 것과 하나님께서 약속하신 것에는 이러한 차이가 있다. 우리가 우리의 말로 격려하는 것은 하나님께서 우리를 결코 실망시키거나 저버리지 않을 것이라고 말씀하셨다고 친구에게 알려 주는 것과 전혀 다르다. 그것이야말로 친구가 의지할 수 있는 격려가 될 것이다. 그런 다음에 팥빙수를 만들어 주는 것이 좋을 것이다.

잘못된 길로 들어서지 않기 위해

11

> **"그러므로 너희가 그리스도 예수를 주로 받았으니 그 안에서 행하되 그 안에 뿌리를 박으며 세움을 받아 교훈을 받은 대로 믿음에 굳게 서서 감사함을 넘치게 하라 누가 철학과 헛된 속임수로 너희를 사로잡을까 주의하라 이것은 사람의 전통과 세상의 초등 학문을 따름이요 그리스도를 따름이 아니니라"(골로새서 2:6~8).**

일단 하나님의 말씀에 뿌리를 내리면, 거짓 교리로 시험에 들지 않을 수 있다.

예를 들어, 차를 운전하기 위해 내부 엔진에 대해 반드시 알 필요는 없다. 그저 페달을 밟으면 차가 나가기 때문이다. 마찬가지로, 그리스도인이 되기 위해 우리가 이 책에서 공부할 모든 진리를 다 알 필요는 없다. 그리스도인이 되기 위해 알고 믿어야 할 것은 예수님께서 여러분을 사랑하시고, 여러분의 죄를 위해 돌아가셨고, 여러분에게 새 생명을 주시려고 부활하셨다는 것이다.

차로 다시 돌아가 보자. 여러분이 거리에서 운전을 하는 중에 차가 이상한 소리를 내기 시작했다고 하자. 엔진에서 무슨 소리가 나는 것 같은데 무엇 때문인지 잘 모르겠다. 카센터를 발견한 여러분은 차를 끌고 가서 기계공에게 무엇이 잘못이냐고 묻는다. 그 기계공은 "기름 탱크에 물을 채워야 합니다. 그러면 다 고쳐질 겁니다"라고 말한다. 그 순간, 여러분이 차에 대해서 조금이라도 지식을 가지고 있다면 큰 도움이 될 것이다.

모든 거짓된 진리로부터 여러분 자신을 보호할 수 있는 최선의 방법은 진리를 아는 것이다. 미국 조폐공사의 직원들은 위폐를 식별하기 위해 위폐를 보는 것이 아니라, 새로 나온 돈을 하루 여덟 시간씩 응시하면서 흠을 찾는다. 일단 여러분이 진리를 알기만 하면, 모조품은 쉽게 식별할 수 있게 될 것이다.

히브리서 5장 14절을 보라.

> **"단단한 식물은 장성한 자의 것이니 저희는 지각을 사용함으로 연단을 받아 선악을 분별하는 자들이니라"(히브리서 5:14).**

"연단을 받아"라는 말에 밑줄을 그어 보자. 여러분 자신이 훈련받아야 다른 사람들을 훈련할 수 있는 준비가 되는 것이다.

붕괴하는 사회 속에서 어떻게 우리 자신과 자녀들이 든든하게 설 수 있을까? 진리를 확고히 12
믿고, 분명히 가르치며, 삶에 적용함으로써 가능하다.

13

생각이 행동을 결정하기 때문에

> **"대저 그 마음의 생각이 어떠하면 그 위인도 그러한즉…"(잠언 23:7).** 14

신념이 행동을 결정한다. 생각에서 행동이 나온다.

내가 여러분에게 이 방에 있는 의자 중 하나에 100만 원짜리 수표를 붙여 놓았다고 말한다면, 여러분은 자신이 앉아 있는 의자를 살펴볼 것이다. 최소한 내 말을 믿는다면 그럴 것이다. 우리가 사는 세상은 "100만 원짜리 수표를 찾을 수 있는 곳이 여기야"라고 우리에게 말한다. 그래서 우리는 일에서 성취감을 얻고 휴가에서 만족을 얻으려고 고투하며 살지만 결국 이 모든 것들은 물거품처럼 사라진다. 슬픈 것은 우리가 그 의자 바닥을 살펴보려고 거듭거듭 그 자리로 돌아간다는 것이다. 한 번 실패하면 깨달을 것이라고 생각하겠지만, 우리의 신념 때문에 우리는 반복된 실수를 하게 된다.

여러분이 생각하는 방식을 바꾸지 않고서는 행동하는 방식을 바꿀 수 없다.

하나님의 진리는 우리가 행동하는 방식을 바꾼다. 자녀를 양육하는 방식을 바꾼다. 일하는 방식과 사업하는 방식을 바꾼다. 미래와 과거에 대해 생각하는 방식을 바꾼다. 그리고 여러분 자신을 바꾼다.

하나님이 명령하셨기 때문에 15

1. 진리를 배우라.

"너는 진리의 말씀을 옳게 분별하며 부끄러울 것이 없는 일꾼으로 인정된 자로 자신을 하나님 앞에 드리기를 힘쓰라"(디모데후서 2:15).

진리를 앎으로써 진리를 적용할 수 있다. 15

디모데후서 2장 15절은 목회자들만을 위한 구절이 아니다. 모든 사람들이 하나님의 말씀을 옳게 분변할 줄 알아야 한다. 성경은 우리 모두가 가르치는 자가 되어야 한다고 말하지 않는다. 가르치는 은사를 받은 사람들이 있고, 또 그렇지 않은 사람들이 있다. 그러나 성경은 우리 모두가 진리를 직접 깨달아야 한다고 말한다. 그저 다른 사람들이 말해 주는 것을 듣고 따라가서는 안 된다. 우리는 진리를 직접 연구해야 한다.

2. 진리를 행하라.

시편 25편은 우리가 평생 동안 매일 드려야 할 기도이다.

"주의 진리로 나를 지도하시고 교훈하소서 주는 내 구원의 하나님이시니 내가 종일 주를 기다리나이다"(시편 25:5).

디도서 1장 1절 말씀도 들어 보자.

"나 바울이 사도 된 것은 하나님이 택하신 자들의 믿음과 경건함에 속한 진리의 지식…(을 인함이라)"(디도서 1:1).

이 구절에는 두 가지 중요한 사실이 담겨 있다. 첫째, 진리를 따라 살려면 진리를 알아야 한다. 둘째, 진리를 알려면 진리를 배워야 한다. 난생 처음 트럼펫 연주를 들어 본 사람이 트럼펫 연주를 할 수는 없을 것이다. 어떻게 불어야 하는지 배워야 한다. 하나님의 진리도 마찬가지다. 시간을 내어 진리를 배우지 않는다면 우리는 진리를 실행하라는 하나님의 명령을 지킬 수 없다.

진리를 배우지 않는다면, 우리는 쉐일러라는 사람과 같은 삶을 살게 될 것이다. 그녀는 '믿음'에 관한 한 인터뷰에서 그녀뿐만 아니라 많은 사람들이 가지고 있는 자기 중심적인 태도의 문제를 드러냈다. "저는 하나님을 믿어요. 그러나 마지막으로 교회에 간 것이 언제인지는 기억나지 않아요. 저는 저 자신의 믿음을 가진 지 오래되었죠. 쉐일러주의라고 할까요? 나 자신의 작은 음성을 듣는 것이죠."[5] 그녀의 소위 자신에 대한 믿음이 오래간다 하더라도, 결국 어떤 방향으로 자신의

5) Robert Bellah, *Habits of the Heart*(Berkeley : University of California Press, 1985), 228.

삶을 이끌게 될지 모를 것이다. 여러분 자신의 영적 본능을 의지하는 것만으로는 충분하지 않다. 만일 여러분이 진리를 배우지 않는다면 말이다.

3. 진리를 전하라.

성경은 우리 모두가 하나님의 말씀의 진리를 전할 준비가 되어야 하고, 그럴 능력이 있어야 한다고 명령한다.

> **"너희 마음에 그리스도를 주로 삼아 거룩하게 하고 너희 속에 있는 소망에 관한 이유를 묻는 자에게는 대답할 것을 항상 준비하되 온유와 두려움으로 하고"(베드로전서 3:15).**

어떤 자세로 진리를 전해야 하는지까지 성경에서 말씀하고 있다는 사실에 주목하라. 강요하는 듯한 태도나, 심지어 화난 태도로 말씀을 전하는 사람도 있다. 그러나 성경은 말씀을 전할 때는 하나님을 경외하고 사람들에게 온유하라고 말씀한다. 진리를 확신하고 견고한 기반을 닦아 둔 사람들은 온유한 마음과 하나님을 경외하는 자세로 말씀을 전할 수 있다. 확신이 없는 사람들이 가장 크게 소리 지르는 것이다.
하나님의 진리가 얼마나 중요한지에 대한 이야기를 마치기 전에, 한 가지 경고를 하고자 한다.

주의 : 지식을 아는 것만으로는 매우 위험할 수 있다

16

지식은 기초가 되지만, 시작일 뿐이다. 많은 성도들이 교묘한 덫에 걸린다. 사탄은 우리의 지식의 기초 위에 하나님께서 건축하실 놀라운 것들을 이미 알기 때문에 우리를 잡기 위한 올무를 놓는다. 그는 우리가 이런 생각을 하도록 유혹한다. '나는 정말 많이 알아. 사실, 교회에서 내 옆자리에 앉은 사람보다 훨씬 더 많이 알아. 어쩌면 목사님보다 더 많이 알지도 몰라! 내가 얼마나 많이 아는지에 대해 자부심을 가져야 해." 사탄은 여러분을 지식 속에 가두고 싶어 한다. 그러나 기초를 닦아 놓고 그 위에 아무것도 세우지 않는다면 그 기초가 무슨 소용인가?

어떻게 하면 이 덫을 피할 수 있을까?

- **지식은 분별과 균형을 이루어야 한다.**

> **"내가 기도하노라 너희 사랑을 지식과 모든 총명으로 점점 더 풍성하게 하사 너희로 지극히 선한 것을 분별하며 또 진실하여 허물없이 그리스도의 날까지 이르고"(빌립보서 1:9, 10).**

분별은 여러분이 얻은 지식을 어떻게 삶에 적용할 수 있을지 깨닫는 능력이다. 세상에는 많은 지식을 가졌지만 그 지식이 자신의 삶에는 아무 영향을 끼치지 못한 사람들이 많다. 가령, 골초인 의사나 이혼을 다섯 번 한 심리학 교수가 그런 사람들일 것이다.

분별을 결여한 지식 : 이러한 지식은 이론적일 뿐이다. 한 사람이나 한 집단의 견해에 치우친 지식만을 고집한다.

분별하지 못하는 사람들은 쉽게 거짓 가르침에 끌려가게 된다.

• 지식은 은혜와 균형을 이루어야 한다.

> **"오직 우리 주 곧 구주 예수 그리스도의 은혜와 그를 아는 지식에서 자라 가라…"(베드로후서 3:18).**

우리는 은혜와 지식의 양면에서 성장해야 한다. 지식이 많아서 은혜가 떠나가는 사람들도 우리 주변에는 많다.

은혜를 결여한 지식 : 하나님과의 친밀한 관계를 회복하지 않으면서 하나님에 대해 배우기만 하는 것은 율법주의로 귀결된다.

우리가 잘 알고 있듯이 율법주의는 규칙을 지킴으로써, 혹은 다른 사람들에게 규칙을 강요함으로써 하나님께로 나아갈 수 있다고 생각하는 것이다. 규칙을 지키는 것이 성장을 돕지는 못한다. 절대로! 기독교는 규칙의 종교가 아니다. 하나님과의 관계의 종교다.

• 지식은 사랑과 균형을 이루어야 한다.

고린도전서 13장 2절을 함께 읽어 보자.

> **"내가…모든 비밀과 모든 지식을 알…지라도 사랑이 없으면 내가 아무것도 아니요"(고린도전서 13:2).** 17

0은 아무리 더해 봤자 0이다.
고린도전서 8장 1절은 사랑을 결여한 지식이 왜 그렇게 위험한지 말해 준다.

> **"…지식은 교만하게 하며 사랑은 덕을 세우나니"(고린도전서 8:1).**

지식이 문제가 아니라, 사랑이 없는 것이 문제다.

예수님이 살아 계시던 당시는 장성한 자녀가 늙은 부모를 재정적으로 부양해야 하는 법이 있었다. 그러나 바리새인이라고 불린 종교인들은 그 법망을 피해 갈 방법을 찾아냈다. 그들은 자신들의 소유나 수입에 대해 이미 "하나님께 바쳐진 것"이라고 말했다. 그리고 하나님이 부모보다 더 중요하기 때문에 하나님께 바쳐진 재산을 쓰지 않아도 된다고 주장한 것이다. 물론 그 바리새인들은 하나님의 일을 하고 있었기 때문에, 그 돈을 자신들을 위해 쓰면서도 그것이 바로 하나님을 위해 쓰는 것이라고 정당화할 수 있었다.

어떤 기분이 드는가? 아마도 "나라면 그렇게 하지 않았겠어"라고 생각할지 모른다. 지식은 사람을 교만하게 만든다는 것을 기억하라. 우리는 다만 "주님, 저의 사랑 없음을 저의 지식으로 핑계댄 것이 있다면 깨닫게 하옵소서"라고 기도해야 할 것이다. 왜 신약 성경에 남들을 잘 판단하는 바리새인들의 이야기가 가득하다고 생각하는가? 그들이 얼마나 도덕적으로 타락했는지 보여 주기 위해서가 아니다. 하나님께서 그 이야기들을 거기에 두신 것은 우리 모두에게 바리새인의 모습이 있기 때문이다.

사랑을 결여한 지식 : 이러한 지식은 이웃을 품지 못한다. 지식의 성장이 교만을 부를 뿐이다.

토의 4번의 내용을 여기서 나눌 수 있다.

지금까지 하나님의 진리를 아는 일에 우리의 마음과 시간을 투자하는 것에 관한 일곱 가지 사실과 한 가지 경고를 살펴보았다. 진리를 아는 일에 우리 자신을 투자하는 것은 영원한 보상을 얻을 수 있는 고수익 투자이다.

이제 <흔들리지 않는 기초를 세우는 3단계>라는 제목의 도표를 살펴보자. 이 도표는 이 교재를 통해 함께 공부하게 될 내용을 한눈에 보여 주는 것이다. 바로 이 도표에 나오는 내용들이 기독교 세계관의 기반이 된다. 우리가 살고 있는 이 시대에 많은 사람들, 심지어 많은 그리스도인들이 조악한 기반 위에 자신의 세계관을 세우고 있다. 그러나 그런 삶은 좌절을 안겨 줄 뿐이다. 왜냐하면 그 세계관이 계속해서 그 사람을 실패하게 하기 때문이다. 우리는 그런 좌절을 겪으며 살 필요가 없다. 왜냐하면 하나님은 우리가 진리를 배우고 사모하고 행하면서, 유일하고 영원한 기반인 하나님의 진리 위에 인생을 건설하기를 원하시기 때문이다.

도표 제일 위 칸에 있는 세 가지 제목을 보자. 진리를 학습한다, 사모한다, 그리고 행한다. 배운 진리를 행할 의지가 없다면, 모든 공부가 시간 낭비일 뿐이다. 우리가 진리를 배우는 것은 그 진리를 행하기 위해서이다.

앞으로 우리가 공부하게 될 주제들을 읽어 보겠다. 도표의 나머지 부분은 여러분이 집에 가서 더 자세히 읽어 보라.

Teaching TIP

'도입' 장은 참가자들의 헌신을 요청하며 마치게 된다. 사람들에게 헌신을 요청할 때 명심해야 할 세 가지가 있다.

1. 확신을 가지라. 당신은 사람들에게 나쁜 보험 상품을 팔려는 것이 아니다. 당신은 사람들의 삶을 영원히 변화시킬 긍정적인 헌신을 하라고 권면하는 것이다. 당신 자신이 하나님의 대리인이라는 것을 잊지 말고, 말하는 내용을 먼저 확신하라.
2. 명확하게 이야기하라. 사람들은 자기가 어디에 헌신하는 것인지 알아야 한다. 한꺼번에 여러 가지 헌신을 요구하지 않도록 주의하라. 사람들이 혼란스러워할 수 있다.
3. 긍휼히 여기라. 하나님께 순종하라고 사람들에게 권면할 때에는 마음을 다해 그들을 사랑하라.

도표의 각 주제를 읽을 때, 마음속으로 그 교리들을 배워서 사모하고 행하겠다고 헌신하라.

분명히 많은 노력이 필요할 것이다. 쉽지는 않을 것이다. 그러나 그 노력에는 가치가 있다. 여러분은 결코 후회하지 않을 것이다.

이 진리들에 대한 지식과 확신은 거저 얻어지는 것이 아니다. 먼저 헌신해야 한다. 그 헌신은 인도자나 이 교재에 대한 것이 아니고, 진리를 창조하신 하나님께 대한 것이다.

함께 각 장의 주제를 읽어 보자.
성경 : 성경은 하나님의 완전한 가이드북이다.
하나님 : 내가 상상하는 것보다 하나님(성부)은 더 크시고 더 좋으시고 더 가까이 계신다.
예수님 : 예수님(성자)은 우리에게 자신을 보여 주신 하나님이시다.
성령 : 이제 성령님은 내 안에 계시고 나를 통해 역사하신다.
창조 : 저절로 된 것은 아무것도 없다. 하나님께서 모든 것을 창조하셨다.
구원 : 은혜는 하나님과 관계를 맺는 유일한 방법이다.
성화 : 믿음은 성도가 성장하는 유일한 방법이다.

선과 악 : 하나님은 우리에게 선택권을 주시려고 악을 허용하셨다. 하나님은 악한 것을 통해서도 선을 이루신다. 그리고 하나님을 선택하는 자들에게는 악에 대한 승리를 약속하셨다.
죽음, 그 후 : 천국과 지옥은 실재하는 장소들이다. 죽음은 끝이 아니라 시작이다.
교회 : 세상을 바꾸는 진짜 힘은 교회에 있다.
재림 : 이 세상을 심판하고 하나님의 자녀들을 모으시려 예수님은 다시 오신다.

함께 기도하자.

하나님 아버지, 아들을 우리에게 보내 주시고 제게 주님의 말씀을 주셔서 아버지와 아버지의 진리를 알게 해 주시니 감사드립니다. 말씀을 사모하기 원합니다. 그리고 그 말씀을 어떻게 삶 속에 행할지 깨닫기 원합니다. 그래서 주님의 진리를 배우는 일에 나의 마음과 나의 생각을 드리기로 헌신합니다. 예수님의 이름으로 기도합니다, 아멘.

Teaching TIP

이 시간에 참가자들이 서명할 수 있는 헌신 카드를 나눠 줄 수 있을 것이다. 카드에는 이런 내용이 들어가면 될 것이다. "나는 하나님의 진리를 배우고, 사모하고, 행하기 원합니다. <목적이 이끄는 기독교 기본 교리> 시간마다 참석하고, 열한 가지 기본 교리와 요절들을 암송하고, 배운 말씀에 대해 소그룹에서 토론하기로, 하나님의 은혜를 의지하여 결단합니다."

흔들리지 않는 기초를 세우는 3단계

이 도표는 진리를 완전히 자신의 것으로 만들기까지 거쳐야 할 과정들을 설명하고 있다.
안다고 해서 완전히 소유한 것은 아니다.

배운 말씀을 온전히 소유하기 위해	학습한다 (진리를 이해한다)	사모한다 (내 관점을 바꾼다)	행한다 (생활에 적용한다)
성경	성경은 하나님의 완전한 가이드북이다.	나는 하나님이 원하시는 결정을 할 수 있다.	________ 에 대해 결정할 때는 말씀을 따를 것이다.
하나님	내가 상상하는 것보다 하나님(성부)은 더 크시고 더 좋으시고 더 가까이 계신다.	나에게 가장 중요한 것은 하나님을 믿는 믿음이다.	하나님의 위대하심을 느낄 때면, ________ 은 아무것도 아니라고 느껴진다.
예수님	예수님(성자)은 우리에게 자신을 보여 주신 하나님이시다.	하나님은 내가 그분을 더 잘 알기 원하신다.	매일 경건의 시간을 통해 예수님을 알아 가겠다.
성령	이제 성령님은 내 안에 계시고 나를 통해 역사하신다.	나는 하나님 성령의 전이다.	________ 함으로써 내 몸을 성전으로 거룩하게 구별하겠다.
창조	저절로 된 것은 아무것도 없다. 하나님께서 모든 것을 창조하셨다.	나는 이 세상에 태어난 목적을 가지고 있다.	내가 존재하는 이유는 ________ 이다.
구원	은혜는 하나님과 관계를 맺는 유일한 방법이다.	나는 하나님의 은혜의 대상이다.	________ 으로 구원받을 수 있다고 생각하지 않겠다. 오직 하나님의 은혜에 감사하기 때문에 그렇게 하겠다.
성화	믿음은 성도가 성장하는 유일한 방법이다.	주님의 눈으로 나 자신을 볼 때 나는 성장한다.	하나님의 말씀에 귀를 기울이고 세상에는 덜 귀 기울이겠다.
선과 악	하나님은 우리에게 선택권을 주시려고 악을 허용하셨다. 하나님은 악한 것을 통해서도 선을 이루신다. 그리고 하나님을 선택하는 자들에게는 악에 대한 승리를 약속하셨다.	모든 것이 합력하여 선을 이룬다.	________ 을 만나게 되면 악과 싸우겠다. ________ 함으로써 선으로 악을 이길 것이다.
죽음, 그 후	천국과 지옥은 실재하는 장소들이다. 죽음은 끝이 아니라 시작이다.	나는 담대하게 죽음을 맞이할 수 있다	________ 을 더욱 소망하며 살겠다.
교회	세상을 바꾸는 진짜 힘은 교회에 있다.	내 삶을 투자할 최선의 장소는 하나님의 교회다.	________ 함으로써 교회에 더 깊이 헌신하겠다.
재림	이 세상을 심판하고 하나님의 자녀들을 모으시려 예수님은 다시 오신다.	주님이 다시 오실 때 깨어 있는 삶을 살기 원한다.	재림의 소망으로 내가 위로해 줄 수 있는 사람은 ________ 이다.

도입

Q 토의

1. 처음 모인 시간인 만큼 몇 분 동안 서로를 알아 가는 시간을 갖자. 자기 소개, 이 과정을
시작하면서 갖게 된 기대 등을 나누어 보자. 18

2. 언제 처음 당신의 삶에 말씀이 필요하다고 느끼게 되었는가? 진리를 앎으로 인해 정말 큰
도움을 얻었던 때에 대해 이야기해 보라. 19

   - 말씀이 어떻게 하나님과 당신의 관계를 도와주었는가?
   - 말씀이 어떻게 올바른 결정을 내리도록 도와주었는가?
   - 말씀이 어떻게 하나님과 사람들을 더 잘 섬길 수 있게 해 주었는가?
   - 말씀이 어떻게 시련이나 유혹의 시간에 당신에게 힘이 되었는가?
   - 말씀이 어떻게 당신의 삶에 자유함을 주었는가?

3. 교리가 이렇게 중요한데도, 왜 그렇게 많은 사람들이 교리를 가르치려 하지 않는 것일까? 20
왜 사람들은 교리를 지루하고 율법적인 것이라고만 생각하는 것일까?

4. 어떻게 해야 지식의 균형을 잃지 않을 수 있을지 토론해 보자. 다른 사람들이 어떻게 해야
한다고만 말하지 말고, 당신이 할 수 있는 것을 이야기해 보라. 당신과 당신이 속한 그룹 21
이 지식과 사랑, 은혜, 분별의 균형을 잃지 않도록 도와줄 수 있는 두세 가지 구체적인 방
법을 찾아보자.

1장 성경 I

밭 갈기

하나님의 말씀인 성경을 당신의 감정, 가치, 의견, 문화보다 더 신뢰하게 된다.

강의 개요

세 가지 중요 단어의 정의
- 계시
- 영감
- 조명

성경이 하나님의 말씀이라는 것을 어떻게 알 수 있는가?
- 첫째 : 성경의 역사적 사실성을 증명하는 외적 증거
- 둘째 : 성경의 신실성을 증명하는 내적 증거
- 셋째 : 성경의 능력을 증명하는 개인적 증거
- 넷째 : 예수님은 성경이 하나님께로부터 왔다고 말씀하셨다.

성경이 하나님이 주신 정확한 책인지 어떻게 아는가?
- 성경의 증거
- 교회의 역사
- 하나님의 능력

성경이 영감으로 되었다
- 영감은 하나님께서 사람들을 통해 성경을 쓰셨다는 것을 의미한다.
- 영감은 성령께서 저자가 되신다는 것을 의미한다.
- 영감은 하나님의 말씀이 우리의 최종 권위라는 것을 의미한다.

토의 1번과 2번의 내용을 여기서 나눌 수 있다.

이 책을 보라. 성경이다. 우리는 이것을 하나님의 말씀, 하나님의 사랑의 편지라고도 부른다. 그러나 또 어떤 사람들은 성경을 “양서(良書)”라고 부르기도 한다. 당연히 성경은 좋은 책이긴 하

지만, 나는 오히려 성경을 가이드북이라고 부르고 싶다. 『전쟁과 평화』같은 좋은 책, 즉 좋은 고전을 양서라고 한다. 그런 책이 한 권쯤 꽂혀 있다는 사실로 여러분은 주변 사람들에게 좋은 인상을 줄 수 있다.

그러나 성경은 책꽂이에 꽂혀 있어야 할 책이 아니다. 성경에게는 '책꽂이 생활'이 있을 수 없다. 오히려 성경은 차안에 가지고 다니는 지도책과 같다. 오랜 세월 사용하여 낡아지는 것이 성경이다. 성경은 여러분이 이야기하는 중에 자주 인용해야 하는 책이다. 성경은 우리가 현재 서 있는 지점에서 원하는 지점으로 어떻게 갈 수 있는지 보여 주는 책이다. 하나님의 진리로 가득 채워진 성경은 우리의 삶을 위한 가이드북이다.

Teaching TIP

『전쟁과 평화』 한 권, 지도책 한 권, 성경책 한 권을 가져와서 도입부에 들고 말하라. 비디오 세대와 파워포인트 세대에게도 당신의 손에 실물을 들고 설명하는 효과는 여전히 막대하다.

여러분 옆에 앉은 사람이 교회에 한 번도 와 본 적이 없는 친구라고 가정해 보자. 두 사람은 집으로 가는 길에 잠깐 커피를 마시며 성경이 하나님의 진리를 담고 있는 유일한 책이라는 것에 대해 이야기한다.

친구는 말한다. "분명히 성경은 좋은 책이지. 너에게도 성경이 큰 도움이 된다니 말이야. 그렇지만 성경이 다른 좋은 책들과 뭐가 다른데? 나는 가끔 그리스도인들이 성경만이 거룩한 책인 것처럼 이야기하고, 자기들이 진리를 독점한 것처럼 행동하는 것이 거슬려. 네가 성경을 믿는 것은 좋지만, 성경도 우리같은 보통 사람들이 쓴 글에 불과하잖아. 게다가 오랜 세월 동안 분명히 내용이 변했을 테고 말이야. 무엇보다도, 성경은 이해하기가 너무 어려워."

여러분의 친구는 중요한 세 가지 요점을 지적했다. 우리는 세 가지 단어를 연구함으로써 친구의 지적에 답변할 수 있다. 성경의 실체를 알기 위해, 우리는 먼저 그 세 단어를 이해해야 한다.

성경이 다른 종교적인 책들과 어떻게 다른가라는 질문에는 "계시"라는 단어로 대답할 수 있다.

"성경도 우리같은 보통 사람들이 쓴 글에 불과하잖아"라는 말에는 "영감"이라는 단어에 담긴 진리로 대답할 수 있다.

"성경은 이해하기가 너무 어려워"라는 말에는 "조명"이라는 단어에 담긴 진리로 대답할 수 있다.

우리는 다음 몇 주 동안 이 세 가지 신학적 단어들에 대해 자세히 살펴볼 것이다. 이 단어들을 이해하고 나면 여러분의 친구들에게 대답해 주는 데 도움이 될 뿐 아니라, 여러분의 삶을 안내하는 성경에 대해 더욱 확신을 가지고 의지하게 될 것이다.

그 세 단어의 핵심을 정의해 보겠다.

Teaching TIP

이번 시간과 다음 시간에는 이 세 단어에 초점을 맞추어 공부하게 될 것이다. 이 단어들을 처음 소개하면서, 사람들의 기대를 키워 주라. 교사가 개발해야 할 한 가지 기술은 기대감을 형성시키는 것이다. "몇 분 후에 우리는 …에 대해 이야기할 것입니다." 혹은 "오늘 수업 마지막에 우리는 …을 살펴볼 것입니다"라는 간단한 말로도 기대감을 형성할 수 있다.

성경을 형성하는 세 가지 요소 3

계시

계시란 하나님께서 성경을 통해 하나님 자신과 하나님의 뜻을 보여 주시는 것을 의미한다. 성경이 씌어진 것은 하나님께서 어떤 분이시며 우리가 어떠하기를 원하시는지 보여 주기 위해서다. 하나님을 이해하기 위해서는, 하나님이 우리에게 자신을 계시하셔야만 한다.

> **"이같이 내가 여러 나라의 눈에 내 위대함과 내 거룩함을 나타내어 나를 알게 하리니 내가 여호와인 줄을 그들이 알리라"(에스겔 38:23).**

성경이 다른 책과 다를 것이 없다고 말하는 사람에게 무엇이라고 말하겠는가? 이번 시간에는 성경이 하나님께로부터 왔다는 것을 알 수 있는 네 가지 권위 있는 방법과, 지금 우리가 보는 성경이 정말로 하나님이 주신 책이 맞는지 증명할 수 있는 세 가지 이유를 살펴볼 것이다.

영감

영감은 하나님께서 우리에게 성경을 주신 과정이다. 하나님은 인간인 성경 기자들의 마음에 역사하고 영감을 주셔서 하나님의 말씀을 기록하게 하셨다. 그 사람들을 통해 기록된 하나님의 말씀은 완전하고, 무오하고, 신뢰할 수 있다.

> **"모든 성경은 하나님의 감동으로 된 것으로 교훈과 책망과 바르게 함과 의로 교육하기에 유익하**

니"(디모데후서 3:16).

만일 우리가 성경에서 읽는 내용이 사람의 생각일 뿐이라면, 그것을 받아들일 수도 있고 그러지 않을 수도 있다. 그러나 하나님이 하신 말씀이라고 확신한다면, 내가 읽는 내용에 권위가 있다. 이번 시간의 마지막 부분에서 우리는 '영감'이라는 단어를 이해함으로써 성경에 대해 더욱 굳건한 확신을 갖게 될 것이다.

조명

조명은 우리가 성경을 읽을 때 말씀에 빛을 비추는 성령의 역사다. 조명이 없이는 성경을 이해할 수 없다.

"이에 그들의 마음을 열어 성경을 깨닫게 하시고"(누가복음 24:45).

다음 시간에는 개인이 말씀을 묵상하는 시간에 "빛을 비추는" 네 가지 방법을 살펴볼 것이다. 누가복음 24장 45절에서 제자들이 부활하신 예수님을 만났을 때 "이에 그들의 마음을 열어 성경을 깨닫게" 하셨다고 말씀한다.

찰스 스윈돌의 소원을 들어 보자.

"내게 하나님의 백성들에 대한 한 가지 소원이 있다면, 그것은 우리 모두가 하나님의 말씀으로 돌아가고, 하나님의 책에 해답이 있음을 깨닫는 것이다. 성경은 최종 권위이며, 우리의 걱정, 근심, 염려, 비극, 슬픔, 놀라움을 맡길 수 있는 유일한 곳이다. 성경은 우리의 질문에 대한, 그리고 우리가 찾아다니던 것에 대한 최종 해답이다."[1)]

이번 시간과 다음 시간에 배울 내용의 학습 목표는, 우리 인생에 대해 성경이 주는 해답에 순종할 뿐 아니라, 하나님의 말씀에 대한 사모함을 다른 사람들에게 전하는 것이다.

다음 장에서 조명에 대해 더 자세히 배우게 될 것이다. 이번 장에서는 하나님의 말씀의 계시와 영감에 관련된 세 가지 중요한 질문을 살펴보자.

1. 성경이 하나님의 말씀이라는 것을 어떻게 알 수 있는가?

---

1) Charles Swindoll, *Growing Deep in the Christian Life* (Sisters, Ore. : Multnomah Press, 1986), 56.

2. 성경이 하나님이 주신 정확한 책인지 어떻게 아는가?
3. 성경이 영감으로 되었다는 것은 무슨 의미인가?

성경이 하나님의 말씀이라는 것을 어떻게 알 수 있는가? 4

여러분은 성경이 하나님이 정말로 누구신지 보여 준다고 하는데, 성경이 정말 하나님이 주신 말씀인지는 어떻게 알 수 있느냐고 의심할 수도 있다. 성경을 다른 어떤 책보다 믿을 수 있게 하는 것은 무엇인가? 성경이 특별한 책이라는 객관적인 증거가 있는가?

그렇다. 있다. 모든 그리스도인들은 성경의 신뢰성에 대한 네 가지 권위 있는 증거를 알고 있어야 한다. 이 증거들은 우리가 다른 사람들에게서 듣는 질문들이나 우리 자신이 할 수도 있는 질문에 대답해 준다. 왜 내가 다른 책보다 성경을 더 믿어야 할까? 성경이 그렇게 특별한 것은 무엇 때문인가?

첫째 : 성경의 역사적 사실성을 증명하는 외적 증거 5

외적 증거란 성경책 밖에 있는 성경의 신뢰성에 대한 증거들을 의미한다. 예를 들어 다음과 같은 것들이다.

- **많은 사본들, 신약 원본과 첫 번째 사본 사이의 짧은 시간**

노먼 가이슬러는 이렇게 썼다.

> **"신약 성경에 대한 증거는 엄청나게 많다. 비교하고 정보를 얻을 수 있는 사본이 5,366가지나 되며, 그중에는 2, 3세기에 제작된 것들도 있다. 고대 그리스의 가장 유명한 책인 호머의 『일리아드』도 사본이 643개뿐이다. 줄리어스 시저의 『갈리아 정복기』가 역사적인 기록물이라는 사실을 의심하는 사람은 아무도 없지만, 그 책의 사본은 열 개뿐이며 가장 초기의 사본들조차 원본이 기록된 지 1,000년 후에나 만들어졌다. 신약 성경의 사본이 그렇게 많고 원본이 씌어진 지 70년 안에 첫 사본이 만들어졌다는 것은 놀라운 사실이다."[2)]**
>
> **-노먼 가이슬러**

왜 하나님은 우리에게 성경 원본을 허락하지 않으셨을까? 그 이유 중 하나는 아마 우리가 하

2) 노먼 L. 가이슬러 외, 『성경 무오 : 도전과 응전』(엠마오 역간)

나님의 살아 있는 말씀을 읽고 따르는 대신, 그 귀한 책을 모셔 놓고 숭배할 수 있었기 때문일 것이다.

그런데 알아야 할 중요한 사실은 우리가 지금 보고 있는 성경이 히브리어, 아람어, 헬라어로 씌어진 원본에서 번역된 것이라는 사실이다. 많은 사람들은 성경이 수세기에 걸쳐서 이 언어에서 저 언어로 전달되었고, 따라서 여러 번 왜곡되었을 것이라고 생각한다. 하지만 그렇지 않다. 성경 번역이 끝나면 번역자는 원어로 된 초기 사본과 비교한다.

• 성경 사본을 만드는 과정

초기 유대인 서기관들(구약 사본 필경사들)은 사본의 정확성을 보장하기 위해 엄격한 규범을 따랐다. 그들이 꼼꼼하게 따랐던 규칙 중 몇 가지는 다음과 같다.

1. 각 두루마리의 한 열마다 번호를 매겼고 그 번호들은 모든 사본이 통일되어야 했다.
2. 각 열은 48행에서 60행 이하여야 했다.
3. 각 열은 정확히 30글자여야 했다.
4. 필경사는 특별히 준비된 검은 잉크를 사용해야 했다.
5. 필경사는 외워서 필사하지 말아야 했다.
6. 각 자음 사이의 거리는 실 굵기 정도여야 했다.
7. 필경사는 유대인의 예복을 입고 앉아야 했다.
8. 필경사는 하나님의 거룩한 이름을 쓸 때마다 새 펜을 사용해야 했다. (필경사들은 성경과 하나님의 이름을 매우 경외했기 때문에 그 거룩한 이름을 쓰는 동안에는 앞에 왕이 있어도 왕에게 예를 표하지 않았다.)

후대의 서기관들은 이런 규칙을 더했다.

1. 단어 대 단어로 필사하지 않고, 글자 대 글자로 필사해야 했다.
2. 옮겨 적은 글자 수를 전부 세 봐서 그 숫자가 원본과 다르면 두루마리 전체를 버렸다.
3. 모세 오경의 가운데 글자와 구약 성경 각 권의 가운데 글자를 외워야 했다. 한 두루마리를 필사한 후에, 그들은 그 가운데 글자로부터 앞뒤로 글자를 세어 나갔다. 그래서 만일 그 숫자가 그들이 아는 정확한 수와 일치하지 않으면, 두루마리 전체를 파기하고 다시 필사했다.

• 장소와 연대에 대한 고고학자들의 연구

성경에 등장하는 장소와 연대에 대한 학자들의 고증으로 많은 사람들이 성경이 믿을 만한 책이라는 사실을 알게 되었다.

'사해사본'은 가장 위대한 고고학적 발견 중의 하나다. 사해사본의 발견이 어떤 의미를 가지고 있었을까? 이 사본에는 구약의 모든 책이 포함되어 있었다. 사해사본을 발견하기 전까지 가장 오래된 사본이었던 것은 A.D. 900년 경의 것으로, 사해사본보다 거의 1,000년 후의 것이었다. 놀랍게도 사해사본을 후대의 사본들과 비교해 보니, 차이가 없었다. (5% 정도의 차이는 주로 단어 철자의 차이였다.) 성경은 1,000년 동안 변하지 않은 것이다.

오랫동안 수많은 사람들이 성경의 역사적 정확성에 대해 의심했지만 그것은 고고학적 발견을 통해 거듭거듭 입증되었다. 어윈 루처는 『성경을 믿어야 하는 일곱 가지 이유』에서 이렇게 썼다.

성경의 신뢰성에 대해 비판하는 사람들은 이제 마음을 돌려야 할 것이다.

- 오랜 세월 동안 많은 사람들이 아브람이 창세기 14장에서 롯을 구출한 이야기가 역사적으로 정확하지 않다고 주장했다. 그들은 1)열거된 왕들의 이름이 일반 역사에서 확인되지 않으므로 허구라고 말했다. 2)그리고 바벨론 왕이 엘람 왕을 섬기고 있었다는 서술은 역사적으로 불가능하다고 말했다. …그러나 고고학 연구의 결과로 그들의 주장이 틀렸음이 드러났다. 그 왕들 중 몇몇의 이름이 확인된 것이다. 그리고 바벨론 왕이 그 시기에 실제로 엘람 왕을 섬겼다는 증거가 발견되었다.
- 수십 년 동안 구약 성경 기자들이 헷 족속의 이야기를 꾸며냈다는 이야기가 떠돌아다녔다. 그들이 존재했다는 역사적 증거가 확인되지 않았기 때문이다. 그러나 1911~12년에 베를린의 휴고 빈히클러 교수가 히타이트의 도읍지였던 보가즈코이에서 1만 개의 점토판을 발견했다. 이제 히타이트 제국의 존재는 광범위하게 입증되었고 많은 증거 문헌들이 발견되었다.
- 솔로몬의 통치와 그의 수천 마리의 말들의 존재가 한때 의문시되었다. 그러나 다섯 병거성(역주-솔로몬의 군사력의 상징인 기병대가 있던 성)의 하나인 므깃도 발굴로 말들과 전차들을 두었던 수천 개의 마구간의 유물이 드러났다.[3]

고고학 연구는 성경이 말하는 지명과 인물들이 역사적으로 정확하게 존재했다는 것을 확인해 준다. 그것은 구약만이 아니라 신약에도 마찬가지다. 고고학자들은 신약 성경의 사건들이 일어났던 많은 장소들을 발견해냈다. 몇 가지 예를 들면, 헤롯 성전의 일부분, 바울이 아덴 사람들에게 말했던 아레오바고, 사도행전 19장에서 폭동이 일어났던 에베소의 극장, 요한복음 9장에서 눈먼 자가 치료받았던 실로암 연못 등이 그것이다. 사도행전은 성경의 역사적 정확성의 모델이다. "누가는 32개 국가, 54개 도시, 아홉 개의 섬의 이름을 한 자도 틀림없이 사도행전에 기록했다."[4]

---

3) 어윈 루처, 『성경을 믿어야 하는 일곱 가지 이유』(프리셉트 역간)

4) Norman Geisler, *Baker Encyclopedia of Apologetics* (Grand Rapids, Mich. : Baker, 1999), 47.

윌리엄 올브라이트는 다음을 우리에게 상기시킨다.

> **"지속적인 연구를 통해 성경에 등장하는 온갖 세부적인 내용들이 얼마나 정확한지 증명되었으며, 역사적 자료로서의 성경의 가치가 인정되었다."[5)]**
>
> **-윌리엄 F. 올브라이트**

토의 3번의 내용을 여기서 나눌 수 있다.

6

둘째 : 성경의 신실성을 증명하는 내적 증거

내적 증거는 성경 자체에서 보이는 증거이다. 고고학이나 역사를 연구하지 않더라도, 성경 하나만 읽어도 성경이 신뢰할 만한 책이라는 사실을 알 수 있다. 성경을 읽으면서 성경의 신실성과 유일성을 찾아볼 수 있는 두 가지 증거가 있다.

• 성경 내용의 대부분은 직접적인 목격자들의 진술이다.

목격자의 진술은 가치가 있다. 재판에서도 현장을 목격한 사람을 찾아내면, 승소할 가능성이 커진다.

사학자들이 문서의 신빙성을 평가할 때 찾는 한 가지 증거는 문서에 기록된 사건이 실제로 일어난 때로부터 기록된 시점까지 몇 세대가 지났는가 하는 것이다. 다시 말해서, 그 정보가 직접적인가, 간접적인가를 살피는 것이다.

성경의 사건들은 대부분 그 사건을 경험한 사람들의 세대에 기록되었다. 그리고 성경은 목격자들의 진술들로 가득하다. 홍해가 갈라졌을 때 모세가 거기 있었다. 여호수아는 여리고 성이 무너지는 것을 두 눈으로 보았다. 다락방에 모인 제자들은 부활하신 주 예수님을 보았고 그 음성을 들었다.

• 성경 전체의 놀라운 일관성

조시 맥도웰은 이렇게 썼다.

---

5) 윌리엄 F. 올브라이트, 『간추린 이스라엘 역사』(기독교문서선교회 역간)

"**성경은 1,500여 년 동안, 바벨론으로부터 로마에 이르는 다양한 장소에서 씌어졌다. 저자는 40명 이상으로서 왕, 소작농, 시인, 목축업자, 어부, 과학자, 농장주, 제사장, 목자, 장막 만드는 사람, 관리 등 다양한 신분을 가지고 있었다. 또 광야, 동굴, 감옥과 궁궐, 외로운 섬과 전쟁터 등에서 씌어졌다. 그럼에도 불구하고 성경은 수백 가지 주제들에 대해 시종 일관된 입장을 취하고 있으며, 신뢰성을 갖는다. 그리고 처음부터 끝까지 예수 그리스도를 통한 하나님의 인간 구원이라는 한 가지를 이야기하고 있다. 어떤 사람이라도 결코 이런 책을 지어내 쓸 수는 없을 것이다.**"[6)]

–조시 맥도웰

집중 탐구	무엇이 다른가?
성경은 신약 성경만도 2만 4,000가지 번역본이 있으며, 수십억의 사람들이 그 번역본을 읽어 왔다. 수천 명의 학자들이 이 성경을 번역했다.	**몰몬경**은 한 원본을 보고 번역한 것이라고 하는데, 번역한 사람은 언어 전문가가 아닌 조셉 스미스라는 사람이다. 원본은 "회수"되었다고 하며, 원본의 사본 역시 없다.
성경은 40명 이상의 저자들이 50세대와 3대륙에 걸쳐서 기록했다. 믿음과 교리에 관한 모든 내용이 완전하게 일치한다.	**코란**은 모하메드 한 사람의 저서로서, 한 장소에서 단기간에 만들어졌다. 신구약 성경의 역사적인 기록과 여러 부분에서 다르다.
성경은 인간의 죄 문제에 대한 하나님의 분명한 해결책을 제시하며, 실제 역사 속에서 이루어진 하나님의 구속사에 초점을 맞춘다.	**힌두교의 경전**은 모든 길이 같은 지점으로 이어진다고 주장하며 "천계"에서 일어난 이야기들에 초점을 맞춘다.

Teaching TIP

이 장에 나오는 모든 자료를 다 설명해 주기에는 시간이 부족할 수 있다. 그럴 때에는 <집중 탐구>에 대해서 참가자들에게 이렇게 말할 수 있다. "성경과 소위 거룩한 책들의 차이에 대해 궁금하신 분들이 있을 거예요. 우리가 이 부분에 대해 자세히 다룰 시간은 없지만, 관련해서 좋은 정보가 여기 있으니 집에 가서 꼭 읽어 보시기 바랍니다."

셋째 : 성경의 능력을 증명하는 개인적 증거 7

성경은 세계적인 베스트셀러다. 성경은 제일 처음 인쇄된 책이었으며(구텐베르크 성경), 1,300개 이상의 언어로 번역되었다.

6) Josh McDowell, *Evidence That Demands a Verdict* (San Bernardino, Calif. : Here's Life Publishers, 1972), 19–20.

성경 말씀을 통해 수억 이상의 사람들의 삶이 변화되었다.

성경의 진리는 내 삶도 변화시켰다. 정말 절실했던 상황에서 꼭 맞는 말씀을 통해 하나님의 인도를 받았던 적이 얼마나 많은지 모른다.

Teaching TIP

이 과정을 진행하는 중에 종종 우리가 배운 어떤 교리가 우리의 삶에 어떤 영향을 미쳤는지에 대한 간증을 나누게 될 것이다. 진리를 살아나게 하려면 진리가 우리를 어떻게 변화시켰는지 나누어야 한다고 믿는다. 그런 간증을 활용하는 방법에는 두 가지가 있다.

1. 한 사람의 경험의 예로써 그 이야기를 읽으라. 가령 "이 교재를 집필한 톰 할러데이 목사는 하나님의 말씀이 그의 삶을 어떻게 변화시켰는지에 대해 이렇게 간증합니다"라고 말할 수 있다.

2. 두 번째로는, 당신 자신의 삶을 간증하는 것이다. 되도록이면 그렇게 할 것을 권한다. 다음에 나오는 톰 할러데이의 이야기를 읽다 보면 당신이 하나님 말씀의 능력을 개인적으로 경험했던 사건이 기억날 것이다. 진리를 가장 개인적인 방식으로 말하는 것이 진리를 가장 능력 있게 말하는 방법이다. 교리가 살아나려면, 당신이 가르치는 사람들이 당신의 삶에 나타난 하나님의 진리의 능력을 보아야 한다.

나(톰 할러데이)의 어머니께서 말기 암으로 투병 중이실 때에 너무 힘들었던 시간이 기억난다. 어머니는 내가 사는 동네에서 차로 두 시간 거리에 살고 계셨다. 나는 한 주에 한 번 정도 골짜기와 구불구불한 산길을 지나서 어머니 집을 찾아 어머니와 몇 시간씩 함께 보냈다. 어머니는 그 고집스러운 성격 때문에 인정하지 않으려 하셨지만, 우리 모두는 어머니께서 사실 날이 길지 않다는 것을 알고 있었다. 어머니는 그리스도인이셨고, 나는 어머니께서 천국의 영원한 기쁨을 누리실 것을 강하게 확신했다. 그러나 나는 어머니의 몸이 점점 더 약해지고 정신을 놓아 가며 서서히 이 땅에서 떠나가시는 것을 지켜볼 때 무너지는 감정을 주체할 수 없었다. 나는 이제 어머니가 가실 날이 가까웠다는 사실을 피부로 느끼게 되었다. 오, 나는 어머니가 주님 곁에서 행복하게 살게 되실 것을 소망했지만, 이렇게 빨리, 이런 식으로는 아니었다. 무슨 수를 써서라도 이것을 막고 싶었다. 그래서 나는 끊임없이 여러 방법들을 찾았다. 나는 어머니의 죽음을 지연시킬 수 있는 방법들을 불철주야로 정신없이 쫓아다녔다. 그리고 나의 고통을 잊기 위해 어머니와 관련이 없는 일까지도 끊임없이 하고 있는 나 자신을 발견했다. (우리가 사랑하는 사람을 위해 할 수 있는 일을 하지 말아야 한다는 것은 아니다. 그러나 내가 했던 행동들의 대부분은 무의미한 에너지 낭비에 지나지 않았다.)

어느 날 밤 어머니를 문안하고 나서 차를 몰고 집으로 돌아가는 중에, 피곤이 엄습해 왔다. 어두운 모퉁이를 한 굽이 한 굽이 돌 때마다 계속해서 떠오르는 생각이 있었다. '내게는 어머니가 돌아가신다는 사실에 직면할 힘도 없는데, 어떻게 어머니를 도울 수 있을까?' 그 순간 예수님의 마태복음 11장 28절 말씀이 내 영혼을 찔렀다. "수고하고 무거운 짐 진 자들아 다 내게로 오라 내가 너희를 쉬게 하리라."

"내가 너희를 쉬게 하리라!" 이 말씀이 내 가슴속으로 찔러 들어오던 그 느낌은 너무나도 강력하고 인격적이어서 마치 예수님이 내 차에 타고 계신 것처럼 느껴졌다. 하나님이 준비하신 완전한 섭리 가운데, 나는 바로 그때 마지막 산굽이를 돌았고, 그 순간 넓은 골짜기의 불빛들이 눈앞에 펼쳐졌다. 나는 하나님께서 내 시야를 넓히기 원하시고, 내가 일할 수 없을 때에도 그분께서 일하신다는 사실을 알려 주신다는 생각이 들었다. "내가 너희를 쉬게 하리라." 몇 주 후 어머니가 돌아가실 때까지 나는 그 말씀을 수백 번은 되뇌었다. 마음은 아팠지만, 하나님의 약속 때문에 나는 하나님의 임재와 힘을 생생하게 느꼈다. 하나님의 약속으로 말미암아 나는 어머니의 죽음에 직면하는 데 필요한 넓은 시야를 갖게 되었던 것이다.

그러나 기억하라. 변화된 개인의 간증 역시 성경이 하나님의 말씀이라는 네 가지 증거 중 하나일 뿐이다.

어떤 사람들은 몰몬경이 어떻게 자신의 삶을 변화시켰는지 이야기하거나, 어떻게 코란이 자기의 인생을 다르게 만들었는지, 혹은 심지어 영화 <스타워즈>의 대사 한 구절이 어떤 영향을 미쳤는지에 대해 이야기하기도 한다. 그런 것 역시 개인 간증이다. 개인 간증은 매우 주관적이다. 즉 한 개인의 경험 진술로서, 객관적인 증거가 없다는 것이다.

다행인 것은 성경이 객관적인 증거와 주관적인 경험 모두에서 신뢰할 만하다는 것이다. 고고학 및 역사학의 고증을 통해 우리는 성경의 신뢰성을 볼 수 있다. 그리고 수십 억의 사람들의 경험에서 성경이 삶을 변화시키는 책이라는 사실을 눈으로 볼 수 있다.

토의 4번과 5번의 내용을 여기서 나눌 수 있다.

8

넷째 : 예수님은 성경이 하나님께로부터 왔다고 말씀하셨다.

"나는 예수님이 하신 말씀은 믿지만, 그 외의 성경은 믿지 않아"라고 말하는 사람들이 있다. 그러나 예수님은 친히 성경에 대해 확신 있게 보증하셨다. 만일 우리가 예수님이 하신 말씀을 믿는다면, 성경 전체를 믿는 것은 당연한 일이다.

1. 예수님은 성령이 성경의 저자라고 인정하셨다. 9

> **"이르시되 그러면 다윗이 성령에 감동되어 어찌 그리스도를 주라 칭하여 말하되 주께서 내 주께 이르시되 내가 네 원수를 네 발 아래 둘 때까지 내 우편에 앉았으라 하셨도다 하였느냐"(마태복음 22:43, 44).**

예수님은 다윗의 시편을 인용하시면서, 성령께서 다윗에게 감동하셨다는 것을 인정하셨다.

2. 예수님은 성경을 권위 있는 책으로 인용하셨다. 10

마태복음 22장 29절에서 예수님은 사두개인들이 자기가 만든 오류에 빠져 하나님의 능력을 경험하지 못하는 것은 성경을 모르기 때문이라고 말씀하셨다.

> **"예수께서 대답하여 이르시되 너희가 성경도, 하나님의 능력도 알지 못하는 고로 오해하였도다"(마태복음 22:29).**

누가복음 11장에서 예수님은 하나님의 말씀이 단순한 역사적 기록이나 문학 작품이 아니라 순종해야 할 대상이라고 분명히 말씀하셨다.

> **"예수께서 이르시되 오히려 하나님의 말씀을 듣고 지키는 자가 복이 있느니라 하시니라"(누가복음 11:28).**

3. 예수님은 성경의 유일무이함을 선언하셨다. 11

예수님은 성경이 다른 모든 책 위에 뛰어나다고 말씀하셨다. 나아가 이 책이 물리적 우주에서 보이는 모든 피조물 위에 가장 뛰어나다고 우리에게 말씀하셨다.

예수님께서 마태복음 5장 18절과 요한복음 10장 35절에서 말씀하신 것을 함께 읽어 보자.

> **"진실로 너희에게 이르노니 천지가 없어지기 전에는 율법의 일점 일획도 결코 없어지지 아니하고 다 이루리라"(마태복음 5:18).** 12

"성경은 폐하지 못하나니 하나님의 말씀을 받은 사람들을 신이라 하셨거든"(요한복음 10 : 35). 13

4. 예수님은 성경을 "하나님의 말씀"으로 부르셨다. 14

"너희가 전한 전통으로 하나님의 말씀을 폐하며 또 이같은 일을 많이 행하느니라 하시고"(마가복음 7:13).

예수님은 모세, 다윗이 직접 쓴 성경 원본뿐 아니라 그 당시에 사용되던 사본들을 "하나님의 말씀"으로 인정하셨다. 이것은 하나님께서 성경을 온전하고 정확하게 보존하시기 위해 수세기 동안 역사하셨다는 진리를 친히 보여 주신 것이다.

5. 예수님은 성경의 인물과 지명들이 실제라고 믿으셨다. 15

- 예수님은 선지자들의 존재를 믿으셨다(마태복음 22:40; 24:15).
- 예수님은 노아의 존재를 믿으셨다(누가복음 17:26).
- 예수님은 아담과 하와의 존재를 믿으셨다(마태복음 19:4).
- 예수님은 소돔과 고모라의 존재를 믿으셨다(마태복음 10:15).
- 예수님은 요나의 존재를 믿으셨다(마태복음 12:40).

이중에서 마지막 넷(노아, 아담과 하와, 소돔과 고모라, 요나)에 대한 기록은 특히 성경의 역사성을 불신하는 자들에게 비난받는 부분이라는 사실이 더욱 재미있다. 오늘날 지어낸 이야기라고 의심받는 바로 그 부분들이 예수님께서 친히 하신 말씀 속에 등장한 것이다.

존 맥아더는 이렇게 썼다.

> 성경은 하나님에 대한 지식의 원천으로서 완전히 신뢰할 수 있는 유일한 책이다. 인간은 자신의 이성, 철학, 혹은 경험으로 하나님을 알 수 없다. 오직 하나님만이 하나님 자신에 관한 지식의 원천이시며 하나님께서는 다른 어떤 책도 아닌 성경에서만 자신을 계시하신다.[7]
>
> -존 맥아더 주니어

성경의 역사적 신빙성에 대해 토론할 때, 성경이 우리의 삶에 미쳐 온 영향에 대해서도 기억해야 할 것이다.

성경이 하나님께서 역사 속에서 사람들에게 어떻게 역사하셨는지에 대한 기록이긴 하지만 하나

7) John MacArthur Jr., *Is the Bible Reliable?* (Panorama City, Calif. : Word of Grace Communications, 1988), 5.

님께서 이 책을 우리에게 주신 것은 그분이 어떤 분이신지 우리에게 개인적으로 계시해 주기 위해서이다. 하나님께서는 우리의 삶을 변화시키려고 이 책을 우리에게 주셨다.

잠시 생각을 멈추고, 성경에 대한 지극히 개인적인 두 가지 질문에 대답해 보라.
첫째, 하나님의 말씀이 여러분의 삶에 어떤 변화를 가져 왔는가, 혹은 어떤 변화를 가져 오기를 원하는가?
둘째, 하나님께서 정말로 어떤 분이시라는 것을 성경이 여러분에게 보여 주고 있는가, 혹은 성경을 통해서 하나님께서 자신을 어떤 분으로 계시해 주시기 원하는가?

이제 하나님의 책의 신뢰성에 대해 계속 살펴보자.
가장 최근에 성경을 공개적으로 공격한 사람들이 있었다. '예수 세미나'(The Jesus Seminar)라고 자칭하는 74명의 학자 그룹이다. 이 자칭 전문가들은 1년에 두 번씩 모여서 예수님의 말씀 중에 어떤 것이 진짜고 어떤 것이 아닌지 결정했다. 그들은 논문을 발표하고, 성경 본문에 대해 토론하고, 예수님의 말씀의 진위에 대해 간단한 방식으로 투표를 했다.
그들은 손을 들거나 종이쪽지에 써서 투표하는 방식이 아니라, 색깔 있는 구슬로 투표를 했다.

- 빨간 구슬의 의미는 "분명히 예수님이 이것이나 이와 비슷한 것을 말씀하셨다"이다.
- 분홍색 구슬의 의미는 "아마 예수님이 이것이나 비슷한 것을 말씀하셨을 것이다"이다.
- 회색 구슬의 의미는 "예수님은 이렇게 말씀하시지 않았지만, 담겨 있는 개념은 예수님의 생각에 가깝다"이다.
- 검정 구슬의 의미는 "예수님은 이런 말씀을 하지 않으셨고, 이 말은 후세에 지어낸 것이다"이다.

6년 동안 74명의 학자들이 구슬 투표를 한 후, 예수 세미나는 그들이 진정한 성경이라고 주장하는 『*The Five Gospels*』(제5복음)이라는 책에 '예수가 정말로 무엇을 말했나?'라는 부제를 붙여 출판했다.[8] 그들은 어떤 결론을 내렸을까? 복음서에서 예수님의 말씀이라고 주장하는 것의 82%는 예수님께서 말씀하신 것이 아니었고, 나머지 18%도 예수님이 말씀하신 것인지 의심스럽다는 결론이었다.

그 그룹은 언론에 많은 보도자료를 뿌렸고, <타임> 지나 <뉴스위크> 같은 신문이나 잡지에 이들에 대한 이야기가 많이 실렸다. 사실은 그들의 소위 학문은 주관적인 기준에 기초했다. 그러나 우리 대부분은 그런 생각들에 어떻게 반박해야 할지 잘 모른다. 어쩌면 여러분 역시 지금 읽고 있는 성경이 정말로 모두 하나님의 말씀인지 의심스러웠을 수도 있다.

8) R. W. Funk et al., *The Five Gospels* (New York Macmillan, 1993).

그러나 우리가 함께 계속 공부해 가다 보면, 여러분의 손에 들린 이 성경이 부분적으로가 아니라 온전히 하나님의 말씀이라는 확신을 굳게 가지게 될 것이다. 또 여러분은 친구나 자녀들 등 다른 사람에게 여러분의 믿음이 어떤 기초 위에 세워져 있는지에 대해서도 이야기할 수 있게 될 것이다.

우리는 성경의 신뢰성에 대한 네 가지 증거를 살펴보았다. 외적, 내적, 개인적, 그리고 성경 구절에 나타난 네 가지 증거 하나하나가 성경 말씀이 모든 세대의 사람들에게 주시는 하나님의 계시라는 것을 분명히 보여 준다. 그러나 성경의 신뢰성에 관해 사람들이 아직도 버리지 못하는 의문이 하나 있다.

성경이 하나님이 주신 정확한 책인지 어떻게 아는가? 16

하나님께서 처음에 성경을 쓰셨다 하더라도, 사람들이 수많은 책 중에 선택하여 묶어 놓은 것이 지금의 성경이므로 일부 성경이 누락되었을 수 있다고 많은 사람들이 오해한다. 그 점을 분명히 밝히도록 하자. 요지는 하나님께서 그 책들을 쓰셨다면, 그 책들이 하나님의 말씀에 포함되게 하실 수 있는 능력 또한 가지고 계시다는 것이다. 우리가 가지고 있는 이 성경이 하나님의 뜻대로 구성되었다는 것을 알 수 있는 세 가지 증거가 있다.

성경의 증거 17

- **예수님은 구약의 '정경'을 인정하셨다. 정경(正經, canon)이라는 단어는 성경으로 구별된 책들을 가리킨다.**

예수님께서 말씀하셨다.

> **"또 이르시되 내가 너희와 함께 있을 때에 너희에게 말한바 곧 모세의 율법과 선지자의 글과 시편에 나를 가리켜 기록된 모든 것이 이루어져야 하리라 한 말이 이것이라 하시고"(누가복음 24:44).**

예수님이 누가복음 24장에서 율법과 선지서와 시편을 언급하신 것은 구약의 주요 세 가지 항목을 인정하신 것이다.

- **베드로는 신약 정경의 일부분을 인정했다.**

베드로는 이렇게 썼다.

> **"또 그 모든 편지에도 이런 일에 관하여 말하였으되 그 중에 알기 어려운 것이 더러 있으니 무식한 자들과 굳세지 못한 자들이 다른 성경과 같이 그것도 억지로 풀다가 스스로 멸망에 이르느니라"(베드로후서 3:16).**

"다른 성경"이라는 말에 밑줄을 그어 보자. 바울의 서신서들은 그 당시에나 씌어진 문서였으나, 교회는 이미 그것들을 성경으로 인정하고 있었다.

- **바울은 한 성경 구절에서 구약과 신약의 동일한 영감을 인정했다.** 18

> **"성경에 일렀으되 곡식을 밟아 떠는 소의 입에 망을 씌우지 말라 하였고 또 일꾼이 그 삯을 받는 것은 마땅하다 하였느니라"(디모데전서 5:18).**

이것은 놀라운 구절이다. 여기서 바울은 구약의 신명기 25장 4절과 신약의 누가복음 10장 7절을 인용하며, 두 구절 모두를 성경으로 부른다!

성경 연구자들은 누가복음이 A.D. 60년에 기록되었고 디모데전서가 A.D. 63년에 기록되었다고 말한다. 이것은 누가복음이 씌어진 지 3년 만에 성경으로 인정되었다는 것을 의미한다.

교회의 역사 19

어떻게 지금의 성경이 이루어지게 된 것인지 살펴본다면, 성경이 한 번의 회의에서 한 번의 투표로 만들어진 책이 아니라는 것을 알 수 있을 것이다.

신약 정경에 포함된 책들은 세 가지를 근거로 구별되었다. 20

1. 사도의 권위

신약 성경은 예수님을 가까이에서 알고 지냈던 사람들인 사도들의 증언으로 만들어졌다. 하나님은 예수님과 가장 가까웠던 사람들을 사용하셔서 예수님의 삶에 대해 들려주시고, 어떻게 하면 예수님처럼 살 수 있는지 보여 주신 것이다.

신약 성경은 직접 목격한 자들의 진술이라는 권위가 있다. 예를 들어, 복음서를 기록한 마태는 사도였고, 마가는 베드로가 경험한 일을 옮겨 적었고, 누가는 바울의 친구였고, 요한은 사도였다.

2. 진리의 가르침

초기에 신약 성경을 읽었던 사람들이 처음으로 거기서 하나님의 진리의 빛을 만나게 되었다. 그 말씀에 나타난 분명한 진리는 그 당시 다른 종교적 글들에서 만날 수 있는 감동과는 전혀 다른 것이었다.

점점 더 많은 사람들이 이 책들을 읽음에 따라, 세 번째 확인이 이루어졌다.

3. 교회의 확인

신약 성경의 책들이 몇 사람들로 구성된 위원회 같은 것에 의해 선택되었다고 생각하는 사람들이 많은데, 그것은 사실이 아니다. 물론 일종의 위원회에서 신약 성경의 책들을 정경으로 인정했지만(A.D. 400년경), 그것은 교회가 이미 300년 동안 그 책들을 성경으로 사용해 온 후에 이루어진 과정이었다. 위원회가 그 책들을 공인한 것은 성경에 다른 책들을 추가하려고 시도하는 거짓 교사들에게 대응하기 위해서였다.

성경의 권위가 투표로 세워졌다는 오해를 하는 사람들도 있다. 그러나 사실은 정반대이다. 성경이 하나님의 말씀으로 인정받을 수 있었던 것은 성경의 배후에 하나님의 권위가 있었기 때문이다.

하나님의 능력 21

"풀은 마르고 꽃은 시드나 우리 하나님의 말씀은 영원히 서리라 하라"(이사야 40:8).

우리가 보고 있는 성경이 하나님이 주신 책이 확실하다는 것은 하나님의 신실성을 보아 알 수 있다. 하나님은 영원히 변치 않을 것이라 하신 말씀이 빠지거나 잘못 전해지도록 놔두지 않으셨을 것이다. 22

어느 날, 어느 동굴에서 성경에 들어갔어야 할 책 한 권, 즉 '잃어버린' 책이 발견될지도 모른다는 상상은 하지 않아도 된다. 하나님이 책 한 권을 빼먹는 실수를 하실까? 전혀 그렇지 않다!

성경이 영감으로 되었다는 말은 무슨 의미인가? 23

우리는 매일 수많은 언어를 만나게 되는데, 그 말이 가진 힘은 다양하다. 여러분이 운전을 하다가 "갓길에 차를 세우시오"라고 써 있는 간판을 본다면, 차를 멈출 수도 있고 멈추지 않을 수도 있을 것이다. 그러나 백미러로 경찰차가 보이면서 "차를 세우시오!"라는 목소리가 들린다면, 매우 다르게 반응할 수밖에 없을 것이다. 매일 우리를 부르는 여러 목소리 중에서 성경만큼 권위 있는 목소리는 없다. 하나님께서 말씀하셨고, 하나님께서는 모든 것을 아시고 통치하시므로 성경의 각 단어의 배후에는 측량할 수 없는 권위가 있다. 성경 영감설의 교리가 바로 이 하나님의 말씀의 권위에 대한 것이다. 다음의 정의를 보라.

짚고 넘어갑시다

영감

영감으로 되었다는 것은 헨델이 오라토리오 「메시아」를 작곡했을 때처럼 열정적으로 기록했다는 정도의 단순한 의미가 아니다. 또한 뛰어난 문학 작품처럼 감동적이라는 의미도 아니다. 이것은 기록하는 과정에 하나님이 직접 개입하여 간섭하셨다는 뜻이다. 따라서 우리는 성경에 기록된 글을 하나님의 말씀이라고 믿을 수 있는 것이다.[9)]

-노먼 가이슬러

성경이 영감으로 되었다는 말은 무슨 의미인가?

24

영감은 하나님께서 사람들을 통해 성경을 쓰셨다는 것을 의미한다.

"예언은 언제든지 사람의 뜻으로 낸 것이 아니요 오직 성령의 감동하심을 받은 사람들이 하나님께 받아 말한 것임이라"(베드로후서 1:21).

하나님께서 어떻게 성경에 영감을 불어 넣으셨는가 하는 세부 사항에 대해서는 많은 논란이 있어 왔다. 그러나 성경을 읽을 때 한 가지 분명히 알 수 있는 것은 하나님이 사람들을 로봇처럼 사용하지는 않으셨다는 것이다. 각 기자들의 글에서 그들의 개성과 열정을 분명히 볼 수 있다. 하나님은 진짜 사람들을 통해서 완벽한 성경을 창조하셨다. 그들을 내적으로 감동하게 하셔서 영원한 말씀을 창조하게 하신 것이다.

실수할 수 있는 인간을 통해 하나님께서 완전한 것을 창조하실 수 있는지 의심하는 사람들에게 상기시켜 주고 싶은 사실은, 믿음이 있었으나 불완전했던 여자인 마리아를 통해 예수님께서 이 세상에 태어나셨다는 것이다. 그리고 예수님은 완전하셨다.

9) 노먼 L. 가이슬러 외, 『성경 무오 : 도전과 응전』(엠마오 역간)

영감은 성령께서 저자가 되신다는 것을 의미한다. 25

다음 구절들을 보자.

> **"형제들아 성령이 다윗의 입을 통하여 예수 잡는 자들의 길잡이가 된 유다를 가리켜 미리 말씀하신 성경이 응하였으니 마땅하도다"(사도행전 1:16).**
>
> **"…성령이 선지자 이사야를 통해 너희 조상들에게 말씀하신 것이 옳도다"(사도행전 28:25).**
>
> **"여호와의 영이 내게 임하여 이르시되…"(에스겔 11:5).**

누가 성경을 썼는가? 하나님이 쓰셨다. 하나님이 사람들을 통해 일하셨고, 궁극적인 저자이시다. 하나님께서 그렇게 많은 불완전한 사람들을 통해서 완전한 책을 만드신 것은 하나님이 보이신 최대의 기적 중 하나이다. 홍해를 가르신 것은 그것에 비하면 아무것도 아니다. 따라서 우리는 성경의 권위가 하나님의 말씀에 있지, 말씀에 대한 우리의 생각에 있는 것이 아니라는 사실에 유의해야 한다.

하나님께서 친히 말씀하시게 하지 않고 우리가 나서서 하나님을 대변하려고 할 때면 하나님은 어떤 방법으로든 우리를 낮추실 수 있다. 1세기 전, 어떤 교회의 감독이 자신의 설교와 글을 통해 공기보다 무거운 것이 하늘을 나는 것은 불가능할 뿐만 아니라 하나님의 뜻에 위배된다고 선언했다. 그는 라이트 감독이었다. 그리고 그의 아들들의 이름은 오빌과 윌버, 즉 비행기를 만든 라이트 형제였다.

이해해야 할 두 가지 중요 단어 26

축자(Verbal) : 하나님은 개념만이 아니라, 단어들에 영감을 부여하셨다.
예수님은 "주"(Lord)라는 단어를 근거로 이 사실을 논증하셨다(마태복음 5:18, 22:43, 44).

완전(Plenary) : 하나님은 일부만이 아닌, 성경 전체에 영감을 부여하셨다(디모데후서 3:16).

> **"하나님의 도는 완전하고 여호와의 말씀은 순수하니 그는 자기에게 피하는 모든 자의 방패시로다"(시편 18:30).**

이제 "하나님의 말씀의 축자적, 완전 영감"을 믿는다고 말하면, 그것이 무슨 뜻인지 이해할 수 있을 것이다.

성경 중에 특히 어떤 책이나 특정 부분들이 여러분에게 더 깊게 다가온다 하더라도, 성경 전체가 동일하게 하나님의 영감으로 되었다는 사실에는 변함이 없다. 아우구스티누스는 성경의 어느 부분만이 영감으로 되었다고 속단하는 위험에 대해 분명히 경고했다.

> **만일 복음 중에서 마음에 드는 것만 믿고 맘에 들지 않는 것은 믿지 않는다면, 당신은 복음을 믿는 것이 아니라 당신 자신을 믿는 것이다.** 27
>
> **-아우구스티누스**

영감은 하나님의 말씀이 우리의 최종 권위라는 것을 의미한다. 28

"청년이 무엇으로 그의 행실을 깨끗하게 하리이까 주의 말씀만 지킬 따름이니이다"(시편 119:9). 29

"여호와의 말씀은 정직하며 그가 행사하시는 일은 다 진실하시도다"(시편 33:4). 30

- **영감설을 이해하면 성경에 대한 확신이 커진다.** 31

- **영감설을 신뢰하는 것은 나 자신의 감정, 가치관, 생각, 환경이 아니라 하나님의 말씀을 신뢰하는 것이다.** 32

제임스 패커는 권위에 대해 "그의 말씀을 완전하신 권세로 받아 우리 인생을 그 앞에 순복시키는 것"이라고 정의한다.[10)]

내 감정, 내 경험, 다른 사람들의 말, 내 판단과 성경 말씀이 다를 때에는 무조건 성경이 옳은 것이다.

토의 6번, 7번의 내용을 여기서 나눌 수 있다.

성경만이 진리라고 주장하는 것이 편협한 생각이라고 말하는 사람들이 있다. 그러나 성경의 권위를 믿는 것은 편협한 생각이 아니라, 올바른 생각이다. 북극점이 하나밖에 없다고 말하거나, 여러분이 가고자 하는 목적지를 지도 위에 한 점으로 표시하는 것이 편협한 생각이 아니듯이 말이다. 하나님께서 성경에 영감을 주셨으므로, 성경 말씀이 우리의 삶에 가장 큰 권위를 가지고 있다고 말하는 것은 편협한 생각이 아니다.

10) 제임스 패커, 『하나님의 대변자』(아가페 역간)

Teaching TIP

매일의 삶 속에서 성경에 대해 더욱 신뢰하기 위해 어떤 훈련을 하고 있는지 이야기하기 좋은 기회이다. 신뢰를 쌓아 가는 것은 시간이 걸리는 과정이라는 것을 먼저 알려 주는 것이 좋다. 또한 성경을 신뢰하는 것이 쉽지는 않지만, 결국에는 기뻐하게 될 것이라는 것을 알려 주도록 하자.

찰스 스펄전이 한 말을 들어 보자.

> 하나님을 완전히 믿든지, 아니면 믿지 말라고 권하고 싶다. 하나님이 쓰신 이 책을 토씨 하나까지 다 믿든지, 아니면 전부 다 믿지 말라. 부분만 믿는 것은 있을 수 없다. 거룩한 계시의 깊은 바다에서 헤엄치는 믿음에서 만족을 느끼라. 물가에서 첨벙거리는 믿음은 빈약한 믿음이다. 메마른 땅과 같은 믿음보다야 조금 낫겠지만, 권하고 싶지 않다.[11)]
>
> –찰스 스펄전

우리 함께 기도하자.

아버지, 아버지께서 주신 말씀에 대한 우리의 믿음을 다시 굳건히 세웁니다. 주의 깊은 진리의 바닷속에서 헤엄치는 믿음을 갖기 원합니다. 우리가 하나님의 말씀의 권위에 대해 말하기만 하는 것이 아니라, 그 진리를 우리 삶 속에서 행하게 하여 주옵소서. 바로 지금 주의 말씀이 우리를 어떻게 변화시킬지 목도하게 하여 주옵소서. 주의 말씀을 그대로 받아들일 수 있는 믿음을 우리에게 주옵소서. 우리가 믿음으로 한걸음 한걸음 나아가고 주의 말씀대로 살아 갈 수 있게 도와주시옵소서. 예수님의 이름으로 기도합니다, 아멘.

11) C. H. Spurgeon, "Is God in the Camp?" (sermon delivered at the Metropolitan Tabernacle, Newington, on Thursday evening, 9 April 1891), 인터넷 www.spurgeon.org/sermons/2239.htm에서 발췌.

말씀을 삶 속으로 | 성경을 어떻게 대해야 할까?

성경은 우리에게 하나님을 보여 준다. 이러한 성경 앞에 우리는 어떤 삶의 자세를 가져야 할까?

- 경외함(시편 119:120)
- 즐거움(시편 1:2)
- 귀하게 여김(시편 119:72)
- 감사(시편 119:62)
- 기쁨(시편 119:111)
- 사랑(시편 119:47, 97)
- 순종(신명기 5:32; 야고보서 1:22; 요한복음 14:15)

다음 장을 시작하기 전에 위의 구절들을 찾아 보며 경건의 시간을 가지라. 그 성경 구절들을 읽어 볼 뿐 아니라, 그 말씀대로 해 보라. 우리가 하나님의 말씀을 얼마나 귀하게 여기는지 하나님께 말씀드리는 이 간단한 행동을 통해 우리의 믿음은 놀랍게 성장할 수 있다.

암송 카드 1번, '성경'을 암송하라.

Teaching TIP

교리에 대한 성경 공부인 이 시리즈는 방대한 내용을 담고 있다. 암송 카드를 사용하여 그 내용이 참가자들의 마음에 새겨지게 할 수 있다. 그러나 그렇게 되려면 때때로 암송을 점검하고 강조해야 한다. 그렇게 하기에 좋은 시간은 각 성경 공부를 시작할 때나 마칠 때이다.

Q 토의

1. 서로를 알아 가기 위해 간단한 라이프 스토리를 나누는 시간을 가져 보자. 33

태어난 곳:

고등학교 때 좋아했던 과목:

어릴 때 좋아했던 TV 프로그램:

어릴 때 좋아했던 과자:

첫 직업:

2. 성경에서 좋아하는 구절이 있는가? 무엇이며, 그 이유는? 34

3. 성경이 당신의 삶에 영향을 미쳤던 시기 혹은 사건에 대해 나눠 보자. 35

4. 성경이 역사적으로 근거 있는 책인지에 대해 우리가 짚고 넘어가야 하는 이유는 무엇일까? 36

5. 성경을 읽으면서 성경이 완전무결하고 영원한 책이라는 증거를 어디에서 보았는가? 37

6. 다음을 위해 노력해 본 예가 있다면 나눠 보자. 38

내 감정보다 하나님의 말씀을 신뢰하기 위해

내 가치관보다 하나님의 말씀을 신뢰하기 위해

내 생각보다 하나님의 말씀을 신뢰하기 위해

내 환경보다 하나님의 말씀을 신뢰하기 위해

7. 성경을 하나님의 말씀으로 신뢰하는 것은 우리의 감정을 초월하는 일이라는 것을 알도록 오늘 수업이 어떻게 도와주었는가? 우리가 배운 어떤 진리들이 성경의 경이로움과 신뢰성을 알게 해 주는 데 가장 설득력이 있었는가? 39

2장 성경 II

밭 갈기

하나님이 우리에게 성경을 이해하는 능력을 주셨음을 확신하고 잊지 않는다.

강의 개요

조명이 이루어지기 위한 네 가지 자세

하나님의 말씀을 깊이 사랑하라.

성경은 어떤 속성을 통해 우리의 삶을 변화시키는가?

1. 씨
2. 검
3. 식물(食物)
4. 불과 방망이
5. 거울

하나님의 말씀을 영적으로 이해하라.

그리스도 안의 모든 신자들에 대한 두 가지 진리

1. 성령께서 내가 성경을 이해할 수 있게 하신다.
2. 성령께서 성경을 이해할 책임을 나에게 맡기신다.

하나님의 말씀을 정확하게 다루라.

말씀 공부의 일곱 가지 규칙

하나님의 말씀을 부지런히 공부하라.

어두운 방에 들어가면 제일 먼저 하는 일이 무엇인가? 벽을 더듬어서 스위치를 찾는 것이다. 실내에 조명을 켜서 넘어지지 않게 해야 할 것이다.

만화를 보면 등장인물에게 어떤 아이디어가 떠올랐을 때, 머리 위에 어떤 그림이 나타나는가? "땡!" 소리와 함께 반짝이는 작은 전구가 나타난다. 만화 주인공이 그 상황을 해결할 수 있는 생각, 즉 그 앞에 빛을 비춰 주는 생각이 떠오른 것이다.
우리는 하나님의 말씀을 통해 이것과 똑같은 경험을 하도록 창조되었다. 하나님은 우리를 위해 그분의 말씀을 조명해 주셔서 우리로 말씀을 깨닫게 하시고, 성경의 진리를 우리의 삶에 어떻게 적용해야 하는지 알게 하신다. 하나님은 우리에게 불을 켜는 스위치가 어디 있는지 보여 주기 원하시는 것이다. 늘 읽던 말씀이라도, 어느 날 갑자기 새로운 깨달음을 얻게 하시는 것이 바로 하나님의 조명이 비추는 역사다.

바로 오늘 이 시간에도 하나님의 말씀에 대한 조명이 여러분 가운데 이뤄지기를 바란다.

계시, 영감, 조명이라는 세 단어를 기억하자.

- **계시는 끝났다(히브리서 1:1, 2).**
- **영감도 끝났다(베드로전서 1:10~12).**
- **조명은 지금도 진행 중이다.**

이번 시간에는 하나님이 어떻게 조명하시는지에 대해 이야기할 것이다. 여러분은 어떤지 모르겠지만, 나는 성경을 읽거나 들을 때마다 매번 하나님의 조명을 받지는 않는 것 같다. 때로는 하나님이 조명하시기도 하고, 때로는 어두운 방에 있는 것처럼 느껴지기도 한다.

왜 그런 차이가 있을까? 왜 어떤 사람들은 다른 사람들보다 성경을 깊이 이해할까? 똑똑해서일까? 절대 그렇지 않다. 성경을 많이 배워서일까? 물론 아니다. 조명은 내면의 상태와 관계가 있다. 그것은 자연 발생적인 것이 아니라, 우리 스스로 만들어내는 결과이다. 이번 시간에는 삶을 변화시키는 성경의 조명을 받기 위해 우리가 해야 할 네 가지 선택을 살펴볼 것이다. 하나님은 빛이시며, 우리에게 빛을 비추겠다고 약속하셨다.

시편 18편 28절과 119편 105절을 보라.

"주께서 나의 등불을 켜심이여 여호와 내 하나님이 내 흑암을 밝히시리이다"(시편 18:28). 3

"주의 말씀은 내 발에 등이요 내 길에 빛이니이다"(시편 119:105).

짚고 넘어갑시다

조명

조명은 성령의 초자연적 영향력이나 사역으로서, 그리스도를 믿는 모든 사람들이 성경을 이해할 수 있게 해 주는 능력이다.

이렇게 생각해 보자. 하나님은 오래 전부터 계시와 영감으로 그분의 말씀의 빛을 이 세상에 비추고 계셨다. 그러나 조명을 통해 우리 눈을 가린 것이 벗겨지고 나서야, 우리는 그 빛을 비로소 볼 수 있게 되었다.

성도의 삶에 조명이 이뤄지려면 네 가지가 필요하다.

하나님의 말씀을 깊이 사랑하라 4

다음 세 단어에 밑줄을 그어 보자. 시편 119편 97절에서는 "종일"에,

> **"내가 주의 법을 어찌 그리 사랑하는지요 내가 그것을 종일 작은 소리로 읊조리나이다"(시편 119:97).**

시편 119편 127절에서는 "순금"에,

> **"그러므로 내가 주의 계명들을 금 곧 순금보다 더 사랑하나이다"(시편 119:127).**

잠언 2장 3~6절에서는 "은"과 "감추어진 보배"에 밑줄을 그어 보자.

> **"지식을 불러 구하며 명철을 얻으려고 소리를 높이며 은을 구하는 것같이 그것을 구하며 감추어진 보배를 찾는 것같이 그것을 찾으면 여호와 경외하기를 깨달으며 하나님을 알게 되리니 대저 여호와는 지혜를 주시며 지식과 명철을 그 입에서 내심이며"(잠언 2:3~6).** 5

여기서 하나님의 말씀을 얼마나 강조하고 있는지 보라. 조명은 하나님으로부터 시작된다. 그가 빛을 비추시는 분이시다. 그러나 내가 성경을 사모하여 펼쳐들고 읽지 않는다면, 나는 그 빛을 결코 보지 못할 것이다.

나는 말씀에 대해 "금", "은", "감추어진 보배" 등으로 묘사하는 것을 좋아한다. 이러한 비유는

하나님의 귀한 진리를 내 삶에 어떻게 소유해야 하는지 말해 주기 때문이다. 가만히 땅바닥에 만 누워 있으면 금이나 은을 찾을 수 없다. 땅을 파야 한다. 보물 지도가 없으면 감추인 보물을 찾을 수 없다. 찾아다니고 땅을 파서 꺼내야 한다. 하나님은 우리에게 말씀을 주시면서, "보물이 감추어진 곳에 ×표시를 해 두었다"고 말씀하신다. 여러분의 삶에 필요한 소망, 사랑의 능력, 상상 이상으로 훨씬 더 깊은 믿음을 찾을 수 있는 장소가 바로 여기이다. 그러나 여러분이 성경을 펴서 읽어야만 한다. 그리고 파들어 가야 할 때도 많이 있을 것이다. 말씀을 읽어도 금방 이해할 수는 없다. 시간과 기도가 필요하다. 하나님의 말씀이 여러분의 삶에 행하실 일들을 사모하지 않는다면, 여러분은 성경을 펴지 않을 것이고 분명히 시간을 내어 파들어 가지도 않을 것이다.

토의 1번의 내용을 여기서 나눌 수 있다.

바로 지금 성경에 대한 여러분의 사모함이 더 깊어질 수 있다. 우리가 하나님의 말씀을 읽을 때 어떤 역사가 일어난다고 성경에서 말씀하고 있는지 살펴보자.

성경은 어떤 속성을 통해 우리의 삶을 변화시키는가?

1. <u>씨</u> 6

함께 베드로전서 1장 23절을 읽어 보자.

> **"너희가 거듭난 것은 썩어질 씨로 된 것은 아니요 썩지 아니할 씨로 된 것이니 살아 있고 항상 있는 하나님의 말씀으로 되었느니라"(베드로전서 1:23).** 7

간단한 퀴즈를 하나 풀어 보자. 농부가 밭에 옥수수를 심으면 무엇이 자랄까? 옥수수! 쌀을 심는다면? 쌀! 수박 씨를 심는다면? 수박!

조금 전에 읽었던 베드로전서 1장 23절 말씀은 두 가지 종류의 씨앗에 대해 말하고 있다. 그것은 썩는 씨와 썩지 않는 씨이다. 만일 썩는 씨를 심으면 무엇을 거두게 될까? 썩는 것들을 거두게 될 것이다. 그리고 썩지 않는 씨를 심는다면 결코 쇠하지 않는 것들을 얻게 될 것이다.

이 부분에 대해 잠깐 살펴보자.

Teaching TIP

당신이 말하는 동안 모든 사람이 당신의 말에 귀 기울이고 있는 것은 아니다. 딴 생각을 하거나, 필기를 하거나, 옆 사람에게 신경을 쓰고 있는 사람들이 분명히 있을 것이다. 모두가 집중해야 할 중요한 것을 말할 때에는 사람들을 주목시키는 것이 중요하다. (예수님께서는 사람들을 주목시키기 위해 "진실로 진실로 네게 이르노니…"라고 말씀하셨다.) "자, 들어보세요"라거나 "이 부분이 매우 중요합니다"라거나 "이번 시간에 꼭 배워 가셔야 할 한 가지는…"이라고 말하라. 가장 효과적인 것은 "잠깐 저 좀 보세요"라고 말하는 것이다. 강요하는 스타일이 아니라, 목소리에 조용한 열정을 담아 말하라. 이런 방법으로 산만해진 주의를 주목시킬 수 있다.

우리가 너무나도 많은 고통과 어려움을 겪게 되는 이유는 썩을 씨들을 심으면서 썩지 않는 수확을 거둘 것이라고 기대하기 때문이다.

우리는 풍성한 기쁨을 얻기 위해 풍요로운 환경과 경험들을 심는다. 그래서 행복을 수확한다. 그러나 그 행복은 이상하게도 금방 사라져버린다. 그것은 썩는 것이다. 썩는 행복의 씨에서 썩지 않는 기쁨이 자랄 수 없다.
우리는 성취감을 얻기 위해 사회생활에 전념한다. 그래서 성공적인 경력을 쌓게 되지만, 여전히 만족하지 못한다. 우리의 심령이 갈망하는 성취는 썩지 않는 것인데, 그것을 사회생활에서 길러낼 수는 없기 때문이다.

하나님의 말씀은 썩지 않는 것들의 씨다. 만일 소망을 수확하기 원한다면 하나님의 말씀을 심으라. 진정한 마음 깊은 곳에서의 성취감은 하나님의 말씀에서만 얻을 수 있다. 이 세상이 주는 어떤 씨로도 참된 안정감을 가질 수 없고, 그것은 오직 하나님의 말씀으로만 온다.

2. 검

8

다음 두 구절을 보자.

"구원의 투구와 성령의 검 곧 하나님의 말씀을 가지라"(에베소서 6:17).

"하나님의 말씀은 살아 있고 활동력이 있어 좌우에 날선 어떤 검보다도 예리하여 혼과 영과 및 관절과 골수를 찔러 쪼개기까지 하며 또 마음의 생각과 뜻을 판단하나니"(히브리서 4:12).

내가 원하는 것과 하나님께서 원하시는 것이 충돌하는 지점인 혼과 영을 나누는 것이야말로 격렬한 전투일 수밖에 없다.

다음 말에 주목해 보라.

에베소서에 나와 있듯이 우리는 검을 손에 들고 원수를 막는다. 그리고 히브리서에서 말하듯, 하나님은 손에 검을 들고 우리의 삶을 찔러 쪼개신다.

하나님의 말씀은 우리의 영적 원수들에 대한 유일한 공격형 무기다.

예수님은 광야에서 사탄에게 유혹을 당하셨을 때, 명언집이나 토크쇼 진행자들의 어록을 인용하지 않으셨다. 예수님께서는 사탄에 대한 방어용 검으로 성경을 사용하셨다. 그분은 자신을 유혹으로부터 지켜 줄 능력이 하나님의 말씀에 있다는 것을 아셨다.

하나님의 말씀은 또한 우리를 찌르는 검이기도 하다!

하나님의 말씀이 여러분의 심령을 찌르는 것을 느껴 본 적이 있는가? 성경을 보다가 성경이 여러분의 마음을 찔러서 열어 놓았던 적도 있을 것이다. 여러분 자신을 비롯하여 모든 사람들을 속였지만, 하나님의 말씀이 여러분의 진실한 동기와 죄를 드러내었을 때, 아팠는가?

하나님은 우리를 멸망시키려는 적으로서가 아니라, 우리를 고치려는 의사로서 검을 사용하신다. 하나님은 올바른 부위를 올바른 때에 잘라서 우리의 삶을 치료하고 우리의 삶을 파괴시킬 영적 암 덩어리를 잘라내신다.

3. 식물(食物)

함께 다음 구절들을 읽어 보자.

> **"만군의 하나님 여호와시여 나는 주의 이름으로 일컬음을 받는 자라 내가 주의 말씀을 얻어먹었** 9
> **사오니 주의 말씀은 내게 기쁨과 내 마음의 즐거움이오나"(예레미야 15:16).**
>
> **"예수께서 대답하여 이르시되 기록되었으되 사람이 떡으로만 살 것이 아니요 하나님의 입으로부** 10
> **터 나오는 모든 말씀으로 살 것이라 하였느니라 하시니"(마태복음 4:4).**
>
> **"갓난아기들같이 순전하고 신령한 젖을 사모하라 그는 이로 말미암아 너희로 구원에 이르도록 자** 11

라게 하려 함이라"(베드로전서 2:2).

예레미야는 하나님께서 기록하라고 하신 두루마리를 실제로 먹었다. 하나님께서 선지자에게 두루마리를 먹으라고 명령하신 데에는 분명한 뜻이 있었다. 예레미야는 "주의 말씀을 얻어먹었사오니 주의 말씀은 내게 기쁨과 내 마음의 즐거움이오나"라고 말했다.

마태는 하나님의 말씀을 일용할 양식에 비유한다. 우리에게 필요한 영적 자양분은 하나님의 말씀이다. 하나님의 말씀을 배우고, 설교를 듣고, 읽고, 공부할 때마다 우리는 영적 양식을 공급받는다. 여러분이 출석하고 있는 교회가 만일 성경을 가르치는 데에 열심이 있다면 여러분은 지금 충실한 공급을 받고 있는 것이다. 때로 사람들이 "오늘 설교는 내게 별 영적 양식이 되지 못했어요"라고 말하는 것을 듣게 될 것이다. 성경을 가르치지 않는 교회에서라면 이런 현상은 불가피할 것이다. 그러나 말씀을 가르치는 교회에서는 성도들이 공급을 받는다. 영적 양식을 먹게 되는 것이다.

주의할 것은 익숙하지 않은 스타일로 말씀을 배우게 되었을 때, '이런 식으로 공부하는 것은 내게 영적 양식이 되지 못하는 것 같아' 라고 생각하는 함정에 빠지지 않는 것이다. 우리는 종종 하나님의 말씀을 한 가지 스타일로 배우는 데 익숙해져 있다가 다른 스타일로 가르치는 것을 보게 되면, '저기는 배울 게 없을 거야' 라고 생각한다. 어쩌면 여러분은 말씀의 식사를 종이 접시에 담아 가르치는 데 익숙한데, 지금 있는 교회는 고급 도자기를 사용하는 교회일지도 모른다. 문제는 스타일이 아니라 성경을 가르치는가 하는 것이다.

여러분은 '하나님의 말씀의 양식을 먹고 싶지만 이해할 수가 없어요' 라고 생각할지 모른다. 그렇다면 베드로전서 2장 2절을 다시 보라. 성경에서 성경 자체를 젖이라고 부르는데, 그것은 새신자들까지도 먹고 유익을 얻을 수 있기 때문이다. 여러분이 성경을 읽기 시작하면서 이해하는 데 어려움을 겪고 있다면 이렇게 하면 된다. 여러분이 이해할 수 있는 간단하고 분명한 진리들을 찾아서 행동으로 옮겨 보는 것이다. 이해하지 못하는 것에 사로잡히지 말고, 이해하는 것을 실행해 보라. 하나님은 "거짓말하지 말라" "이웃을 사랑하라" "덕이 되고 정결한 것들을 생각하라"고 말씀하셨다. 이러한 진리들은 누구나 이해할 수 있다. 그 진리들을 받아들이고 행동으로 옮기면, 점점 더 강해지고 이해의 폭이 넓어지는 자신을 보게 될 것이다.

'성경 전체를 이해한 후에 행동으로 옮기겠어' 라고 생각하는 함정에 빠지지 말라. 그것은 마치 어린 아기가 "스테이크를 먹게 해 주기 전까지는 이 우유를 마시지 않을 거예요!"라고 말하는 것과 같다. 솔직히 말해서, 여러분 앞에 서 있는 나 역시 아직도 성경 안에 이해하지 못한 진리들이 있다. 그러나 그것 때문에 내가 아는 것을 실행하는 축복을 버리지는 않을 것이다.

4. 불과 방망이

"여호와의 말씀이니라 내 말이 불같지 아니하냐 반석을 쳐서 부스러뜨리는 방망이 같지 아니하냐"(예레미야 23:29).

하나님의 말씀이 우리의 삶에 행하시는 일이 주는 기쁨은 항상 쉬운 것만은 아니다. 때로 하나님의 말씀은 불과 같다. 말씀이 우리를 연단하며, 불순물을 태우는 그 과정은 고통스럽다.

때로 하나님의 말씀은 방망이와 같다.

Teaching TIP

다음은 케이 워렌이 경험한 개인적인 이야기다. 앞의 성경 공부에서 말한 것처럼, 이 이야기를 읽으면서 당신 역시 당신의 삶 속에 하나님의 말씀이 방망이같이 역사하셨던 때를 기억하기를 바란다.

하나님의 말씀이 방망이처럼 역사하는 것을 느낀 적이 있는가? 나(케이 워렌)는 있다. 새들백교회 여자 성경 공부 시간에 용서와 서로 사랑의 필요성에 대해 가르쳤던 그 시간을 나는 결코 잊지 못할 것이다. 나는 요한일서에서 형제를 사랑하지 않는 자는 그 안에 진리가 없다는 내용을 가볍게 봉독했다. 그 주 내내 공부했던 구절이지만 그날 봉독할 때 갑자기 하나님의 방망이가 나의 머리를 쳤고, 나는 철저히 부서졌다. 나는 고개를 강대상에 묻고 흐느끼는 수밖에 없었다.

당시 나의 남동생은 약물 중독자였고 그것이 부모님과 나의 가슴을 찢어 놓고 있었다. 나는 부모님이 동생으로 인해 서서히 무너져 가시는 것을 보았다. 솔직히 당시 나는 동생을 사랑할 수 없었다. 그가 우리에게 주는 고통과 그의 인생을 낭비하고 있다는 사실 때문에 내 안에는 동생을 향한 분노가 가득했다. "하나님을 사랑하는 자가 형제를 미워하면 진리가 그 속에 있지 않다"는 구절을 읽으며, 이 말씀이 다른 사람들의 삶을 변화시키실 것을 기대하고 있던 내게 하나님은 갑자기 역사하셔서 남동생에 대한 사랑의 마음을 주셨다.

왜 하나님은 우리에게 방망이를 사용하실까? 종종 우리 마음이 굳어지기 때문이다.

5. 거울

"누구든지 말씀을 듣고 행하지 아니하면 그는 거울로 자기의 생긴 얼굴을 보는 사람과 같아서 제 자신을 보고 가서 그 모습이 어떠했는지를 곧 잊어버리거니와 자유롭게 하는 온전한 율법을 들여다보고 있는 자는 듣고 잊어버리는 자가 아니요 실행하는 자니 이 사람은 그 행하는 일에 복

을 받으리라"(야고보서 1:23~25).

최소한 하루에 한 번 이상 거울을 보는가? 당연히 그럴 것이다.

하나님의 말씀은 우리 자신의 진실한 모습을 보여 준다. 그러나 우리가 보지 않으면 볼 수 없는 것은 당연하다. 하나님의 말씀을 아주 잠깐 묵상하는 것만으로도 우리의 태도에 어떤 문제가 있는지 들여다볼 수 있다.

때로 우리는 말씀 외에 다른 거울들을 들여다보면서 우리가 정말 누구인지 이해하려고 애써 본다. 어떤 사람들에게 그것은 다른 사람들의 의견이라는 거울이다. 가족의 기대라는 거울이나 우리 사회의 문화라는 거울일 수도 있다. 그 모든 거울들은 놀이동산의 요술 거울처럼 왜곡된 영상을 보여 준다. 하나님의 말씀은 완전한 거울이어서, 여러분이 정말 누구인지, 이 세상이 정말 어떤 곳인지에 대해 좋은 점과 나쁜 점까지 다 보여 준다. 하나님의 말씀의 거울을 보면 여러분의 나쁜 면만 드러날 것이라고 생각한다면 정말 잘못된 생각이다. 하나님은 여러분의 삶에 허락하신 약속과 가능성을 보여 주실 것이다. 여러분이 얻게 될 것이라고는 꿈도 못 꾸었던 기쁨과 의미를 보여 주실 것이다.

토의 2번의 내용을 여기서 나눌 수 있다.

성경을 볼 때 어떤 감정을 느끼는가? 사실 우리 중 많은 사람들에게 성경은 삶의 익숙한 한 부분이 되어버려서 별 느낌이 없을 것이다. 그래서 때로는 이 시간 성경에 대해 다시 깊이 생각해 본 것처럼 성경의 소중함을 되새겨야 한다. 이 책이 얼마나 귀한 책인지 우리는 정말 깨닫고 있는가? 그 가치는 가죽 제본이나 종이의 질에 있는 것이 아니라, 이 책을 보존하기 위해 수많은 사람들이 치렀던 희생에 있다.

오늘날 이 책이 여러분의 손에 들려지기까지 치러진 희생을 아는가? 교회 역사가 시작된 후로부터 1,500년 동안 성경은 교회 지도자들이라는 엘리트 집단이 독점하고 있었고 주로 라틴어로 쓰여 있었다. 윌리엄 틴데일이라는 사람이 처음으로 성경을 영어로 번역하기 위해 자기의 생명을 값으로 치렀다. 그는 성경을 영어로 번역한 죄 때문에 말뚝에 묶여 화형을 당했다. 당시 교회 지도자들은 성경이 평민들의 언어로 번역되면 아무나 성경을 읽고 잘못 해석하거나 잘못 사용할 수 있으므로 허락할 수 없다고 생각했다. 여러분이 지금 성경을 읽을 자유를 얻기까지 많은 성경 번역자들이 생명을 걸어야 했다. 이 책은 보물이다.

하나님의 말씀을 영적으로 이해하라 13

하나님의 말씀을 귀하게 여기고 연구하기 시작했다면, 하나님의 말씀을 단지 지적으로가 아니라 영적으로 이해해야 할 필요가 있다.

모든 성도들에게 해당하는 두 가지 사실 14

1. 성령께서 성경을 이해할 수 있게 하신다.

이것은 모든 성도에게 해당하는 사실이다. 고린도전서 2장 12~15절을 함께 읽어 보자.

Teaching TIP

교재를 진행하면서, 사람들에게 자기 성경책을 펴서 보게 하라. 대부분의 성경 구절들이 교재에 인쇄되어 있지만, 성경책을 펴서 앞뒤 문맥을 보는 것이 중요하다. 이것은 지금 우리가 공부하고 있는 이 장의 요점인, 사람들이 개인적으로 하나님의 말씀을 이해할 수 있어야 하고 또 그럴 책임이 있다는 사실 때문이다. 긴 성경 구절을 읽어야 할 때면 특히 "성경책을 펴십시오"라고 말할 수 있을 것이다.

> **"우리가 세상의 영을 받지 아니하고 오직 하나님으로부터 온 영을 받았으니 이는 우리로 하여금 하나님께서 우리에게 은혜로 주신 것들을 알게 하려 하심이라 우리가 이것을 말하거니와 사람의 지혜의 가르친 말로 아니하고 오직 성령께서 가르치신 것으로 하니 영적인 일은 영적인 것으로 분별하느니라 육에 속한 사람은 하나님의 성령의 일들을 받지 아니하나니 이는 그것들이 그에게는 어리석게 보임이요, 또 그는 그것들을 알 수도 없나니 그러한 일은 영적으로 분별되기 때문이라 신령한 자는 모든 것을 판단하나 자기는 아무에게도 판단을 받지 아니하느니라"(고린도전서 2:12~15).**

책을 읽다가 저자가 설명해 주면 좋겠다고 생각한 적이 있는가? 성경을 쓰신 저자는 항상 우리 곁에서 내용을 설명해 주시는 분이다. 그분의 성령께서 성도들의 삶에, 우리의 삶에 임하셨기 때문이다. 하나님이 특별히 그분의 성령을 여러분의 삶에 보내주신 것은 성경을 책꽂이에 꽂아 두지 않길 원하셨기 때문이다.

> **"그러나 진리의 성령이 오시면 그가 너희를 모든 진리 가운데로 인도하시리니…"(요한복음 16:13).**

나는 "인도"라는 말을 좋아한다. 우리는 딱 한 번만 읽고도 말씀이 이해되길 기대할 때가 많다.

그러나 말씀 묵상은 그런 것이 아니다. 가이드가 우리를 정글 속으로 인도한다고 생각해 보자. 그는 천천히 한걸음 한걸음씩 우리를 안내할 것이다. 만일 우리가 알아야 할 모든 것을 가이드가 한꺼번에 말해 준다면 우리는 다 기억할 수 없을 것이다. 가이드는 내가 보지 못한 곳에 대해서 말하는 것이기 때문에 나는 그의 말을 이해하기 힘들 것이다. 하나님은 그분의 성령을 통해 우리를 진리 안으로 안내하신다. 한걸음 한걸음씩 우리는 하나님의 말씀을 이해하게 된다. 우리가 한 걸음을 걷고 나면 하나님은 더 많은 진리를 보여 주실 것이다.

성령은 우리로 하여금 성경을 이해할 수 있게 해 주신다. 그리고 그 다음에는…

2. 성령께서 성경을 이해할 책임을 나에게 맡기신다.

요한1서 2장 20, 27절을 읽어 보자.

> **"너희는 거룩하신 자에게서 기름부음을 받고 모든 것을 아느니라 …너희는 주께 받은바 기름부음이 너희 안에 거하나니 아무도 너희를 가르칠 필요가 없고 오직 그의 기름부음이 모든 것을 너희에게 가르치며 또 참되고 거짓이 없으니 너희를 가르치신 그대로 주 안에 거하라"(요한일서 2:20, 27).** 15

우리는 성경을 이해할 수 있을 뿐 아니라 성경을 이해할 책임이 있다. 우리가 하나님의 말씀을 배우고 적용할 수 있도록, 하나님은 우리에게 훌륭한 교사, 설교자, 작가들을 주셨다. 그러나 우리는 그들만 의지할 수는 없다.

토의 3번의 내용을 여기서 나눌 수 있다.

우리는 스스로 하나님의 말씀의 진리를 배워야 할 책임이 있다.

아마 집집마다 성경책이 서너 권씩은 있을 것이다. 성경을 마음껏 볼 수 있다는 것은 다행스러운 일이기도 하지만, 또한 막중한 책임이 주어진 일이기도 하다. 여러분에게는 역사상 그 어떤 성도들보다도 말씀을 가까이 할 수 있는 기회가 많이 주어졌으며, 하나님은 그것에 대해 우리에게 책임을 물으실 것이다. 우리는 그 책임을 개인적으로 받아들여야 한다.

우리는 진리, 즉 온전한 진리를 알아야 할 책임이 있다. 여러분은 얼마나 시간을 내서 성경을 공부하고 이해하려 하는가? 아마 누구나 성경 중에 특히 좋아하는 부분이 있을 것이다. 좋은 현상이다. 그러나 만일 여러분이 좋아하는 부분만 계속 읽으려 한다면, 하나님이 여러분에게 주시려는 엄청난 축복을 놓칠 수도 있다. 도널 그레이 반하우스 박사는 성경 전체를 탐구하는 것의 유익을 강조하기 위해 이런 이야기를 했다.

> 반하우스 박사는 지난 세대를 풍미했던 미국 설교자였는데, 그 사람처럼 설교할 때 불꽃을 튀기는 사람은 이전에 아무도 없었다.
> 한번은 그가 청중에게 왜 성경 전체를 읽어야 하는지 말하고 있었다. 그는 하나님께서 아브라함에게 "이 땅(팔레스타인)을 네게 줄 것이니 그곳으로 행하라. 네가 밟는 땅마다 너의 것이 될 것이다"(창 13:14, 17; 신 11:24; 수1:3의 요지)라고 말씀하셨다고 했다.
> 반하우스 박사는 아브라함이 그날 밤 천 평을 돌았을 때 그 땅이 즉시 그의 소유가 되었다고 말했다. 다음 날 2㎞를 돌았을 때에도, 그는 그 땅을 소유했다. 그리고 양들이 거기서 풀을 뜯은 후, 다음 골짜기로 갔을 때 그 골짜기가 그의 소유가 되었다. ("네가 밟는 땅마다 너의 것이 될 것이다.") 여러 해가 지나지 않아 그는 단부터 브엘세바까지 모든 것을 그저 발로 밟아 소유하게 되었다.
> 반하우스 박사는 많은 그리스도인들이 매우 작은 성경을 소유하고 있다고 불꽃을 튀기며 말했다. 그들은 요한복음 3장 16절과 시편 23편 등 몇 장의 작은 성경만 소유하며, 그 작은 땅의 풀만 계속 뜯어 먹어서 자갈밭으로 만드는 것이다. 그들이 가진 전부는 그것뿐이다. 그러나 하나님께서는 "너는 일어나 그 땅을 종과 횡으로 행하여 보라. 내가 그것을 네게 주리라. 네가 밟는 땅마다 너의 것이 될 것이다. 이 모든 놀라운 진리들이 너의 것이 될 것이다"라고 말씀하신다.[1)]

여러분은 배운 진리를 점검할 책임이 있다.

만일 여러분이 거짓 선생을 따르다가 어느 날 주님 앞에 서서 "그 사람들 잘못이에요"라고 말한다면, 주님은 "그건 너의 책임이었다"라고 말씀하실 것이다. 짐 존스(가이아나에서 900명 이상의 추종자들을 집단 자살시킨 사람) 같은 거짓 선생에 미혹된 사건에는 두 가지 무서운 비극이 있다. 첫 번째 비극은 이기적인 목적을 위해 하나님의 말씀을 곡해한 거짓 선생이다. 그러나 다른 비극은 거짓 선생의 말을 받아들인 사람들이다. 시간을 내서 스스로 성경을 읽어 보기만 했어도 그의 가르침이 거짓말이라는 것쯤은 충분히 알 수 있는 능력을 하나님이 그들에게 주셨기 때문이다.
배운 내용이 정말 하나님의 말씀인지 점검해 보지 않고 받아들이지 말라.

책임진다는 것은 또한 우리가 하나님의 말씀을 의지하지 못하게 막는 의심을 해결할 책임이 있다는 것이기도 하다.
만일 여러분이 때로 성경에 대한 의심 때문에 고민하고 있다면, 그것은 오히려 역전의 기회가 될

1) 앤 오틀런드, 『이런 때 예수님을 바라보라』(기독교문사 역간)

수 있다. 빌리 그레이엄도 폭발적인 사역을 시작하기 전에, 성경의 신뢰성에 대한 질문들을 붙잡고 씨름했다. 존경받던 한 목회자가 성경 전체를 진리로 받아들이는 것은 자신의 지적 양심에 대해 거짓말하는 것이나 다름없다고 그에게 말했던 것이다. 그레이엄은 성경이 정말로 하나님의 말씀인지, 아니면 예수님에 대한 사람들의 기록인지 고민했다. 그는 산 베르나르디노 산에서 열린 청소년 컨퍼런스를 인도하던 중, 그 문제에 대해 생각해 보기 위해 숲 속을 산책했다.

그는 걸으면서 "주님, 제가 어떻게 해야 할까요? 제 인생의 방향을 어떻게 잡아야 할까요?"라고 질문했다. 그는 지성만으로는 성경의 영감과 권위에 대한 의문을 해결할 수 없다는 것을 알았다. 그것은 궁극적으로 믿음의 문제였다. 그는 비행기나 자동차처럼 그가 일상생활에서 이해하지 못하지만 믿는 것들에 대해 생각했고, 왜 성령의 일에만 그런 믿음을 갖기 힘든지 자문했다.

그는 회상했다. "그래서 나는 돌아가서 성경을 가지고 나와 달빛이 비치는 길가로 걸어 나갔다. 그리고 한 나무 그루터기에 성경을 올려놓고 무릎을 꿇은 채 기도했다. '하나님, 저의 힘으로 증명할 수 없는 것들이 있습니다. 사람들이 제기하는 질문에 대답할 수 없을 때도 있습니다. 그러나 저는 믿음으로 이 책을 하나님의 말씀으로 받아들입니다.' "[2)]

그 순간부터, 그의 사역은 폭발적으로 팽창했다. 그리고 그의 메시지에서 가장 많이 나오는 말이 "성경에서 이렇게 말씀하십니다"가 되었다.

우리는 이제 성경이 얼마나 강력한 권위를 지닌 책인지 분명히 알게 되었다. 그렇기 때문에 책임감을 가지고 성경을 읽어야 하는 것이다.

예수님께서 광야에서 시험당하신 이야기는 성경에 관해 충격적인 사실을 알려 주고 있다. 예수님께서 공생애를 시작하시기 전에 40일 동안 밤낮으로 금식하려고 광야로 가셨다. 그 기간이 끝났을 때, 사탄이 예수님을 시험했다. 사탄은 그가 가지고 있던 가장 강력한 수단을 사용했는데, 그것은 돈이나 명예가 아니었다. 그는 성경의 진리를 왜곡시키려 함으로써 예수님을 시험했다.

> "또 이끌고 예루살렘으로 가서 성전 꼭대기에 세우고 이르되 네가 만일 하나님의 아들이어든 여기서 뛰어내리라 기록되었으되 하나님이 너를 위하여 그 사자들을 명하사 너를 지키게 하시리라 하였고"(누가복음 4:9, 10).

사탄은 하나님의 말씀의 능력을 알고 있으며, 우리를 공격하기 위해 그 말씀을 사용하는 것도 서슴지 않는다. 예수님은 성경의 참된 진리를 다시 인용하여 대적하심으로써 시험을 이기셨다. 우리도 예수님과 똑같이 할 수 있을까?

2) John Pollack, *Billy Graham : The Authorized Biography* (London : Hodder and Stoughton, 1996), 80~81.

속지 않으려면 어떻게 해야 할까? 우선은 하나님의 말씀을 정확하게 다루는 것을 배울 필요가 있다.

하나님의 말씀을 정확하게 다루라 16

> **"너는 진리의 말씀을 옳게 분별하며 부끄러울 것이 없는 일꾼으로 인정된 자로 자신을 하나님 앞에 드리기를 힘쓰라"(디모데후서 2:15).**

많은 사람들이 자신이 원하는 것을 말하기 위해 성경을 잘못 인용하거나 왜곡한다. 성경을 읽을 때에는, 일반적인 언어나 책을 이해할 때의 상식적인 규칙들을 무시해서는 안 된다. 일반적인 상식만 기억해도, 여러분은 말씀의 진리를 왜곡하는 사람들의 말을 알아챌 수 있을 것이다.

성경을 이해하기 위한 다음의 일곱 가지 규칙을 통해, 하나님께서 디모데에게 주신 "진리의 말씀을 옳게 분별"하는 일꾼이 되라는 명령을 따를 수 있을 것이다.

말씀 공부의 일곱 가지 규칙 17

규칙1 : 믿음과 성령이 함께해야 제대로 해석할 수 있다. 18

예수님을 영접하지 않은 사람들이 왜 성경이 말씀하는 것들을 받아들이지 못해 혼란스러워하는지 생각해 본 적 있는가? 성경이 정말 타당성이 없어서 그런 것일까? 아니다. 그것은 성경은 믿음으로만 이해할 수 있기 때문이다. 성경이 말씀하고 있는 전체를 이해하려면, 먼저 성경의 저자와 인격적인 관계를 형성해야 한다. 따라서 아직 신자가 되지 않은 사람들이라도 가장 작은 믿음의 발걸음을 떼는 것만으로도 하나님의 말씀을 이해할 수 있는 통찰력을 얻을 수 있을 것이다.

규칙2 : 성경으로 성경을 해석한다. 19

"제일 좋은 성경 주석은 무엇입니까?"라고 누가 물으면, 나의 첫 번째 대답은 "성경"이다. 성경이 무엇을 가르치는지 알려면 성경 전체를 살펴보아야 한다. 성경이 성경을 가장 잘 설명한다.

적용 : 관주를 공부한다.

관주를 공부하려면 관주 성경이 필요하다. 가령, 용서에 대한 구절이 있으면 용서에 관련된 다른 구절들을 찾아볼 수 있도록 관주 성경의 여백에 나와 있는 관주를 활용할 수 있다. 예수님의 부활에 관한 구절 옆에 있는 관주에는 부활에 관한 다른 구절들과 본문들이 표시되어 있다.

규칙3 : 신약의 빛으로 구약을 이해한다. 20

신약의 빛이 없으면 구약은 조금 두렵고 어둡게 보일 수 있다. 이렇게 생각해 보자. 구약은 희미한 불이 켜져 있는 보물 창고다. 신약은 그 방을 더 환하게 밝혀 준다. 그래서 구약이 가지고 있는 보물의 진정한 아름다움을 보게 하는 것이다.

예 : 구약의 율법

구약의 제사 율법은 매우 복잡해 보이고 이해하기도 힘들다. 왜 하나님이 그 많은 양들과 가축들을 죽이라고 하신 것일까? 왜 그 수많은 짐승들의 피가 흘려져야 했을까? 그러나 신약에서 우리를 위한 예수님의 희생에 대해, 우리를 용서하기 위해서 그분의 피가 흘려진 것을 읽는 순간 우리 눈앞에는 밝은 빛이 비친다.

규칙4 : 분명한 본문에 비추어 불분명한 본문을 이해한다. 21

이 규칙을 잊어버리는 사람들이 정말 많다. 이런 사람들은 이해할 수 없는 한 구절을 떼어내서 자기 나름대로 어떻게 해석할지 결정한 다음에, 다른 구절들을 끌어다가 자신의 독특한 해석에 끼워 맞추려 한다.

예 : "만일 죽은 자들이 도무지 다시 살아나지 못하면 죽은 자들을 위하여 세례를 받는 자들이 무엇을 하겠느냐…"(고린도전서 15:29).

우리는 바울이 말한 "죽은 자들을 위하여 세례를 받는" 것이 무엇을 의미하는지 잘 모른다. 이에 대한 여러 견해가 있지만 공통적으로 동의하는 부분은 바울이 당시 일부 사람들이 행하던 관습에 대해 언급하고 있다는 것이다. 그는 우리에게 똑같이 하라고 지시하는 것이 아니다. 이단과 거짓 선생들은 이런 구절을 가지고 자신들의 가르침을 정당화한다. 가령, 그들은 "이 구절의 의미는 죽은 가족들을 위해 대신 세례를 받으면 그들이 천국에 갈 수 있다는 것이다"라고 말할 수 있다. 그러나 그것은 개인의 결단으로 구원받게 된다는 분명한 구절들이 말하고 있는 내용과 상반된 주장이다. 세례에 대한 분명한 본문을 가지고 이 불분명한 본문을 이해하는 데 도움을 얻어야지, 반대로 해서는 안 된다.

규칙5 : 단어와 문장을 문맥에 비추어 이해한다. 22

예 : "평안히 쉬고 먹고 마시고 즐거워하자"(누가복음 12:19).

누가복음 12장 19절 말씀이 우리가 놀고먹는 사람이 되어야 한다는 의미일까? 그 다음 절에서는 "오늘밤에 네 영혼을 도로 찾으리니"라고 말하고 있다. 놀고먹으라는 명령이 아니라 경고인 것이다.
성경에는 너무나도 많은 주제에 관한 너무나도 많은 말씀이 있다. 그중 일부를 문맥에 상관없이 발췌하여 자신이 말하고 싶은 것을 정당화하는 것은 어렵지 않은 일이다.

규칙6 : 교리적 본문에 비추어 역사적 본문을 해석한다. 23

예 : "(왕 된 자는) 아내를 많이 두어 그의 마음이 미혹되게 하지 말 것이며…"(신명기 17:17).

"새벽 아직도 밝기 전에 예수께서 일어나 나가 한적한 곳으로 가사 거기서 기도하시더니"(마가복음 1:35).

"그렇다면 여러 명의 아내를 두었던 다윗이나 솔로몬은요?"라는 질문을 때때로 받게 된다. 역사는 다윗에게 많은 아내들이 있었고, 그의 아들 솔로몬도 300명의 아내들이 있었다고 기록한다. 그들이 그랬다고 해서 여러 명의 아내를 두는 것이 하나님 앞에서 묵인되는 것일까? 교리에 관한 본문을 이해하면 그렇지 않다는 것을 알 수 있다. 창세기 2장에서는 둘이 한 몸이 되라고 가르치지, 300명과 1명이 한 몸이 되라고 가르치지 않는다. 위에서 보듯이 신명기 17장 17절은 특별히 왕에게 아내를 많이 두지 말아야 한다고 경고하고 있다. 이 교리적 구절들은 다윗과 솔로몬이 많은 아내들을 두는 죄를 지었으며 죄가 그들을 어떻게 타락시켰는지를 분명히 보여 준다.

이를테면, 예수님은 공생애 내내 외국에 나가지 않으셨다. 그렇다면 우리도 외국에 나가서는 안 되는 것일까? 그렇지 않다. 예수님의 그 예와 관련된 명령은 성경에 전혀 나와 있지 않다.
마가복음 1장 35절을 보라. 예수님께서는 종종 새벽에 기도하셨다. 그렇다면 우리도 새벽 4시에 일어나 기도해야 하는 것일까? 그렇지는 않다. (지금 어떤 사람들은 "주님, 감사합니다"라고 말하고 있을지도 모르겠다.) 하나님이 여러분에게 새벽에 기도하는 것이 좋은 생활 습관이라고 가르쳐 주실 수는 있지만, 모든 성도에게 새벽에 기도하라고 명령하신 것은 아니다. 예수님께서 언제 기도하셨는지에 대한 이야기를 우리가 명령으로 바꿀 수는 없다.

규칙7 : 성경의 빛에 비추어 개인적 경험을 이해한다. 24

일곱 번째 규칙 역시 성도들이 가장 자주 어기는 규칙일 것이다. 우리는 개인의 경험에 비추어 성경을 이해하는 경향이 있으며, 우리의 개인적인 적용을 다른 사람들에게도 강요하곤 한다.

예 : "…아무에게든지 아무 빚도 지지 말라…"(로마서 13:8).

예를 들어, 여러분이 로마서 13장 8절을 읽고서 "신용카드로 300만 원을 썼는데 대책을 세워야겠군"이라고 생각한다고 하자. 여러분이 적용한 로마서 13장 8절 말씀은 빚을 갚고 카드를 잘라버리라는 명령일 수 있다. 이것은 하나님을 경외하는 좋은 적용이다.

그런데 여러분의 적용을 가지고 다른 사람들에게, "성경은 로마서 13장 8절에서 모든 그리스도인이 신용카드를 사용하지 말아야 한다고 말합니다"라고 주장한다고 하자. 얼토당토않은 말이다. '신용카드'라는 단어는 헬라어 본문에 나와 있지 않다. 빚을 지지 않고도 매달 건전한 방식으로 신용카드를 사용하는 사람들이 많이 있다. 성경은 진리다. 성경을 적용하는 것은 진리를 삶에 실현하는 방법이다. "내게는 쉽지 않은 일이었지만 이 구절이 내게 힘과 용기를 줘서 나는 신용카드를 잘라버릴 수 있었습니다"라고 말하는 것이 정확하다.

바로 이런 부분에서 우리는 자주 율법적이 되는 것이다. 우리는 개인의 적용을 다른 사람들에게 강요해서는 안 된다.

토의 4번의 내용을 여기서 나눌 수 있다.

하나님의 말씀이 우리의 마음 안에 분명하게 조명하시려면, 하나님의 말씀을 깊이 사모하고, 영적으로 이해하려 애쓰고, 정확하게 다루어야 한다. 그러나 성경이 우리의 삶에 영향을 미치려면 우리가 해야 할 네 번째 것이 있다.

하나님의 말씀을 부지런히 연구하라 25

하나님의 말씀을 공부한다고 해서 그 결과가 즉시 눈에 보이지는 않기 때문에, 하나님의 말씀을 공부하려면 부지런해야 한다. 하워드 헨드릭스는 말씀을 공부할 때 우리가 거치게 되는 단계들을 말해 준다.

시편 19편 10절은 성경이 꿀보다 달다고 말씀하지만, 어떤 성도들은 결코 그렇게 생각하지 못한다. 성경을 공부하는 사람들에는 기본적인 세 가지 유형이 있다. '보약' 유형이 있다. 그들에게는 말씀이 쓰지만 영혼을 치료할 수 있다. 그 다음에 '보리밥' 유형이 있다. 영양가는 있지만 맛은 없다. 마치 지푸라기를 씹는 것 같을 것이다.

세 번째 종류는 '아이스크림' 유형의 사람들이다. 그들은 말씀을 아무리 먹어도 질리지 않는다. 어떻게 그런 입맛을 갖게 되었을까? 말씀의 잔치를 즐김으로써 영적 진리에 대한 질릴 줄 모르는 입맛을 개발해낸 것이다.[3]

말씀을 읽는 데 헌신하면 반드시 상급이 있지만, 말씀을 읽으려면 먼저 부지런해야 한다.

사실 부지런하게 사는 것보다는 부지런한 태도에 대해 이야기하는 게 더 쉽다. 어떻게 하면 하나님의 말씀을 알기 원하는 갈급함에 시간과 노력을 들이는 수고를 더할 수 있을까?

어떻게 해야 하나님의 말씀을 평생 공부하겠다고 결단할 수 있을까?

1. 주님의 말씀을 믿고, 그 말씀에 따라 살겠다고 주님 앞에서 서원하라.

디모데전서 4장 15, 16절을 함께 읽어 보자.

> **"이 모든 일에 전심전력하여 너의 성숙함을 모든 사람에게 나타나게 하라 네가 네 자신과 가르침을 살펴 이 일을 계속하라…"(디모데전서 4:15, 16).** 26

여러분 중에 아직도 하나님의 말씀에 대해 의심을 가지고 있는 이들이 있을 수도 있다. 말씀을 정말 신뢰할 수 있는가? 두 시간에 걸쳐 성경에 대해 배우면서, 성경의 신빙성에 대한 역사적 고증과 변화된 삶의 증거를 보았지만, 궁극적으로 이것은 믿음의 문제다. 바로 지금 바로 여기에서, 여러분은 하나님의 말씀의 진리를 신뢰하기로 결정하겠는가?

2. 하나님의 말씀을 연구하고 답을 찾는 열심을 내라.

> **"베뢰아에 있는 사람들은 데살로니가에 있는 사람들보다 더 너그러워서 간절한 마음으로 말씀을 받고 이것이 그러한가 하여 날마다 성경을 상고하므로"(사도행전 17:11).**

---

3) 하워드 헨드릭스, 『삶을 변화시키는 성경 연구』(디모데 역간)

베뢰아 사람들은 바울로부터 말씀을 듣자마자 돌아가서 들은 말씀에 대해 직접 연구했다. 이들을 닮도록 노력하라.

의문 나는 부분이 생기면, 성경을 찾아보라. 직접 답을 찾고 나면, 전에 경험하지 못했던 영적 희열을 느끼게 될 것이다.

3. 하나님의 말씀으로부터 배운 것을 다른 사람들과 나누라.

골로새서 3장 16절 말씀을 들어 보자.

"그리스도의 말씀이 너희 속에 풍성히 거하여 모든 지혜로 피차 가르치며…"(골로새서 3:16).

이것은 믿음의 정체현상을 막아 준다.

이스라엘에는 두 개의 바다가 있다. 북쪽의 갈릴리 해, 남쪽의 사해가 있다. 갈릴리 해는 아름다운 호수로서, 이스라엘의 휴양지이고 물고기와 생명체들이 가득하다. 반면에 사해가 죽은 바다라고 불리는 데는 그만한 이유가 있다. 광물질로 가득 차 있기 때문에 그 적막한 물속이나 물가에서는 살 수 있는 생명체가 거의 없다. 두 바다의 차이는 무엇인가? 갈릴리 해에는 북부 산악 지대에서 흘러온 물들이 들어갔다가 다시 요단강으로 빠져 나간다. 하지만 사해는 물이 흘러나갈 통로가 없어서 침전물과 광물질로 채워진다.

이 두 바다는 그리스도인의 삶에 대한 좋은 비유다. 하나님의 말씀을 계속 받아들이기만 한다면, 곧 자신의 믿음이 정체되는 것을 보게 될 것이다. 얼마 지나지 않아 십자가의 사랑조차도 별 감동이 없을 것이다. 진리는 끊임없이 다른 사람들과 나눌 때 우리의 마음속에 다시금 신선한 생수가 촉촉이 젖어들어 오게 된다.

4. 공부하면서 배운 것을 행하라.

야고보서 1장 22절을 함께 읽어 보자.

"너희는 말씀을 행하는 자가 되고 듣기만 하여 자신을 속이는 자가 되지 말라"(야고보서 1:22).

27

G. K. 체스터톤은 20세기 초의 위대한 기독 지성 중 한 명이었다. 말씀을 현실에 정확하게 적용할 줄 알았던 그는 이런 말을 했다. "성경은 우리에게 이웃을 사랑하고, 또한 원수를 사랑하라고

말한다. 성경이 그렇게 말한 이유는 사실 대부분의 이웃이 우리의 원수이기 때문이다."
또 그는 무인도에 남게 된다면 어떤 책을 가져가겠느냐는 질문을 받았다. 모든 사람들은 당연히 그가 "성경"이라고 말하며 멋진 이유를 달 것이라 생각했다. 그의 놀랍고도 극히 현명한 대답은 "배 만들기 가이드"[4]였다. 당연한 이야기 아닌가! 무인도에 표류한 사람에게는 배 만들기 가이드야말로 안전하게 집까지 가는 방법을 알려 주는 도구가 되는 것이다.

어떤 면에서 우리 모두는 지구라 불리는 이 섬에 표류 중이다. 우리는 함께 천국에 있을 날을 고대하지만, 아직은 그때가 아니다. 우리가 천국 갈 날을 기다리는 동안 하나님은 우리에게 놀라운 선물을 주셨는데, 그것은 성경이며, 우리에게 필요한 한 권의 책이다.

이 책은 우리에게 소망을 준다.
이 책은 우리가 갈 방향을 보여 준다.
이 책은 우리가 안전히 집으로 돌아갈 수 있게 도와준다.

함께 기도하자.

> 주님, 저는 당신의 말씀의 진리가 필요합니다. 제가 당신이 하시는 말씀을 찾기보다 저 자신의 생각을 의지했던 때들을 용서해 주십시오. 당신의 진리의 말씀을 읽고 연구하고 따르겠다고 새롭게 결단합니다. 주님, 그것이 쉽지 않다는 것을 압니다. 저에게 당신의 힘을 주시기를 간구합니다. 그리고 당신의 말씀에서 해답을 찾고, 당신이 제게 가르치시는 것들을 사람들과 나누고, 듣는 것을 실행할 수 있는 지혜를 주시기를 기도합니다. 저의 남은 일생 동안에 당신의 말씀에 대한 사랑이 더욱 깊어지게 하소서. 예수님의 이름으로 기도합니다, 아멘.

암송 카드 1번, '성경'을 암송하십시오.

Q 토의

1. 말씀을 간절히 사모하게 되었던 경험을 나눠 보라. 어떤 종류의 경험이 특히 말씀을 사모하게 만드는가? 성경이 보배라는 진리를 언제 가장 깊이 느끼게 되는가? 28

2. 다음 질문들에 대해 나눠 보자. 29
성경이 내게 씨와 같았던 때는…

4) John Ortberg, *The Life You're Always Wanted* (Grand Rapids, Mich. : Zondervan, 1997), 188.

성경이 내게 검과 같았던 때는…
성경이 내게 식물(양식)과 같았던 때는…
성경이 내게 방망이와 같았던 때는…
성경이 내게 불과 같았던 때는…
성경이 내게 거울과 같았던 때는…

3. 성령은 우리가 하나님의 말씀을 이해할 수 있도록 도우신다. 요한은 "아무도 너희를 가르칠 필요가 없고"라고 말한다. 그러나 또 신약 성경은 가르침과 설교의 은사를 가진 자들을 존경하라고 말한다. 왜 교회에 교사가 필요한가? 이 두 가지 진리가 어떻게 동시에 성립될 수 있을까? 30

4. 말씀 공부의 일곱 가지 규칙 중에서 어느 것을 그리스도인들이 가장 자주 어긴다고 생각하는가? 어떻게 해야 성경을 정확하게 공부하고 해석해야 한다는 사실을 잊지 않을 수 있을까? 31

참고 도서 | 맥스 앤더스, 『30일 성경 맥잡기』(기독교문사 역간)
폴 리틀, 『이것을 믿는다』(생명의말씀사 역간)
헨리에타 미어즈, 『(미어즈)성경핸드북』(아가페 역간)

3장 하나님 I

1

2

밭 갈기

- **아버지 하나님의 사랑을 더 깊이 느낀다.**
- **하나님이 내 아버지시라는 사실로 인해 다른 삶을 살게 된다.**

강의 개요

하나님은 실재하신다

  하나님이 실제로 존재하시는 것을 어떻게 아는가?

하나님은 계시하신다

하나님은 관계적이시다

  하나님에 대한 몇 가지 진실

  하나님과의 관계를 표현하는 최고의 방법

하나님에 대한 지식을 개인적으로 어디에 적용할 수 있을까? 그것은 바로 예배다.

자, 내가 손에 들고 있는 이 골무를 보라. 태평양 바닷물을 이 골무 안에다 다 부어 넣으려 한다고 생각해 보라. 하나님의 인격에 대해 공부하면서 내가 느끼게 되는 감정이 바로 이렇다. 나처럼 부족한 사람이 언어라는 지극히 한정된 도구를 가지고 하나님의 위대하심을 설명하다니 말이다.

도저히 불가능한 일이다. 그냥 포기하고 집에 가자!

만일 우리 자신의 지성과 직관으로 하나님을 설명하려 한다면, 우리의 한계는 이 작은 골무 정도도 되지 못할 것이다. 하나님에 대해서 이 사람이 추측하나 저 사람이 추측하나 마찬가지일 것이다. 우리 중 누구도 그분께 합당한 표현을 할 수가 없다.

하나님이 우리에게 주신 이 성경을 보라. 하나님은 이 책을 통해 자신의 인격, 위대하심, 사랑 등의 속성을 말씀하신다. 하나님은 우리가 이해할 수 있고 우리의 생각이 따라갈 수 있는 방식으로 자신을 알라고 초청하신다.
성경을 통해 우리를 가장 사랑하시는 분에 대해 이해할 수 있는 바다가 우리 앞에 펼쳐지는 것이다. 오늘 우리가 하나님에 대해 이야기할 때에 저 멀리 계신 분을 떠올리지 않기를 바란다. 오히려 끝없는 바다 속으로 뛰어든다고 생각하기를 바란다. 하나님의 인격을 이해하고, 하나님의 능력을 깨닫고, 하나님의 임재를 누림으로써, 커다란 파도를 맞는 듯한 큰 힘을 얻게 되기를 기원한다.

우리의 목표는 하나님에 대한 지식을 배우기만 하는 것이 아니다. 물론 그것도 중요하지만, 오늘과 다음 시간에 배울 내용의 목표는 하나님을 더 깊이, 더 인격적으로 아는 것이다. 나는 이보다 더 중요한 주제는 없다고 확신한다. 우리 인생의 궁극적인 목표는 자신을 아는 것이 아니라 하나님을 아는 것이다.

하나님의 인격을 배우는 자에게는 두 가지 태도가 필요하다. 그것은 기대와 겸손이다. 하나님이 누구시며 어떻게 자신을 보여 주시는지 이 시간 공부할 때에 하나님께서 여러분의 삶에 위대한 일을 행하실 것을 기대하라. A.W. 토저는 이렇게 말했다.

하나님을 생각할 때 우리의 마음에 무엇이 떠오르느냐가 가장 중요하다.[1]

–A.W. 토저

3

하나님은 너무도 위대하시고, 그분을 믿는 믿음은 너무나도 중요하다. 따라서 그분이 누구신지, 어떤 일을 행하시는지에 대해 바라보는 관점이 조금만 변해도 우리의 인생은 변할 수 있다. 하나님에 대한 믿음이 우리의 삶의 방향을 결정하는 것이다.

하나님에 대한 진리가 여러분의 매일의 삶에 미칠 수 있는 영향력을 생각해 보자. 우리의 믿음의 분량만큼 우리의 도덕적 양심, 부, 명성, 권력, 쾌락에 대한 태도가 형성된다. 하나님에 대한 진리를 신뢰하는 것이 역경과 고통 속에서 우리를 강하게 하고, 어려움에 처했을 때 믿음을 잃지 않고 용기 있게 하고, 찬양하게 하고 예배를 더 뜨겁게 하며, 우리의 가치관을 규정하고 라이프스타일을 결정하며, 우리의 관계들에 의미를 주고, 무엇을 받아들이고 무엇을 거절할지 알려준다. 하나님을 아는 것은 영원한 소망을 우리에게 준다. 그것은 다른 모든 것들이 근거하는 기반이다.

또한 하나님의 인격을 공부할 때 우리는 겸손한 마음을 가져야 한다. 초대 교회 리더인 아우구스티누스는 말했다.

---

1) 에이든 토저, 『하나님을 추구함』(생명의말씀사 역간)

당신이 이해할 수 있다면, 그분은 이미 하나님이 아니다.

-아우구스티누스

우리가 하나님을 이해하려고 노력하는 것은 개미가 우리를 이해하려고 노력하는 것과 비슷하다. 오직 하나님의 은혜와 자기 계시에 의해서만 우리는 하나님이 어떤 분이신지 알 수 있다. 하나님을 분석해 보겠다는 욕심이 있었다면 버리고, 여러분이 하나님에 대해 알아야 할 것을 보여 달라는 겸손한 태도로 이 공부를 시작하자.

어린이들처럼 하나님에 대해 궁금해해야 한다. 아이들은 "하나님은 어떻게 생겼어요? 하나님은 어디 살아요? 하나님은 얼마나 커요?"라고 묻는다. 그리고 언제부턴가 우리들은 아이들이 그런 질문을 못하게 말을 막곤 했는데, 아마 우리도 모르기 때문일 것이다. 오늘은 다시 어린이가 되어 그 "간단한" 질문들을 다시 해 보는 자유함을 누리자.

한 어린 여자아이가 엄마에게 와서 "하나님을 그려 드릴게요!"라고 신나서 말한다.
엄마는 "얘야! 하나님이 어떻게 생겼는지 아는 사람은 아무도 없어"라고 대답했다.
아이는 다섯 살짜리 특유의 자신감으로 이렇게 대답한다. "내가 그리고 나면 사람들도 이제 하나님이 어떻게 생겼는지 알게 될 거예요."

눈을 감고 여러분이 가지고 있는 하나님의 이미지를 그려 보라. 긴 턱수염을 달고 긴 옷을 입은 노인이 보이는가? 핵물리학이나 컴퓨터나 레이저 등의 현대 기술과 완전히 동떨어진, 그러나 여러분이 필요로 할 때 그곳에 있어 주는 할아버지 같은 사람이 그려지는가? 혹은 환한 빛이나 보좌에 앉은 왕이나 천둥과 번개가 그려지는가? 하나님의 모습을 더 잘 알려면, 먼저 여러분이 지금 가지고 있는 하나님의 모습이 어떠한지 생각해 보아야 한다.

토의 1번의 내용을 여기서 나눌 수 있다.

하나님이 어떤 분이신지 공부하기 전에, 세 가지 진리를 먼저 기억하자.

1. **하나님은 실재하신다.**
2. **하나님은 계시하신다.**
3. **하나님은 관계적이시다.**

이 장에서는 하나님에 대한 이 세 가지 진리를 살펴 볼 것이다. 언뜻 보기에는 간단해 보이지만,

하나님에 대해 공부하는 것은 간단할 수가 없다. 이 진리들은 하나님이 누구시며 우리의 삶에 어떻게 역사하시는지에 대한 그림의 기초가 된다.

하나님은 실재하신다 5

하나님은 동화나 이야기 속의 등장인물이 아니다. 그분은 우리가 지금 살아 있는 것처럼 실재하신다.

하나님이 실제로 존재하시는 것을 어떻게 아는가?

하나님의 존재에 대한 철학적 논증에는 존재론적 논증, 목적론적 논증, 우주론적 논증이 있다. 이 논증들은 인간보다 고등한 존재가 분명히 존재한다는 것을 논리적으로 보여 주지만, 하나님의 존재를 복잡하고 혼란스럽게 만들 뿐이다. 흥미로운 점은 성경이 하나님의 존재를 논증하지 않고, 당연한 사실로 이야기한다는 점이다.

성도라면 누구나 "하나님이 정말 살아 계신 걸까? 혹시 내가 나 자신을 속이고 있는 건 아닐까?"라는 의심이 드는 순간들이 있다. 그러나 96%의 미국인이 인격적인 하나님의 존재를 믿는 데는 타당한 이유들이 있다.[2] 사람들은 이미 본능적으로 하나님의 존재를 확신하고 있다.

1. 하나님께서 만드신 것들에서 <u>창조</u>의 솜씨를 본다(창세기 1:1; 로마서 1:19, 20; 사도행전 14:16, 17). 6

시편 19편을 함께 읽어 보자.

> **"하늘이 하나님의 영광을 선포하고 궁창이 그의 손으로 하신 일을 나타내는도다 날은 날에게 말하고 밤은 밤에게 지식을 전하니"(시편 19:1, 2).** 7

날씨가 맑은 날 밤, 도시에서 멀리 떨어진 야외로 나가 하늘을 쳐다보라. 하나님께서 만드신 것들 속에서 하나님의 위대하심을 발견하는 순간, 우리는 완전히 거기에 압도된다. 여러분은 우주가 얼마나 광대한지 아는가? 에버리 윌리스는 이렇게 설명한다.

---

2) Robert Hughes, "Visionaries : Seeking the Spirit," *Time* (21 May 1997) : 32ff.

나와 함께 로켓을 타고 하나님의 위대하심을 느껴 보자. 우리는 빛의 속도인 시속 30만km로 날고 있다. 쏜살같이 날아올라 지구를 내려다본다. 딱 1초 후면 지구는 벌써 저 아래로 멀어져 있고 큰 풍선 정도로밖에 보이지 않는다. 2초 후에는 달을 지나면서, 사진에서 자주 보았던, 그 유명한 달에서 본 지구의 모습을 본다. 8분 30초 후에는 태양을 지나간다. 지구는 1억 5,000km 떨어진 작은 점이 되어 어두운 우주 공간 속으로 사라진다.

다섯 시간 후, 우리는 태양계를 벗어났기 때문에 지구는 다른 별들과 더 이상 구별할 수가 없다. 4광년을 여행한 후에야 우리는 가장 가까운 성좌인 알파켄타우리를 순식간에 지나간다. 그리고 10만 년 동안 우리 은하계인 은하수를 가로질러 여행한다. 그 다음에 150만 년을 더 여행하여 천문학자들이 국부 은하군이라 부르는 여섯 개의 은하계 중 가장 먼 곳에 있는 대성운에 도달한다. 그러나 여기까지의 여정을 우주 전체에 비유하자면, 한 가족이 미국 내에서 다른 도시로 가려 하는데 다섯 살짜리 꼬마가 자기가 사는 동네를 아직 벗어나기도 전에 "도착하려면 얼마나 남았어요?"라고 묻는 것과 같다. 우주는 너무나 방대하여, 지구에서 망원경으로 관찰할 수 없는 지역까지 도달하려면 광속으로 최소한 120억 년을 가야 한다. 그 너머에 또 무엇이 있는지 누가 알겠는가?

그러나 이사야는 하나님께서 "손바닥으로 바닷물을 헤아렸으며 뼘으로 하늘을 쟀으며"(사 40 : 12)라고 말한다. 하나님에게는 우주가 한손에 잡히시는 것이다.[3)]

Teaching TIP

신문이나 책이나 잡지의 발췌문을 읽을 때에는, 다른 종이에 따로 프린트하거나 써서 들고 읽어 주는 것이 좋다. 이것은 두 가지 효과가 있다. 읽는 동안 강단을 좀 벗어날 수 있고, 더 중요한 것은 당신이 연구하여 준비했다는 것을 듣는 사람들에게 알릴 수 있기 때문이다. 따지기 좋아하는 성격의 사람들은 당신이 교사로서 시간을 내어 준비했다는 것을 알면 무척 좋아할 것이다.

2. 인간의 역사 속에서 하나님의 모습을 본다. 8

"인류의 모든 족속을 한 혈통으로 만드사 온 땅에 살게 하시고 그들의 연대를 정하시며 거주의 경계를 한정하셨으니 이는 사람으로 혹 하나님을 더듬어 찾아 발견하게 하려 하심이로되 그는 우리 각 사람에게서 멀리 계시지 아니하도다"(사도행전 17:26, 27).

역사(History)는 말 그대로 "그분의 이야기"이다. 우리가 인생이라 부르는 이야기의 작가, 감독, 주인공이 하나님이시라는 것은 매우 분명하다.

사회학자 그레이스 데이비는 "영국인들이 하나님을 믿는지 조사한 최근의 연구를 인용한다. 대부분의 응답자들은 믿는다고 말했다. 그 다음 질문은 '당신은 지구상에 일어나는 일의 결과를 바꿀

---

3) Avery Willis, *The Biblical Basis of Missions* (Nashville : Convention Press, 1984), 16.

수 있는 하나님의 존재를 믿습니까?' 였다. 대부분은 '아니다. 그저 평범한 하나님을 믿는다' 라고 대답했다."[4)]

사도행전 17장 26, 27절은 평범한 하나님이란 존재하지 않는다고 역설한다. 그분은 세상 역사의 시기와 장소를 결정하신다. 지구상의 사건들의 진행 과정을 결정하신다. 지구가 언제 시작될지 그가 정하셨고 언제 끝날지도 그분의 시간표에 있다. 오직 그분만이 언제 세상을 홍수로 멸망케 할지, 언제 아브라함이 약속의 땅으로 갈 것인지, 언제 모세가 속박당하는 이스라엘을 애굽에서 이끌어낼지 정하셨다. 구약과 신약 성경을 살펴보면, 하나님께서 역사의 고삐를 잡고 계신 수백 번의 예들을 발견하게 된다.

그것은 오늘날에도 여전히 진리이다. 그분은 악한 지도자나 불의가 존재하는 것을 허용하시지만, 완전한 승리는 결코 허용하지 않으신다. 히틀러가 언제 어떻게 무너질지 하나님께서 결정하셨다. 그분이 링컨을 적시적소에 두셨다. 그분이 언제 소비에트연방에서 공산주의가 붕괴될 것인지 결정하셨다. 사도행전 17장은 하나님은 그렇게 하심으로써 "사람으로 혹 하나님을 더듬어 찾아 발견하게 하려 하심"이라고 말씀한다.

3. 우리의 삶 속에서 하나님의 역사를 본다. 9

열왕기상 18장 24~39절의 갈멜산에서 엘리야가 거짓 선지자들과 싸운 이야기를 살펴보자.

Teaching TIP

성경 이야기를 하는 것을 두려워하지 말라. 성경 이야기는 가장 좋은 예화다. 성경에 나오는 이야기를 전혀 들어 보지 못한 사람들이 얼마나 많고, 또 들었어도 의미를 이해하지 못한 사람들이 얼마나 많은지, 또 이미 잘 아는 사람들도 다시 들음으로써 새롭게 은혜 받을 수 있다는 놀라운 사실을 발견하게 될 것이다.

성경 이야기를 할 때는 세 가지를 기억하라.

1. 사람들이 한 번도 들어 보지 못한 이야기라고 생각하고 말하라.
2. 사건을 설명하는 것이 아니라 생생한 경험처럼, 목소리에 생기를 담아 이야기하라.
3. 듣는 사람들이 그 이야기에서 자신의 모습을 발견할 수 있다는 것을 기억하라. (엘리야의 이야기에서는, 직장에서 수많은 불신자들에게 둘러싸여 있는 자신의 모습을 발견할 수 있을 것이다.)

엘리야는 바알 신의 거짓 선지자들과 여러 해 동안 싸워 왔다. 거짓 선지자들을 이스라엘에서 없

4) Carla Power et al., "Lost in Silent Prayer," *Newsweek International* (12 July 1999) : 48.

애기 위해, 엘리야는 마침내 갈멜 산의 대결을 신청한다. 450명의 바알의 선지자들이 외로운 하나님의 선지자와 싸우기 위해 산꼭대기에 나타났다. 엘리야에게는 그 결투가 죽음을 각오한 배수의 진이었다. 선지자들은 제단을 쌓았다. 엘리야가 제안한 대결은 제단의 제물을 불태우는 신이 진짜 하나님이라는 것이었다. 바알의 선지자들이 하루 종일 기도하고 신을 불렀지만, 당연히 아무 일도 일어나지 않았다. 아무리 졸라도 거짓 신은 기적을 일으킬 수 없다. 이제 엘리야는 제단과 그 주위에 판 도랑에 넘치도록 물을 부었다. 그가 잠시 기도하자 하나님은 불을 보내셔서 제물뿐 아니라 나무, 돌 제단, 제단 밑의 흙을 태우셨고, 제단 주변의 도랑에 찼던 물까지 다 태워 버리셨다.

하나님은 우리 삶에 분명하고 인격적으로 역사하신다. 여러분이 경험했던 사건들은 엘리야의 갈멜 산 대결처럼 극적이지는 않았을지라도, 그것 못지않게 생생했을 것이다. 이웃과의 관계가 회복되었던 것이나 나쁜 습관을 끊을 수 있었던 것을 보면서 역사하시는 하나님의 능력을 보았을 것이다. 여러분이 염려에 눌려 있을 때 하나님께서 평화를 주셨을 것이고, 믿음의 한 걸음을 내딛을 수 있는 용기를 주셨다. 우리를 용서하시려 그 아들의 생명을 내어주신 데서 모든 성도들은 이미 역사하시는 하나님을 경험한다. 십자가 위에서 그분이 행하신 일은 극적이면서 개인적이었다. 그것은 단순한 역사적 사건이 아니었다. 십자가는 여러분의 삶에 하나님께서 행하신 개인적인 역사였다. 예수님께서 여러분을 위해 돌아가셨다.

우리는 하나님이 역사하셨던 순간을 잊기 쉽다. 엘리야는 바알의 선지자들을 이기고도 이틀 만에 낙심하여 동굴에 숨었다. 우리는 쉽게 하나님의 능력을 잊고 매일의 소소한 일에 붙잡힌다. 우리의 삶에 행하신 하나님의 역사들을 기억할 때, 믿음이 성장한다.

집중 탐구 | 하나님은 어떤 모습이신가?

성경은 아무도 하나님을 실제로 보지 못했다고 말씀한다(요한복음 1:18). 하나님은 영이시다(시편 139:7~12; 요한복음 4:24). 하나님은 보이지 않으신다(요한복음 1:18; 골로새서 1:15; 히브리서 11:27). 우리는 사람이 "하나님의 형상대로 만들어졌다"는 이야기를 들을 때마다 하나님도 우리처럼 두 팔과 두 다리가 있으실 것이라고 상상하곤 한다. 얼마나 엉뚱한 생각인가! 온 우주에 충만하신 하나님이 사람의 모습일 수 없다는 것은 분명하다. 성경에서 하나님의 "강한 팔"이나 "날개 그늘"이라고 말하는 것은 문자 그대로의 묘사가 아니라 하나님께서 우리와 어떻게 관계하시는지 보여 주는 은유일 뿐이다.

토의 2번의 내용을 여기서 나눌 수 있다.

하나님은 계시하신다 10

우리가 하나님을 찾아내는 것이 아니고, 하나님이 우리에게 자신을 계시하신다(창세기 35:7; 시편 98:2). 11

우리는 마치 콜럼버스라도 된 것처럼, 하나님을 발견하겠다는 생각이나 행동을 하는 실수를 범하지 말아야 한다. 우리는 하나님을 발견할 수 없다. 하나님께서 자신을 우리에게 계시해 주셔야 한다. 더 중요한 것은 에디슨이 되어서 우리 자신의 하나님을 발명하려는 함정에 빠지지 말아야 한다는 것이다. 창의적으로 하나님의 본질을 판단할 수 있을 정도로 우리는 위대하지 않다. 하나님은 우리보다 훨씬 더 위대하시다. 그분이 자신을 우리에게 계시해 주셔야 한다. 하나님께서 자신을 어떻게 계시하시는지 이해하려면 세 가지 신학적 개념을 알아야 한다. 그것은 하나님의 일반 계시, 특별 계시, 인격 계시이다.

1. 하나님은 그분의 창조 세계를 통해 우리에게 자신을 계시하신다. 12

로마서 1장 20절은 이렇게 말씀한다.

"창세로부터 그의 보이지 아니하는 것들 곧 그의 영원하신 능력과 신성이 그 만드신 만물에 분명히 보여 알려졌나니 그러므로 그들이 핑계하지 못할지니라"(로마서 1:20). 13

이 장 앞부분에서 우리는 하나님께서 자연, 역사, 우리 개인의 경험을 통해 자신을 계시하신다는 것을 배웠다. 신학자들은 이러한 것을 하나님의 '일반 계시' 라고 한다.

우리는 그것들을 통해 하나님을 분명히 볼 수 있지만, 하나님께서는 더 분명히 자신을 보여 주기 원하셨다. 그래서 두 번째 방법으로 자신을 계시하셨다.

2. 하나님은 그분의 말씀을 통해 우리에게 자신을 계시하신다. 14

베드로후서 1장 20, 21절을 보자.

"먼저 알 것은 성경의 모든 예언은 사사로이 풀 것이 아니니 예언은 언제든지 사람의 뜻으로 낸 것이 아니요 오직 성령의 감동하심을 받은 사람들이 하나님께 받아 말한 것임이라"(베드로후서 1:20, 21).

선지자들은 미래를 예언하는 사람들이라기보다는 하나님의 대변인이었다. 하나님께서 그들의 귀에 직접 말씀하시면, 그들은 그 말씀을 그대로 정확하게 사람들에게 전했다. 시내 산에서 십계명을 기록한 모세나 서기관 바룩에게 두루마리에 대필을 시킨 예레미야 모두 하나님의 음성을 듣고 그것을 그대로 사람들에게 전했다. 신약 시대에는 바울이나 누가와 같은 사람들이 성령께서 마음에 감동하신 말을 적었다. 이러한 글들이 하나님의 특별 계시다. 창세기부터 요한계시록까지 성경은 우리에게 주시는 하나님의 특별 계시의 기록이다. 보이지 않으시는 하나님께서 자신을 우리에게 계시하시는 방법으로는 이것이 완벽한 방법이라고 우리는 생각하지만, 하나님께서는 우리가 하나님을 더욱 더 분명히 보기를 원하셔서 세 번째 방법으로 자신을 계시하셨다.

3. 하나님은 그분의 아들을 통해 우리에게 자신을 계시하신다.

15

하나님께서 인간이 되셨다. 예수님께서 이 땅에 오신 것은 일반 계시나 특별 계시 이상이었다. 그것은 하나님께서 자신을 친히 계시하신 것이었다. 영어 번역 성경 NASB 역의 요한복음 1장에서는 우리에게 하나님을 "설명해 주기 위해" 예수님이 오셨다고 말한다.

> **"본래 하나님을 본 사람이 없으되 아버지 품속에 있는 독생하신 하나님이 나타내셨느니라"(요한복음 1:18).**

예수님은 우리가 하나님의 계시를 깨닫게 하시려고 이 땅에 오셨다(요한일서 5:20). 예수님이 아버지를 우리에게 계시하신 것이다(마태복음 11:27). 하나님은 여러 방법으로 자신을 계시하셨지만, 완성된 말씀이자 가장 분명한 계시는 예수님이었다(히브리서 1:1, 2).

여러분이 키우는 개에게 인간에 대해 설명해 주기 위해서는 개가 되는 수밖에 없다.
토끼에게 인간에 대해 설명해 주려면, 토끼가 되어야 할 것이다. 개미에게 인간에 대해 설명해 주려면, 개미가 되어야 할 것이다.

우리에게 하나님을 설명하시려고 예수님께서 사람이 되셨다. 우리가 개미가 되려면 상당히 겸손해야겠다고 생각하겠지만, 그것은 예수님께서 육체를 입으셨던 것에 비하면 아무것도 아니다. 예수님께서는 가능한 한 가장 분명한 방식으로 "하나님께서 너희를 알기 원하신다!"라고 우리에게 말씀하셨다.

하나님을 알기 위해 애써 본 적이 있는가? 그렇다면 반가운 소식이 있다. 여러분에 대한 하나님의 가장 큰 소원이 바로, 그분이 참으로 누구신지 계시해 주시는 것이라는 소식이다. "하나님, 당신이 정말로 누구신지 보여 주세요"라는 것보다 더 빨리 응답될 기도는 없다. 사실, 하나님께서는 그 아들을 보내심으로써 이미 그 기도에 응답하셨다.

우리는 예수님께서 하나님을 어떠한 모습으로 보여 주셨는지 반드시 이해해야 한다. 하나님에 대해 잘못 알고 있다면, 그 믿음에 빠지면 빠질수록 길을 헤맬 수밖에 없기 때문이다.

갤럽 조사에 의하면 미국인의 96%가 변함없이 하나님의 실재를 믿고 있다고 한다. 하지만 우리에게 중요한 것은 하나님이 살아 계시느냐 아니냐가 아니라, 그분이 어떤 하나님이시며 예수님께서 하나님에 대해 무엇을 보여 주셨는지 아는 것이다.

하나님은 관계적이시다 16

예수님께서 하신 이야기 중에 탕자의 이야기는 하나님이 어떤 분이신지 가장 분명히 보여 주는 예화다. 우리는 그 이야기를 이미 너무나 많이 들었기 때문에, 충격적일 정도로 놀라운 예수님의 사랑을 간과하곤 한다. 이번에는 필립 얀시가 들려주는, 방탕한 삶을 살고 돌아온 딸의 이야기를 들어 보자. 이것을 들은 후, 예수님의 비유의 핵심에 있는 관계적인 사랑에 대해 새롭게 보게 되기 바란다.

> 미시간 주 트레버스시티의 체리 농장에서 한 소녀가 살고 있었다. 약간 구식이었던 그녀의 부모는 딸의 코걸이, 딸이 듣는 음악, 짧은 치마 길이에 과민반응을 보였다. 부모는 딸에게 여러 번 외출 금지령을 내렸고 딸은 분노가 쌓여만 갔다. 어느날 말싸움을 하고 난 뒤, 아빠가 딸의 방 문을 노크했을 때 딸은 "아빠가 싫어!"라고 소리 질렀고, 그날 밤에 머릿속으로 수십 번 연습했던 그 계획을 실행했다. 딸은 가출했다.
>
> 트레버스시티 신문에서는 늘 디트로이트 시 도심의 범죄 조직, 마약, 폭력에 대한 무섭고 자세한 기사를 실었기 때문에, 그녀는 거기 정도라면 부모가 찾아올 수 없을 것이라고 생각했다. 그래서 그녀는 디트로이트로 갔고, 이틀째에 지금껏 본 중에서 가장 큰 차를 운전하는 한 남자를 만났다. 그는 그녀를 차에 태워 주었고, 점심을 사 주었고, 머물 곳을 마련해 주었다. 그리고 전에 느껴 보지 못한 좋은 기분을 느끼게 하는 약도 주었다. 그녀는 그런 생활에 빠져들었고 부모가 여태껏 이런 모든 재미를 막아 온 것이라고 생각했다.
>
> 즐거운 생활은 1년 동안 계속되었다. 그녀가 사장님이라고 불렀던 큰 차의 소유자는 그녀에게 남자들이 좋아하는 몇 가지를 가르쳐 주었다. 그녀는 미성년자였기 때문에 남자들로부터 더 많은 돈을 받을 수 있었다. 그녀는 멋진 집에서 살면서 원할 때마다 룸서비스로 식사를 했다. 가끔 고향 사람들이 생각났지만, 이제 그녀에게는 그들의 삶이 너무나도 지루하고 촌스러운 것으로밖에 느껴지지 않았기 때문에 자신이 거기서 자랐다는 사실조차 믿어지지 않을 정도였다.
>
> 1년 후에 그녀에게 처음으로 병색이 나타나자 사장은 순식간에 비열해졌다. "당장 나가"라고 그는 매몰차게 말했고, 곧 그녀는 한 푼도 없이 거리로 내쫓겼다. 겨울이 시작되었을 때, 그녀는 백화점 앞 길거리에서 자게 되었다. "잔다"는 것은 사실 맞는 말이 아니었다. 디트로이트 도심에서 십대 소녀가 마음 놓고 잘 수 있을 리가 없었다. 그녀의 눈가는 검어졌고 기침은 더욱 심해졌다. 어느 날 밤, 땅바닥에 누워 사람들의 발소리를 듣고 있던 그녀는 갑자기 모든 것이 달라 보였다. 더 이상 그녀는

여왕이 아니었고, 춥고 무서운 도시에서 길 잃은 어린아이일 뿐이었다. 추억 속에서 한 장면이 떠올랐다. 트레버스시티에서는 5월이 되면 100만 그루의 체리 나무들이 한꺼번에 꽃을 피웠고 그녀의 골든리트리버 개는 나무 사이로 테니스공을 쫓아 다녔다.

"하나님, 왜 제가 거기를 떠났죠?"라고 그녀는 혼잣말을 되뇌며 가슴을 찌르는 듯한 고통을 느꼈다. "우리 개도 나보다는 잘 먹고 있겠네." 그녀는 흐느꼈고, 그 순간 다른 무엇보다도 제발 집에 돌아갈 수 있으면 좋겠다고 생각했다.

그녀는 집에 세 번 전화를 걸었지만 자동응답기가 대답할 뿐이었다. 처음 두 번은 메시지를 남기지 않고 전화를 끊었지만, 세 번째에는 말했다. "아빠, 엄마, 저예요. 집에 돌아갈까 생각하고 있어요. 거기로 가는 버스를 타려고 하는데 내일 자정쯤에 도착할 거예요. 만일 아빠 엄마가 거기 나와 계시지 않으면 그대로 그 버스를 타고 캐나다로 갈 거예요."

버스는 일곱 시간 동안 디트로이트로부터 트레버스시티까지 달렸다. 그동안 그녀는 걱정이 되었다. '만일 부모님이 어디 멀리 가셔서 메시지를 못 들었으면 어떻게 하지?' '하루 더 기다렸다가 통화했어야 했나?' 그리고 부모님이 집에 계신다 해도 그녀가 죽은 줄 알고 있을 수도 있었다. 부모님이 충격을 극복할 수 있는 시간을 좀 드렸어야 했다. 버스 안에서 그녀는 수없이 많은 염려들과 아빠에게 할 말을 준비하느라 생각이 분주했다. "아빠, 죄송해요. 제가 잘못한 거 알아요. 아빠는 잘못하신 거 없고 다 제 잘못이에요. 아빠, 저를 용서해 주세요." 그 말을 반복하며 연습했고, 벌써 그녀의 목소리는 긴장되었다.

마침내 자정에 가까워 버스는 트레버스시티로 들어섰고, 터미널에 멈추어 선 후 운전기사는 마이크를 통해 건조한 목소리로 말했다. "승객 여러분, 15분 후에 출발합니다." 15분 동안 그녀는 자신의 인생행로를 결정해야 했다. 그녀는 거울을 들여다보고, 머릿결을 정돈하고, 이에 묻은 립스틱을 닦아냈다. 담배로 찌든 손톱을 보며 부모님이 그것을 알아챌까, 부모님이 나와 계시기는 할까 생각했다.

그녀는 긴장된 마음으로 터미널로 걸어 들어갔다. 그리고 그녀의 눈에 들어온 장면은 버스 안에서 상상했던 천 가지 상황 그 어떤 것에도 해당하지 않는 것이었다. 미시간 주 트레버스시티의 버스터미널에는 그녀의 형제자매들, 삼촌들, 이모들, 사촌들, 할머니, 할아버지까지 40여 명의 가족들이 서서 그녀를 환영하고 있었다. 그들은 모두 우스꽝스러운 파티 모자를 쓰고 뿔피리를 불고 있었으며, 터미널에는 "집에 돌아온 걸 환영한다!"라는 플래카드가 붙어 있었다.

사람들 가운데에서 그녀의 아빠가 걸어 나왔다. 그녀는 눈물 너머로 아빠를 바라보며 준비한 말을 하기 시작했다. "아빠, 죄송해요. 다 제가…."

아빠가 그녀의 말을 막았다. "됐다, 얘야. 이런 말 할 시간이 없어. 파티에 늦겠다. 집에서 너를 위해 잔치를 준비하고 있어."[5)]

하나님은 이렇게 여러분을 사랑하신다. 그러나 많은 사람들이 하나님에 대해 이 비유에서 볼 수 있는, 고통당하는 자녀에게 달려가는 아버지의 모습으로 생각하지 못한다.

하나님에 대해 사람들이 흔히 갖고 있는 일반적인 생각과, 진정한 하나님의 본질에 대해 성경

5) 필립 얀시, 『놀라운 하나님의 은혜』(IVP 역간)

이 말씀하고 있는 내용을 비교하며 살펴보자.

하나님에 대한 몇 가지 진실

일반적인 생각 : 하나님은 멀리 계신다. 17
진실 : 하나님은 가까이 계신다(시편 139:7~12; 야고보서 4:8).

하나님은 놀라울 정도로 우리 모두의 가까이에 계신다. 저 높고 높은 별을 넘어 먼 하늘에 계시는 것이 아니다. 그분은 우리의 심장 뛰는 소리가 들릴 만큼 가까이에 계신다. 그분은 멀리서 우리를 지켜보고 계시는 것이 아니다. 우리와 함께 계신다. 다윗은 시편 139편에서 "내가 주의 영을 떠나 어디로 가며 주의 앞에서 어디로 피하리이까"(시 139:7)라고 했다. 우리가 어떻게 생각하든, 하나님은 우리 가까이 계신다. 왜냐하면 그분은 어디에나 임재하시기 때문이다. 그래서 야고보가 우리에게 "하나님을 가까이하라 그리하면 너희를 가까이하시리라"(약 4:8)라고 약속할 수 있었던 것이다. 위대한 하나님께서는 창조하신 우주 위에 초월해 계시기도 하지만, 동시에 바로 여기에 우리와 함께 계시며 피조물에게 친밀히 관여하신다. 우리 하나님은 경이로운 하나님이시다.

일반적인 생각 : 하나님은 멀리서 우리의 행동을 지켜보신다. 18
진실 : 하나님은 우리 삶의 모든 세부 사항에 친밀히 관여하신다(마태복음 6:25~30; 누가복음 12:6, 7).

예수님은 마태복음 6장 25~30절에서, 우리가 무엇을 입고, 무엇을 먹고, 하루의 시간들을 어떻게 보내는가 등의 사소한 문제에까지도 하나님은 관심을 갖고 계신다고 말씀하신다. 누가복음 12장에는 하나님께서 우리의 머리카락까지 세신다는 놀라운 말씀이 있다. (연로한 목회자들의 머리카락을 세시는 건 매일 조금씩 더 쉬워질 것 같다.) 삶의 사소한 부분들이 우리가 원하는 대로 되지 않는다고 해서 하나님이 그 세부 사항들에 관심이 없으신 것이 아니다. 하나님은 그 사소한 일들까지도 돌보신다. 많은 사람들은 하나님께 '큰 것' 만 이야기하여 시간을 아껴야 한다고 생각한다. 그러나 그렇게 기도한다면 우리는 하루 일과 중 대부분을 하나님께 말씀드릴 수 없을 것이다. 한 송이 꽃의 미세한 디자인을 들여다보면 잘 알 수 있을 것이다. 하나님은 작은 것에 관심을 가지신다.

일반적인 생각 : 하나님은 죄 짓는 사람들을 벌하기를 좋아하신다. 19
진실 : 하나님은 모든 사람을 용서하시기 위해 기다리신다(요한복음 3:17).

"하나님이 그 아들을 세상에 보내신 것은 세상을 심판하려 하심이 아니요 그로 말미암아 세상이 구원을 받게 하려 하심이라"(요한복음 3:17).

많은 사람들이 하나님께서 천국에서 "당장 심판하라!"라고 씌어진 버튼에 손가락을 얹고 계신다고 생각한다. 물론 하나님은 그렇지 않으시다. 만일 그렇다면, 여러분은 운전도 하기 힘들 것이다. 왜냐하면 하나님은 다른 운전자들을 욕하는 사람들을 당장 벌하실 것이고, 거기에는 여러분도 분명히 포함될 것이기 때문이다. 하나님이 여러분의 죄로 인해 여러분을 심판하지 않으셨다는 사실은 하나님께서 보지 못하셨기 때문이 아니다. 그분은 모든 것을 보신다. 하나님께서 아직 심판하지 않으신 이유는 여러분이 용서를 간구하기를 인내하며 기다리시기 때문이다.

일반적인 생각: 하나님은 세상의 악은 해결하실 수 없으시거나 관심이 없으시다. 20
진실: 하나님이 악한 세상을 놔두시는 것은 더 많은 사람들이 그 세상으로부터 구원받도록 하기 위함이다(베드로후서 3:8, 9).

"어린이들이 고통을 당하거나 강간 사건이 벌어지는 것을 냉담하게 허용하시는 하나님을 나는 믿을 수 없다"고 말하는 사람에게 여러분은 이렇게 말할 수 있다. "나 역시 그런 하나님은 믿지 않는다. 내가 아는 하나님은 우리보다 더 우리의 죄악 된 일들에 신경을 쓰시고 마음 아파하시는 분이다. 내가 믿는 하나님은 이 세상을 어느 날 심판하심으로써 악을 끝내실 것이고 천국이라는 완전한 장소로 우리를 데려가셔서 그분과 함께 살게 하실 것이다. 그분이 아직 그렇게 하지 않으시는 단 한 가지 이유는 더 많은 사람들이 그분을 믿고 영원을 함께 보낼 수 있도록 기다리고 계시기 때문이다. 더 많은 사람들에게 그분을 알 기회를 주기 위해, 그분은 우리가 스스로에게 행하는 악을 보시면서도 상상할 수 없는 아픔과 고통을 기꺼이 감내하려 하신다."

토의 3번의 내용을 여기서 나눌 수 있다.

짚고 넘어갑시다

네 가지 신학적 용어를 통해 하나님의 진정한 인격을 이해할 수 있다.

1. 하나님의 내재성: 하나님은 놀라울 정도로 우리 모두의 가까이에 계신다. 저 높고 높은 별을 넘어 먼 하늘에 계시는 것이 아니다. 그분은 우리의 심장 뛰는 소리가 들릴 만큼 가까이에 계신다. 그분은 멀리서 우리를 지켜보고 계시는 것이 아니다. 우리와 함께 계신다.

2. 하나님의 편재성: 하나님은 동시에 모든 장소에 계신다. 하나님의 임재가 온 우주에 충만하기 때문이다.

3. 하나님의 전지성: 하나님은 모든 것을 아신다. 일어난 일, 일어나고 있는 일, 일어날 일을 다 아신다. 내가 생각하기도 전에 내가 무엇을 생각할지 이미 알고 계신다.

4. 하나님의 전능성: 하나님은 전능하시다. 그분은 원하시는 것은 무엇이든 즉시 할 수 있는 능력을 가지고 계신다.

결론: 세상 사람들은 하나님을 접근 불가능한 분으로 생각하지만, 사실 하나님은 관계적인 분이시다. 21

하나님과의 관계를 표현하는 최고의 방법

예수님은 하나님을 우리 아버지라고 부르라고 가르치셨다 22

Teaching TIP

이 장을 가르칠 때에는, 많은 사람들이 하나님이 우리 아버지시라는 것을 실제적으로 받아들이기 어려워한다는 사실을 인식하라. 그들은 육신의 아버지와의 관계에서 겪었던 고통 때문에 하나님을 하늘 아버지로 보기가 어렵다. 내가 보아 온 아버지들과는 전혀 다른 아버지, 나에게 진정으로 필요한 아버지로 하나님을 바라보도록 도울 수 있게 해 달라고 기도하라.

하나님은 우리에게 완전한 아버지시다

하나님은 우리의 아버지로서 우리의 필요를 채워 주기를 원하신다. 우리는 그분의 자녀로서 하나님께서 매일 우리의 삶에 아버지 되시게 해야 한다. 하나님께서 아버지로서 우리의 필요를 채워 주시는 다음 방법들을 잘 들어 보라. 그리고 그중 어떤 것이 오늘 여러분에게 가장 필요한 것인지 생각하라. 하나님의 자녀인 여러분의 필요가 바로 지금 어떤 방법으로 채워질 수 있는가? 우리를 사랑하시는 아버지로서 우리와 관계하시려는 하나님의 뜻을 바라봄으로써 채워질 수 있을 것이다.

1. 우리 아버지는 희생하려 하신다. 그 아들을 세상에 보내사 우리의 구원자로 죽게 하셨다(요한복음 3:16; 요한일서 4:14). 23

여러분을 위해 기꺼이 죽으신 하나님의 희생을 다시 한 번 되새겨 보자. 하나님이 여러분을 그 정도로 사랑하신다는 것을 기억해야 한다.

2. 우리 아버지는 자녀들을 긍휼히 여기시고 사랑하신다(시편 103:13; 고린도후서 1:3). 24

여러분이 지금 직면하고 있는 모든 문제에 하나님이 깊은 관심을 갖고 계신다는 사실을 잊지 말라.

3. 우리 아버지는 자녀들을 인도하신다(잠언 3:12). 25

혼자 인생을 살아가려 하는가? 하나님의 인도를 마지막으로 구했던 것이 언제인가?

4. 우리 아버지는 우리가 구하기도 전에 우리의 필요를 아신다(마태복음 6:8; 7:9~11). 그래서 하나님을 "우리 아버지"라고 부르며 기도하는 것이다(마태복음 6:9). 26

우리가 구하기 전에 이미 우리의 필요를 아신다면, 굳이 구해야 할 필요가 있을까? 그러나 우리는 구해야 한다. 왜냐하면 우리가 기도하는 것은 하나님께 우리의 필요를 알리는 것뿐 아니라, 우리의 필요를 채워 주실 하나님을 의지하는 것이기 때문이다. 하나님께 무엇인가 달라고 구하기를 두려워한 적이 있는가?

5. 우리 아버지는 우리에게 상을 주신다(마태복음 6:20; 히브리서 11:6). 27

하나님이 심판하시는 분 같은가, 혹은 여러분의 믿음에 상 주실 것을 기뻐하실 분 같은가?

6. 우리 아버지는 우리를 상속자로 삼으신다(로마서 8:15~17). 28

하나님께서 자녀인 여러분에게 약속하신 영원한 부요함 안에서 기뻐하고 있는가?

7. 우리 아버지는 우리를 격려하신다(데살로니가후서 2:16, 17). 29

"하나님, 오늘 기분이 우울합니다. 제게 힘을 주세요"라고 짧게 기도를 올려 드린 적이 있는가?

8. 우리 아버지는 자녀들을 편애하지 않으신다. 30

- **누구나 동등하게 하나님께 다가갈 수 있다(에베소서 2:18).**
- **모든 사람에게 풍성히 복을 주신다(로마서 10:12).**
- **모든 사람을 공평하게 판단하신다(베드로전서 1:17).**

여러분도 이 땅에 존재했던, 혹은 앞으로 존재할 전 성도들과 마찬가지로 이 축복들을 받아 누릴 특권을 소유했다.

하나님께서 내게 축복하시기 원하신다는 것을 어떻게 알 수 있을까? "하나님께서 내게 역사하시려고 하는 것 같아"라는 음성이 마음 한구석에서 들리기 시작할 때, 우리는 어떤 자세를 취함으로써 하나님의 본질을 만날 수 있을까?

예수님께서 "나를 본 자는 아버지를 보았거늘"이라고 말씀하셨다(요한복음 14:9). 31

예수님께서는 우리의 진정한 아버지이신 하나님 아버지를 우리에게 알려 주시려고 이 땅에 오셨다. 그리고 "너희가 상상할 수 있는 것 이상으로 너희를 사랑하시고, 너희가 꿈꿀 수 있는 것보다 훨씬 더 깊게 너희를 알기 원하시는 아버지가 계시다"라고 말씀하셨다. 예수님께서는 우리에게 "하늘에 계신 놀라우신 힘"이라거나 "하늘에 계신 크신 능력"이라거나 "하늘에 계신 자비로운 통치자"라고 기도하도록 가르치지 않으셨다. 심지어, "하늘에 계신 우리 하나님"이라고 기도하도록 가르치지도 않으셨다. "하늘에 계신 우리 아버지"라고 기도하도록 가르치셨다.

토의 4번과 5번의 내용을 여기서 나눌 수 있다.

Teaching TIP

그룹별로 아래의 기도를 드리는 시간을 갖게 하라. 정말 긍휼한 마음으로, 사람들이 이 문제에 있어서 상처가 있다는 것을 기억하며 조심스럽게 접근하라. 그러나 이 몇 분 동안 사람들의 삶이 변화될 수 있음을 믿으며 접근하라.

기억합시다

당신이 겪어 왔던 이 땅에서의 아버지의 모습 때문에 하나님을 아버지로 생각하는 것이 어려울 수도 있을 것이다. 그러나 당신이 결코 만나 보지 못한 진정한 아버지, 육신의 아버지가 결코 이루지 못한 것을 이루시는 아버지인 하나님을 만나고 나면, 그 기쁨은 배가 될 것이다.

아래와 같은 기도를 드림으로써 하나님과 관계를 맺기 시작하거나 그 관계를 발전시킬 수 있다. (당신에게 특히 더 필요한 부분을 넣어서 기도해 보자.)

하나님, 제가 전혀 경험해 보지 못했던 완전한 아버지로 주님을 지금 받아들입니다. 저는 육신의 아버지에게 실망했지만, 주님은 결코 저를 실망시키지 않으실 줄 믿습니다. 저는 육신의 아버지를 인격적으로 알지 못했지만, 주님은 저를 알기 원하십니다. 저는 육신의 아버지에게 상처를 입었지만, 주님은 저를 치료하십니다. 육신의 아버지는 제게 관심이 없었지만, 저는 주님께 늘 완전한 관심의 대상입니다. 저는 육신의 아버지의 기대를 결코 채울 수 없었지만, 당신의 은혜 속에서 저는 모든 기대로부터 자유합니다. 감사합니다.
예수님의 이름으로 기도합니다. 아멘.

그리고 당신의 육신의 아버지가 완전하지는 않아도 하나님과의 관계를 발견할 수 있도록 길을 놓아 주었다면, 당신은 이렇게 기도할 수 있을 것이다.

하나님, 제 육신의 아버지에 대해 감사드립니다. 육신의 아버지가 저를 기르신 방법이 완전하지는 않았지만, 아버지는 선하고 사랑이 많고 인격을 갖춘 분이었습니다. 그를 통해 저는 주님이 어떤 분이신지 조금 더 알 수 있었고, 하나님과 인격적인 관계를 맺게 되었습니다. 그분이 제게 주신 선물에 대해 주님께 감사드립니다.
예수님의 이름으로 기도합니다. 아멘.

말씀을 삶 속으로

교리를 우리 삶에 어떻게 적용할 수 있는지 알기 전까지는 교리라 하는 단어가 차갑게 느껴지고 거리가 멀어 보일 수 있다. 하나님에 대한 지식을 개인적으로 어디에 적용할 수 있을까? 그것은 바로 예배이다.

예배는 하나님께서 여러분의 아버지이신 것처럼 행동하는 것이다. 물론 그분은 실제로 여러분의 아버지시다. 문제는 우리가 그렇게 행동하지를 않는다는 것이다. 우리는 하나님이 별로 친하지 않은 친구나, 무서운 독재자, 또는 거래처 사람이라도 되는 것처럼 행동한다. 그분은 하늘에 계신 아버지이시다. 어떻게 그 사실 그대로 행동할 수 있을지, 몇 가지 방법들이 있다. 이번 한 주 동안 한 가지를 정해 실행해 보자.

오늘 공부를 시작하면서 내가 이야기했던 골무와 바다의 비유가 기억나는가? 골무로 만족할 수는 없지 않은가? 바다로 뛰어들라! 푹 잠기라! 하나님의 위대하심 속에 잠겨 보라.

1. 다음 장에 들어가기 전에, 하나님의 본질에 대해 말하고 있는 다음 성경 구절들을 묵상하라. 하나님께서 당신에게 직접적이고 인격적으로 하시는 말씀을 들어 보라.

"나 여호와가 말하노라 너희는 나의 증인, 나의 종으로 택함을 입었나니 이는 너희가 나를 알고 믿으며 내가 그인 줄 깨닫게 하려 함이라 나의 전에 지음을 받은 신이 없었느니라 나의 후에도 없으리라"(이사야 43:10).

"이제는 나 곧 내가 그인 줄 알라 나 외에는 신이 없도다 내가 죽이기도 하며 살리기도 하며 상하게도 하며 낫게도 하나니 내 손에서 능히 빼앗을 자가 없도다"(신명기 32:39).

"이스라엘의 왕인 여호와, 이스라엘의 구원자인 만군의 여호와가 말하노라 나는 처음이요 나는 마지막이라 나 외에 다른 신이 없느니라 …너희는 두려워하지 말며 겁내지 말라 내가 예로부터 너희에게 듣게 하지 아니하였느냐 알리지 아니하였느냐 너희는 나의 증인이라 나 외에 신이 있겠느냐 과연 반석이 없나니 다른 신이 있음을 내가 알지 못하노라"(이사야 44:6, 8).

2. 하나님께서 당신의 삶에 행하신 엄청난 일들을 기억하면서, 하나님의 능력과 다스리심을 신뢰하라.

역사 학자들만이 인간의 역사에 나타난 하나님의 사역을 살펴볼 수 있는 것은 아니다. 세계사가 그리스도의 탄생을 기점으로 양분된다는 사실만 기억하자. 모든 국가의 흥망성쇠를 기록할 때 연도를 어떻게 표시하는가? 흘러간 세계의 역사를 떠올려 보며, 종이 한 장을 꺼내어 "하나님, …을(를) 볼 때 인간의 역사를 당신께서 다스리심을 봅니다"라는 문장을 완성해 보라.
이번에는 "하나님, …을(를) 볼 때 제 삶을 당신께서 다스리심을 봅니다"라는 문장을 완성해 보라.

3. 눈을 감고 하나님의 아름다움과 창조의 능력을 묵상하고, 그분께서 만드신 것들을 떠올려 보라. 야외로 나가서 하나님이 지으신 것들을 눈으로 목도하며 묵상하는 것도 아주 좋은 방법일 것이다.

4. 예수님은 우리에게 하나님을 "아바"라 부르라고 가르치셨다. 아바는 아빠처럼 어린아이가 부르는 친근한 호칭이다. 이번 한 주 동안 기도할 때, 하나님을 아빠라고 불러 보라. (불경스럽다고 생각하지 말라. 그것은 당신과 하나님의 친밀한 관계, 당신이 하나님께 완전히 의존하고 있음을 표현하는 호칭이다.)

5. 당신이 하나님 앞에 있다고 생각해 보자. 하나님을 경배하는 데 도움이 될 것이다. 하나님이 당신의 아버지로 당신 앞에 계시다고 생각해 보자. 그분은 당신에게 다가오셔서 두 손으로 당신의 얼굴을 어루만지시며, "오늘 내가 너를 위해 무엇을 해 주기를 바라니?"라고 물어 보신다.[6)]

암송 카드 2번, '하나님'을 암송하라.

Q 토의

1. 하나님을 생각하면, 떠오르는 그림이 있는가? 어떤 그림인가? 32

소그룹 리더들에게 : (이 부분을 카피해서 소그룹 리더들에게 주는 것도 좋다.) 우리가 그룹원들의 신학 지식을 테스트하는 것이 아니라는 것을 강조하라. 우리는 단지 그룹원들이 자라난 환경 속에서 가지게 된 다양한 하나님의 이미지들을 살펴보려는 것이다.

6) 2000년 2월 7일, 새들백교회 남성 리트릿에서 J. P. 모어랜드의 제안을 인용.

2. 하나님께서 당신과 함께 방안에 계신 것처럼 느끼게 하는 것이 있다면 무엇인가? 하나님을 가장 실제적으로 느끼게 하는 것은 무엇인가? 하나님께서 만드신 것들을 보는 것? 교회에 있는 것? 성경을 읽는 것? 인류의 역사를 살펴보는 것? 33

소그룹 리더들에게 : 하나님의 창조물을 통해 하나님의 존재를 특별하게 느꼈던 경험을 이야기해 달라고 해 보자. 가령, 밤하늘의 별을 보며 하나님의 위대하심을 찬양할 수밖에 없었을 때나, 장엄한 산이나 숲을 보았을 때, 혹은 한 송이 꽃 속에서 하나님의 창조의 솜씨를 보았던 때 등이다.

3. 하나님에 대한 일반적인 생각과 진실을 비교한 목록을 보자. 그 중에서 어떤 오해가 가장 위험하다고 생각되는가? 당신은 어떤 진실을 받아들이기가 가장 어려운가? (아마 그것은 당신이 배워 온 지식이나 문화의 영향을 받았을 것이다.) 34

소그룹 리더들에게 : 성경의 진리를 믿음으로 받아들이는 것이 다른 어떤 사실들을 믿는 것보다도 어려울 수 있으며, 그게 잘못된 것이 아니라는 사실을 분명하게 알려 주라. 모든 사실이 진리라는 것을 알고 있지만, 어떤 진실은 다른 진실보다 믿기 어려울 수도 있다.

4. 이 장에서 이해되지 않는 부분이나 설명이 부족한 부분은 없었는가? 35

소그룹 리더들에게 : 이 질문을 통해 사람들이 무엇을 이해하지 못하고 넘어갔는지 들어 볼 수 있다. 모두 다 이해하지 못해도 괜찮다고 격려해 주자. 사실 우리 모두는 평생 배워야 하는 사람들이며, 모르는 것을 모른다고 인정하는 것에서 배움이 시작된다. "무엇을 이해하지 못했습니까?"라고 질문하지 말아야 한다는 점에 유의하라. 그룹원들이 이해하지 못한 부분에 대해서는 리더가 책임을 지는 마음으로, "우리가 분명히 말하지 못한 부분은 어느 부분입니까?"라고 묻는다.

5. 하나님 사랑의 어떤 측면 때문에 당신은 그분이 완전한 아버지시라고 믿게 되는가? 하나님은 어떻게 아버지로서의 사랑을 당신에게 보여 주셨는가? 질문에 대답하기 전에 하나님께서 아버지로서 우리의 필요를 채워 주시는 여덟 가지 방법을 다시 한 번 살펴보자. 36

소그룹 리더들에게 : 아버지가 필요한 만큼 사랑해주지 않았다는 사실 때문에 고민하는 사람들이 많다는 점에 유의하라. 오직 우리 하나님 아버지의 사랑만이 그 공허함을 채울 수 있다는 것을 깨닫도록 도우라.

4장 하나님 II

밭 갈기

하나님의 전지전능하심을 알아 가기 위해 나의 시간을 헌신한다.

강의 개요

우리 모두가 알아야 할 하나님의 고유하신 세 가지 본질

하나님은 삼위일체로 존재하신다.
- 삼위일체에 관한 견해들
- 삼위일체의 진리는 말씀을 통해 드러난다.
- 삼위일체 엿보기

하나님은 절대적인 주권자이시다.

하나님은 도덕적으로 완전하시다.

우리는 부유하고 권력을 가지고 있고 인기 있는 사람들에게 관심이 많다. 우리는 그들이 하는 것, 그들이 사는 방법, 심지어 그들이 입는 옷에도 관심이 많다. 인기 있는 잡지들을 보라. 그런 사람들의 이야기에 초점을 맞춘다.

만일 세계적인 유력 잡지인 <피플> 지가 하나님에 대한 기사를 쓴다면 어떻겠는가? 어쨌든 그분이야말로 온 우주에서 가장 힘 있는 분이 아닌가. 그리고 온 우주에서 가장 부유하신 분이다. 그분에게서 모든 것이 시작되었고, 우리 모두가 그분 앞에 설 날이 올 것이다. 하나님은 인격적인 하나님이시며, 그분의 이야기는 모든 이야기 중 최고의 이야기다. <피플> 지가 하나님에 대한 기사를 싣는다면, 어떤 내용일까? 분명히 하나님의 옷이나 집 같은 사소한 내용은 아닐 것이다. 여러분은 하나님의 최대 관심사가 무엇인지 알고 싶지 않은가? "하나님, 당신을 가장 슬프게 하는 것과 가장 기쁘게 하는 것은 무엇입니까?"라는 질문은 어떠한가? 하나님께서 정말로 어떤 분이신지 알고 싶지 않은가?

내가 여러분에게 이런 이야기를 하는 것은 하나님의 능력을 축소시키기 위해서가 아니라, 하나님의 인격을 강조하기 위해서다. 물론 하나님의 모든 것을 잡지의 몇 페이지 안에 담을 수는 없다.

그러나 또한 우리는 그분이 인격이시며, 열정과 관심과 계획을 가지고 계신다는 진리를 잊지 말아야 한다. 오늘은 하나님의 인격, 즉 하나님께서 정말로 누구이신지 보여 주는 하나님의 본질을 만나 보자.

우리는 역사상 가장 개인적인 책인 성경에서 인격적인 하나님에 대해 읽을 수 있다. 사람들에 관한 책 중에 이보다 더 흥미로운 책은 없다. 성경에 나오는 이야기의 주인공들을 생각해 보자.

범죄하여 인류의 운명을 바꿔 놓은 한 부부
아들을 하나 낳기까지 25년을 기다린 아버지
이스라엘 출신으로, 고대 이집트의 둘째 치리자의 자리까지 올라간 노예
이스라엘의 여성 대장군
다윗 왕의 죄에 대해 직언하려고 기꺼이 목숨을 걸었던 한 선지자
갑자기 나타난 천사들에 놀란 목자들
아들이 십자가에 죽는 것을 지켜본 어머니
세상을 뒤집어 놓은 순박한 어부들

그러나 이 모든 지극히 개인적인 이야기들은 가장 중요한 이야기, 즉 하나님 이야기의 곁가지에 불과하다.

토의 1번과 2번의 내용을 여기서 나눌 수 있다.

이번 장에서는 하나님의 고유하신 세 가지 본질을 살펴보자.

하나님은 인격이시다. 이 사실에 대해 깊이 생각해 보자. 인격적이신 하나님을 기억하지 못한다면, 그분의 가장 핵심적인 본질을 놓치는 셈이다. 하나님은 인격이시며, 그분으로부터, 그리고 그분에 의해서 인격인 우리의 모든 것이 창조되었다.

지난 장에서는 하나님이 인격이시라는 본질에 대해 공부했는데, 그러한 본질로 인해 그분은 우리 아버지가 되신다. 이번 장에서는 그러한 하나님의 인격에 대한 세 가지 본질에 집중하겠다. 하나님의 성품은 성격 검사에서 나오는 것처럼 "낙천적", "지배적", "내성적" 등의 제한된 용어로 설명할 수 없다. 다음 세 가지 특징들이 하나님 인격의 고유한 본질이다.

하나님은 삼위일체로 존재하신다

내가 여러분에게 추리소설을 한 권 건네면서, 이 책이 내가 읽은 것 중에 가장 재미있는 이야기이며, 흥미진진한 반전의 결말이 특히 대단하다고 말했다고 하자. 여러분은 그 책을 집으로 가져가서 다 읽었는데, 마지막 두 페이지가 찢겨져 나간 것을 보게 된다. 그러면 여러분은 미칠 지경이 될 것이다. 해결되지 않은 미스터리를 싫어하는 것은 우리의 본성이다. 우리는 해결책을 찾아내고, 모든 것을 이해하고 싶어 한다.

한 가지 소식이 있다.

우리는 하나님의 모든 본질을 완전하게 이해할 수 없다. 하나님을 완전히 이해하려면 하나님만큼 위대해져야 하는데, 그것이 얼마나 터무니없는 생각인지는 우리 모두가 이미 알고 있다. 그러한 하나님의 본질 중 가장 우리가 이해할 수 없는 신비한 진리는 하나님께서 삼위일체시라는 진리이다.

짚고 넘어갑시다

삼위일체

하나님은 하나이신 세 분으로서, 성부, 성자, 성령이시다. 하나님이 세 분인 것도 아니고, 한 하나님이 세 가지 방식으로 일하시는 것도 아니다. 성경은 하나님이 구별되는 세 인격이시며, 그 세 인격들이 하나님 안에서 하나라고 말한다.

Teaching TIP

사람들을 당신에게로 주목시키는 한 가지 방법은 질문을 던지는 것이다. 여기서 중요한 것은 당신이 가르치는 사람들과 관계가 형성될 수 있는 방식으로 질문해야 한다는 것이다. 관계를 형성하려면, 앉아 있는 그룹으로부터 모종의 반응을 이끌어내야 한다(때로는 반응을 요구하기도 해야 한다). 예를 들어, 다음 문단에서 당신이 "삼위일체 개념은 좀 이해하기 어렵지 않아요?"라고 질문할 때, 그저 슬쩍 질문하고 넘어가지 말라. 그들을 보며 반응을 구하라. 늘 그렇듯이 반응이 없다면, 다시 한 번 질문하라. 그룹을 둘러보면서, 가령 "이해하기 어렵다는 데 동의한다면, 손을 들어 보세요"라든가, 혹은 "여기서 이 개념을 이해하기 힘든 사람은 저밖에 없는 건가요?"라고 물어 보라.

<짚고 넘어갑시다>의 삼위일체의 정의를 다시 한 번 보라. 이해하기 어렵지 않은가? 마치 무한의 개념처럼, 삼위일체가 실재한다는 것은 알지만, 그것은 우리의 이해의 범위를 넘어서는 개념이다. 삼위일체에 대한 믿음은 인간의 이해나 철학의 문제가 아니며, 오히려 하나님께서 우리에게 보여 주신 자기 계시에서 비롯한다. 잠시 후, 우리는 성경에 나타난 삼위일체의 증거에 집중할 것이다. 그러나 먼저 이 진리를 온전한 시각으로 보기 위해, 삼위일체에 관해 연구했던 사람들의 비유와 견해들을 살펴보자.

삼위일체에 관한 견해들

구원받기 위해 삼위일체의 진리를 꼭 이해해야 하는 것은 아니다. 그러나 삼위일체를 이해하는 것은 하나님이 정말로 누구이신지 알아 가는 데 필수 불가결하다.

삼위일체 교리는 성경의 어느 한 구절에서만 정확하게 명시하고 있는 것이 아니라, 성경 전체에서 발견하게 되는 교리다.

삼위일체라는 단어는 성경에 없지만, 우리는 잠시 후 하나님의 말씀 전체에서 삼위일체의 개념이 어떻게 드러나는지 살펴볼 것이다. '관계' 라는 단어도 성경에 나오지 않지만, 하나님이 사람들과 어떻게 관계를 맺으셨는지에 대해 하나님의 말씀이 분명하게 말하고 있는 것과 마찬가지다.

성 패트릭이 삼위일체를 설명하면서 그렸던 그림은 세 잎 클로버였다.

세 잎 클로버는 잎이 세 개지만 한 줄기에 함께 붙어 있다.

어떤 사람들은 물의 기체, 고체, 액체 세 가지 형태를 비유로 들어 삼위일체를 설명하기도 했다. 물이 빙점 밑의 일정 온도에서 압력을 받으며 진공 상태에 있으면 얼음, 액체, 기체로 동시에 존재할 수 있는데, 기본 성질에 있어서는 여전히 물(H_2O)이다. 물리학에서는 이것을 물의 삼중점이라고 말한다.

훨씬 더 간단한 그림을 사용하는 이들도 있는데, 그것은 나폴리 아이스크림(역주-초콜릿, 바닐라, 딸기 세 가지 맛이 섞인 아이스크림)이다. 세 가지 맛은 각각 다른 맛을 내며, 그중 하나라도 없으면 나폴리 아이스크림이 아니다.

나는 성경을 처음 공부하기 시작하면서, 삼위일체 교리가 가장 이해하기 힘든 복잡한 문제였다. 4

그것은 신비스러운 교리였기 때문에 나는 그것을 결코 완전하게 이해할 수 없었다. 그리고 오늘날까지도 그것을 완전히 이해하지 못하지만, 나는 그것이 하나님의 뜻이라고 받아들인다.[1)]

-빌리 그레이엄

하나님의 위대하신 본질에는 늘 이해하기 힘든 신비의 요소가 들어 있다고 빌리 그레이엄은 우리에게 말한다. 우리는 하나님이 만들어 주신 눈으로 하나님의 말씀을 읽으며, 하나님이 만들어 주신 지성으로 생각하고, 하나님이 만들어 주신 입으로 하나님의 무한하신 인격에 대해 논한다.

위의 그림을 통해 조금은 하나님이 한 하나님 안의 세 위격이시라는 진리를 이해할 수 있었을 것이다. 하나님은 우리가 이 교리를 이해하기 원하신다. 왜냐하면 우리가 그분을 바로 알기를 바라시기 때문이다.

하나님이 삼위일체시라는 것은 무엇을 의미하는가? 또 그것이 의미하지 않는 것은 무엇인가? 신자들이 여러 세기 동안 만들어 온, 삼위일체에 대한 다음 그림을 살펴보자.

5

하나님은 성부, 성자, 성령이시지만, 성부께서 성자의 역할을 맡으신다거나 때로 성령으로 나타나신다는 의미는 아니다. 한 위격께서 세 가지 다른 방식으로 자신을 드러내시거나 상황에 따라 다른 역할을 맡으시는 것도 아니다. 하나님은 하나의 고유한 인격적 존재 속에 계신 세 분의 구별되는 위격이시다.

1) 빌리 그레이엄, 『성령』(보이스사 역간)

지금 여러분의 심정을 이해한다. 마치 내가 아까 이야기한 그 추리소설의 찢어진 페이지들을 바라보고 있는 느낌일 것이다. 세 위격이시지만, 한 존재라는 것은 모순이 아닌가? 아니다. 그것은 신비다. 그러나 하나님께서 우리가 이해하기를 바라시는 놀라운 신비다. 하나님은 우리가 그분의 본질에 대해 깊이 있게 알기를 너무나도 바라시기 때문이다.

조금 전에 내가 성경에는 삼위일체라는 말이 없다고 했다. 그렇다면 삼위일체 교리가 진리라는 것을 어떻게 증명할 수 있을까? 하나님의 삼위일체적 본질에 대한 성경의 분명한 가르침을 살펴보자.

Teaching TIP

이 교재 맨 앞에 나온 '진리가 우리를 자유케 하리라'에서 교리를 생활에 접목시키는 한 가지 열쇠로 "신비한 것을 너무 단순하게 만들어서 가르치거나 단순한 것을 너무 신비하게 포장해서 가르치지 말라"는 이야기를 했다. 이 원리는 삼위일체에 대해 가르칠 때 반드시 적용해야 할 원리이다. 하나님께서 삼위일체시라는 진리가 우리의 이해의 영역을 넘어선 것임을 사람들에게 분명하게 알려 주는 것이 좋다. 그리고 한편으로는, 성경이 이 진리를 얼마나 간단하고 분명하게 계시하는지 보여 주라. 이어지는 내용에서 바로 그 부분을 다루게 될 것이다.

삼위일체의 진리는 말씀을 통해 드러난다 6

1. 하나님은 한 분이시다.

"…우리 하나님 여호와는 오직 유일한 여호와이시니"(신명기 6:4).

"…나는 하나님이라 나 외에 다른 이가 없느니라 나는 하나님이라 나 같은 이가 없느니라"(이사야 46:9).

두 신이나 세 신이나 다섯 신은 없다. 오직 한 분이신 하나님만이 계시다. 이 구절은 하나님이 구약에서 자신을 계시하신 내용의 핵심이다. 그리고 신약에서는 훨씬 많은 부분을 계시해 주셨다.

2. 성부, 성자, 성령께서 모두 하나님으로 불린다.

- **아버지(성부)께서 하나님이시다.**

"…하나님 우리 아버지와 주 예수 그리스도로부터 은혜와 평강이 있기를 원하노라"(로마서 1:7).

- **예수님(성자)이 하나님이시다.**

"도마가 대답하여 이르되 나의 주님이시요 나의 하나님이시니이다"(요한복음 20:28).

요한복음 20장에서, 도마가 예수님을 하나님이라 불렀고, 예수님은 이를 부인하지 않으셨다. 그리고 이 구절 외에도 예수님이 하나님이시라고 분명히 말하고 있는 부분은 수없이 많다. 예수님의 인격을 공부할 때, 이 부분에 대해 더 자세히 보게 될 것이다.

"태초에 말씀이 계시니라 이 말씀이 하나님과 함께 계셨으니 이 말씀은 곧 하나님이시니라"(요한복음 1:1).

- **성령께서 하나님이시다.**

"내가 아버지께 구하겠으니 그가 또 다른 보혜사를 너희에게 주사 영원토록 너희와 함께 있게 하리니 그는 진리의 영이라 세상은 능히 그를 받지 못하나니 이는 그를 보지도 못하고 알지도 못함이라 그러나 너희는 그를 아나니 그는 너희와 함께 거하심이요 또 너희 속에 계시겠음이라"(요한복음 14:16, 17).

"…아나니아야 어찌하여 사단이 네 마음에 가득하여 네가 성령을 속이고… 사람에게 거짓말한 것이 아니요 하나님께로다"(사도행전 5:3, 4).

때로 우리는 성령께서 비인격이신 것처럼 말하는 잘못을 저지를 때가 있다. 하나님의 성령은 성부나 성자와 마찬가지로 인격이시다. 이것은 요한복음 14장 16, 17절의, 성령에 대한 예수님의 말씀에 분명히 나타난다.

인격이신 성령은 성경 전체에서 하나님과 동등한 위격으로 나타나신다. 사도행전 5장 3, 4절에서 베드로는 아나니아가 성령께 거짓말했다고 말한 뒤, 다음 절에서 그 거짓말은 하나님께 한 것이라고 말한다. 그는 하나님과 성령을 같은 분으로 표현했다.

Teaching TIP

지금은 예수님께서 하나님이시며 성령께서 하나님이시라는 진리를 배우는 시간이다. 뒤에 나올 예수님과 성령님에 대한 장에서, 이 부분에 대해 더 깊이 살펴볼 것이다.

3. 아버지, 아들, 성령께서 서로 구별되신다.

예수님은 아버지와 구별된다(요한복음 17장에서 아버지께 기도하셨다).

만일 하나님 아버지께서 33년 동안 아들이라는 호칭을 가지고 이 땅에 나타나신 것이 예수님이었다면, 예수님은 기도하실 때마다 그 자신에게 기도하신 것이 되므로 우스운 상황이 되고 만다. 예수님께서 지상에 계실 때, 자신과 분명히 구별되는 하늘의 아버지께 의지하셨다는 것은 확실하다. 신약 성경에서 예수님은 아버지를 자신과 다른 제삼자로 200번 이상 언급하셨다. 아버지께서 아들을 보내셨고(요 3:17), 아버지께서 아들을 사랑하셨고(요 3:35), 아들이 아버지를 아셨듯이 아버지께서 아들을 아신다(요 10:15). 두 분은 분명하게 구별되는 위격이시다.

성령은 아버지와 구별된다(요한복음 14:26).

아버지께서 성령을 보내셨다. 그분들도 서로 구분되신다.

아들은 성령과 구별된다(요한복음 14:16, 17).

하나님의 성령이 육신을 입고 예수님으로 오신 것이었다면, 예수님께서 성령을 "다른 보혜사"라고 부르지 않으셨을 것이다. 성경은 아버지와 아들과 성령이 서로 구별됨을 보여 주는 용어들을 거듭 거듭 사용한다.

결론 : 하나님은 한 분이시지만, 세 위격으로 존재하신다.

다음 명제들을 더하면 결론이 나온다.
하나님은 한 분이시다.
\+ 아버지, 아들, 성령께서 하나님으로 불린다.
\+ 아버지, 아들, 성령은 구별된다.
= 삼위일체(세 인격의 한 하나님)

삼위일체를 부인하는 사람은 위의 세 가지 진리 중 하나를 부인하는 것이다. 거짓 선생들은 감정과 인간의 이성을 이용하여 삼위일체의 진리를 배격한다. 그렇다면 그들은 하나님에 대한 이 세 가지 핵심 진리 가운데 하나 이상을 믿지 않는 것이 확실하다. 그들은 아들과 성령 역시 하나님이라는 것을 믿지 않는다(가장 흔한 경우). 혹은 하나님께서 세 인격으로 분명히 구분되신다는 것을 믿지 않는다. 또 어떤 사람들은 오직 한 분이신 하나님을 믿지 않는다. 그들은 자기들의 머리로 하나님을 이해하기 위해, 성경에서 구체적으로 말씀하고 있는 하나님의 본질을 믿지 않는 것이다.

삼위일체 하나님의 역사를 살짝 엿볼 수 있는 성경의 여러 부분을 살펴보자.

삼위일체 엿보기

- 구약의 네 부분에서 하나님은 자신을 "우리"라고 부르신다(창세기 1:26; 3:22; 11:7; 이사야 7
  6:8).

- 세 위격 모두 창조에 참여하셨다(성령-창세기 1:2, 아버지-히브리서 1:2, 아들-골로새서 8
  1:15, 16).

- 우리는 아버지와 아들과 성령의 이름으로 세례를 받는다(마태복음 28:19). 9

- 세 위격 모두 예수님의 세례(마가복음 1:10, 11)와 예수님의 탄생 선언(누가복음 1:35) 시에 10
  계셨다.

- 성경은 세 위격 모두 예수님의 부활 능력이 되었다고 말한다. 요한복음 2장 19절에서, 예수 11
  님은 자신의 몸을 일으키실 것이라고 말씀하셨다. 로마서 8장 11절에서는, 성령께서 예수님을 살리셨다고 말씀한다. 사도행전 3장 26절에서는, 아버지께서 아들을 세우셨다고 증언한다. 이것은 삼위일체 교리를 이해해야 납득할 수 있는 말씀이다. 오직 하나님만이 죽음을 이기실 수 있다.

- 고린도후서 13장 13절의 바울의 기도: "주 예수 그리스도의 은혜와 하나님의 사랑과 성령의 12
  교통하심…"

- 예수님은 요한복음 14장 16, 17절에서 제자들을 위해 아버지께 성령을 구하겠다고 말씀하 13
  셨다.

토의 3번의 내용을 여기서 나눌 수 있다.

기억합시다

삼위일체 교리를 이해하는 것이 왜 중요한가?

지금까지 삼위일체를 표현한 그림, 증거, 정의를 세심하게 오랫동안 살펴보았다. 여러분은 우리가 왜 이렇게까지 삼위일체에 대해 공부해야 하는지 궁금할 수도 있을 것이다. 구원받기 위해 알아야 하는 것도 아니라면, 왜 우리는 삼위일체 교리를 공부하는가?

신학적으로 : **삼위일체 교리를 이해함으로써 하나님을 바르게 이해할 수 있다.**
예수님과 성령을 하나님보다 낮은 위치로 보거나, 예수님과 아버지를 똑같은 존재로 생각하거나, 한 분의 하나님 안에 세 신이 있다고 생각하지 않도록 막아 준다.
인간인 우리가 자주 당하는 시험은 하나님을 실제보다 과소평가하는 것이다. 삼위일체의 진리는 그러한 시험에서 우리를 보호해 준다.

개인적으로 : **삼위일체는 십자가에서 우리를 위해 자신을 내어 주신 하나님의 위엄과 신비를 깨닫게 한다.**
우리는 삼위일체의 진리를 믿음으로 받아야 한다.

- **구원을 간구할 때 (성령께서 책망하신다 – 요한복음 16:8, 아들께서 희생 제물이 되셨다 – 히브리서 10:10, 아버지께서 주신다 – 요한복음 3:16)**
- **기도할 때마다 (성령의 교통 – 로마서 8:26, 예수님의 중보 – 로마서 8:34, 아버지의 응답 – 요한복음 16:23, 24)**

관계적으로 : **삼위일체 교리는 하나님의 본질이 관계적이라는 사실을 보여 준다.**
우리를 창조하기 전에도, 성부 하나님과 성자 하나님 그리고 성령 하나님 사이에는 완전한 관계가 있었다. 하나님은 누군가와 관계를 맺고 싶어서 우리를 창조하신 것이 아니다. 이미 삼위일체 안에서 완전한 관계를 가지고 계셨기 때문이다. 우리가 다른 사람들과 관계를 맺고 하나님과의 관계를 누릴 수 있는 능력은 하나님의 관계적 본질로부터 비롯된 것이다.

삼위일체로 존재하시는 이분이 우리를 창조하신 것은 우리가 하나님을 알고 하나님을 누릴 수 있게 하려는 목적이었다. 위대하신 하나님께서는 여러분이 상상할 수 있는 것 이상으로 여러분을 사랑하신다.

나는 삼위일체의 진리를 배우는 오늘 이 시간을 무미건조한 토론이나 논쟁 따위로 마치길 원치 않는다. 우리는 다른 누구보다도 우리를 더 사랑하시는 분의 깊이를 알아 가려 하는 것이다. 나는 여러분이 진실로 하나님을 알기를 바란다. 그분과의 관계가 깊어지려면, 그분이 삼위일체로 존재하신다는 것을 알아야 한다.

하나님의 위대하심을 탐구하려고 할 때 저지르기 쉬운 실수는 이해하기 힘든 부분을 축소시키려는 것이다. 우리는 4학년 주일학교 학생과 다름없다. 교회에서 집으로 가는 길에 부모가 아이에게 오늘 주일학교에서 무엇을 배웠는지 물었다. 아이는 말했다. "이스라엘을 애굽에서 해방시킬 장군으로 하나님께서 모세를 보내셨다고 배웠어요. 모세는 애굽으로 가서 이스라엘 백성을 군대로 조직하고 탈출시켜서 홍해로 갔어요. 거기서 그는 공병대에게 홍해 위로 부교를 놓으라고 명령했어요. 이스라엘 백성이 모두 부교를 건너고 난 후 애굽 인들은 뒤쫓아 오고 있었어요. 그들이 다리 한가운데 이르렀을 때, 이스라엘 사람들은 다리를 폭파시켰고 애굽 인들은 모조리 물에 빠져 죽었죠. 이스라엘 사람들은 탈출에 성공할 수 있었어요."
부모는 그 이야기가 좀 의심스러워서 물었다. "주일학교 선생님이 그렇게 가르치시든?"
소년은 대답했다. "정확히 이렇게 말씀하신 건 아니었어요. 하지만 선생님이 말씀하신 것 그대로 엄마 아빠한테 이야기했다면, 엄마 아빠는 절대로 믿지 않았을 거예요!"

우리는 이 시간 하나님에 대한 경이롭고 놀라운 개념들에 대해 이야기하고 있다. 별 것 아니라고 생각하고 넘어가지 말라. 그 놀라운 사실에 압도되기 바란다. 하나님께서 우리보다 훨씬 더 위대하시다는 사실에서 큰 위로를 받으라.

하나님은 절대적 주권자이시다

14

하나님은 어떤 결정을 내리기 위해 누구와 상의하거나 누구를 의지할 필요가 없으시다. 그리고 그분이 하신 결정들에 대해 누구에게 해명하거나 설명하실 필요도 없다. 그분은 주권자이시다.

주권자라는 말은 요즘은 별로 사용되지 않는 단어다. 절대적 주권의 개념은 우리에겐 잘 이해되지 않는다. 주권자는 관리자와 다르다. 중간관리자는 최고경영자에게 결재를 받아야 하고, 최고경영자는 이사회의 승인을 받아야 하고, 이사회는 주주들의 지지를 얻어야 한다. 몇 백 년 전까지만 해도 누구나 주권의 의미를 이해할 수 있었다. 왕은 주권적 통치자기 때문에, 그 누구에게도 자신의 결정을 해명할 필요가 없었다. 현대 정부는 견제와 균형의 시스템이므로 주권의 의미와는 거리가 멀다.

하나님이 주권을 가지고 계신다는 의미는 우리가 그저 장기판 위의 말이나 다름없다는 뜻일까? 그렇지 않다. 하나님은 절대적으로 다스리시면서 동시에 우리에게 완전한 선택권을 주신다. 한 성경 핸드북은 이것에 대해 이렇게 설명한다. "하나님이 주권을 행하신다는 것은 하나님의 뜻이 궁극적으로 이뤄진다는 것이다. 때로 우리의 자유로운 선택과 하나님의 뜻은 일치할 수 있고 일치하지 않을 수도 있지만, 결국 하나님의 뜻은 이뤄진다."[2] 우리의 자유의지에 대해서는 다음에 더 자세히 이야기하게 될 것이다. 하나님이 주권자시라는 말은 어떤 의미를 담고 있을까?

주권은 하나님의 태도가 아닌, 하나님의 실체를 가리키는 말이다. 하나님의 성격이 지배적인 것이 아니라, 그분이 절대적인 지배자이신 것이다. 하나님의 성격이 통제하는 타입인 것이 아니라, 궁극적인 통치자가 되시는 것이다. 하나님은 만드신 모든 것을 책임져야만 하는 것이 아니라, 이미 모든 것을 책임지고 계신다.

주권이 무엇을 의미하는지 좀 더 구체적으로 보자.

1. 자신의 피조물들보다 위대하시고 그 위에 존재하신다. 그는 초월하신다. 15

"하나님이 참으로 땅에 거하시리이까 하늘과 하늘들의 하늘이라도 주를 용납지 못하겠거든 하물며 내가 건축한 이 성전이오리이까"(열왕기상 8:27).

"하나님도 한 분이시니 곧 만유의 아버지시라 만유 위에 계시고 만유를 통일하시고 만유 가운데 계시도다"(에베소서 4:6).

- **그는 시간보다 위대하시다(이사야 57:15; 신명기 33:27; 시편 90:2).**
- **그는 공간보다 위대하시다(시편 139:7~10; 예레미야 23:23; 사도행전 17:24~28).**
- **그는 상황보다 위대하시다(야고보서 1:17; 사무엘상 15:29; 말라기 3:6).**

시편 90편 2절에서는 "영원부터 영원까지 주는 하나님이시니이다"라고 말씀한다. 그분은 항상 존재하실 뿐 아니라, 항상 존재해 오셨다. 흰 종이 한가운데에 최대한 작게 점을 찍어 보자. 그리고 잠시 그 점을 응시하라.

여러분이 그 점을 보고 있는 것처럼 하나님은 인간 역사의 처음과 끝을 한눈에 보실 수 있다. 그분은 역사를 한 번에 파악하신다. 모든 순간, 모든 인생, 모든 날을 일견에 다 보실 수 있다. 그는 시간을 초월하신다.

2) Walter Elwell, ed., *The Shaw Pocket Bible Handbook* (Wheaton, Ill. : Shaw, 1984), 359.

토의 4번의 내용을 여기서 나눌 수 있다.

하나님께는 <u>놀랄</u> 일이 없다(시편 139:2~4). 16

시편 139편 2절은 "주께서 내가 앉고 일어섬을 아시고 멀리서도 나의 생각을 밝히 아시오며"라고 말씀한다. 하나님은 여러분이 하는 어떤 일에도 놀라지 않으신다. 하나님이 "이런 일이 일어날 줄이야" 또는 "너한테 깜빡 속을 뻔했다" "정말 충격적이야!"라고 말씀하실 이유가 없다. 하나님은 이미 모든 것을 보시고, 모든 것을 아신다.

2. 하나님께서는 허락이나 도움을 필요로 하지 않으신다. 그는 모든 것을 <u>소유</u>하셨다. 17

> **"또 무엇이 부족한 것처럼 사람의 손으로 섬김을 받으시는 것이 아니니 이는 만민에게 생명과 호흡과 만물을 친히 주시는 이심이라"(사도행전 17:25).**

> **"이 사람아 네가 누구이기에 감히 하나님을 반문하느냐 지음을 받은 물건이 지은 자에게 어찌 나를 이같이 만들었느냐 말하겠느냐"(로마서 9:20).**

하나님은 우리를 사랑하시지만, 우리가 없다고 해서 아쉬우실 게 없다는 것을 잊지 말아야 한다. 지금까지 그런 적이 없으시고, 앞으로도 결코 그렇지 않으실 것이다. 하나님은 외롭거나 뭔가 부족해서 우리를 창조하신 것이 아니라, 사랑의 행위로 우리를 창조하셨다. 우리 아니면 안 되기 때문에 우리를 사용하시는 것이 아니다. 하나님이 사람을 통해 일하시겠다고 결정하셨으므로, 우리의 생각이나 행동 때문에 그분이 하시는 일이 달라질 수 있다고 오해하지 말라. 그분은 어떤 제약도 받지 않으신다. 그분이 우리를 사용하시는 것은 우리에게 은혜를 베푸시는 행위다.

로마서 9장 20절에서 바울은 "네가 누구이기에 감히 하나님께 반문하느냐"라고 질문한다. 그는 하나님께서 우리의 도움이나 조언을 필요로 하지 않으신다는 것을 상기시킨다. 때로 우리는 무심결에 하나님께 지시하거나 충고하려고 하기도 한다. "하나님이 이렇게 하셨다면 그 사고를 막을 수 있으셨을 텐데." "다른 당이 정권을 잡게 허락하셨다면, 지금쯤 나라가 이 모양이 아닐 텐데." 이것은 마치 "내가 하나님이라면, 상황이 달라졌을 거야"라고 말하는 것과 같다. 말하자면 우리가 하나님보다 더 잘할 수 있었을 것이라는 뜻 아니겠는가.

3. 하나님께서는 원하시는 것은 무엇이든지 하실 수 있다. 그는 <u>전능</u>하시다. 18

"그가 별들의 수효를 세시고 그것들을 다 이름대로 부르시는도다 우리 주는 위대하시며 능력이 많으시며 그 지혜가 무궁하시도다"(시편 147:4, 5).

성경은 하나님께서 전능자시라고 56회 말씀한다.

하나님이 전능하시다는 사실이 우리의 매일의 생활에 어떻게 적용되고 있는지 잠시 이야기해 보자. 누구나 다이어리와 PDA를 들고 다니며 스케줄을 관리하는 오늘날, 생활을 통제하는 것은 쉬운 일이라고 여러분은 생각할지 모른다. 그러나 여전히 뭔가 한계가 있다. 하나님의 계획이 여러분이 세워 놓은 스케줄과 항상 들어맞지는 않는다는 것을 느낀 적이 있는가? 우리는 때로 하나님의 계획을 알아채고 깜짝 놀라곤 한다. 그분은 우리가 세워 놓은 목표보다 훨씬 더 큰일을 자주 행하신다.

물론, 계획을 세우는 것은 중요하다. 그것은 우리 삶에 대한 하나님의 뜻이 성취되도록 돕는 좋은 도구다. 그러나 우리가 결코 잊지 말아야 할 한 문장이 있다. 이 문장은 우리의 일과표 맨 위에 늘 적혀 있어야 하는 문장이며, PDA를 열 때마다 제일 먼저 화면에 떠야 한다. 그것은 바로 "하나님께서 다스리신다"는 것이다.

계획을 세울 때 하나님의 주권을 최우선에 놓게 되면, 놀라운 일들이 일어나기 시작하는 것을 목도하게 것이다.
계획하지 않았던 황당한 돌발 상황들은 어느새 하나님이 기름 부으신 섭리로 변할 것이다.
불가능한 상황은 믿음의 기회로 변할 것이다.
하늘이 무너지는 것 같은 좌절감도 하나님께서 일하고 계시다는 확신으로 변할 것이다.

짚고 넘어갑시다

우리가 하나님을 묘사하는 데 사용해 온 단어들을 다시 한 번 생각해 보자. 분명히 본래 단어의 뜻과 다른 느낌으로 사용하고 있는 것들이 있을 것이다. 하나님을 비인격적인 존재처럼 묘사하는 의미들이 그 단어들에 더해진 경향이 있다. 사실 이것은 어찌 보면 당연한 일이다. 왜냐하면 하나님의 이름과 인격을 왜곡하고 비하하여, 하나님이 이 세상과 우리의 삶을 다스리시지 못하게 하려는 것이 사탄의 계략이기 때문이다. 사탄은 하나님의 인격을 중상모략하는 악성 안티 캠페인의 대장이다. 우리가 하나님을 묘사하는 데 흔히 사용하는 단어들이 잘못 사용되고 있는 예를 살펴보자.

'거룩'은 하나님께서 까다롭다거나 늘 판단하신다거나 상대적으로 자신의 거룩을 드러내시는 태도를 갖고 있다는 말이 아니다. 문자적으로, 거룩은 구별되는 것이다. 거룩은 하나님께서 완전히 순전하시다는 것을 의미한다. 그분은 이 우주에서 유일하게 완전히 순전한 분이시다.

'영원'은 하나님이 늙었거나 지치셨다거나 구식이라는 의미가 아니다. 하나님은 늘 존재해 오셨다. 그분은 시간 바깥에 계시며, 우주의 전체 역사를 한 번에 다 보실 수 있다.

'초월'은 하나님께서 우리의 필요와 아픔을 이해하지 못하신다는 의미가 아니다. 멀리서 우리의 어려움을 가만히 지켜보기만 하신다는 뜻이 아니다. 하나님께서 피조물 위에 계신다는 사실은 그분이 피조물 외부에 계신다는 의미가 아니다. 그분은 초월하시는(피조물 위에 계시는) 동시에 내재하신다(피조물 안에 계신다).

'전능'은 하나님께서 우리 입장은 생각지도 않고 무엇이든 마음대로 하신다는 의미가 아니다. 그분은 자신의 능력을 사용하셔서 창조하시고, 자신이 창조한 것들을 사랑하신다.

'다 아신다'는 것은 하나님께서 마치 감시 카메라처럼 어딘가에서 우리를 지켜보고 판단하며 잘못한 것을 찾아내고 계신다는 뜻이 아니다. 인간인 우리는 고통을 대하면서 점점 마음이 무디어지지 않을 수 없지만, 하나님은 그렇지 않으시다. 그분은 세상에서 일어나는 모든 일들에 깊은 관심을 가지신다.

하나님의 인격에 대한 세 번째 진리를 살펴보기 전에, 내가 하나님의 인격 앞에서 어떤 느낌을 받았는지 설명하고 싶다. 나는 히말라야 산맥의 한가운데에 서서 눈앞에 펼쳐진 절대적 장관에 압도된 것 같은 느낌이다. 너무나 거대하여 다 받아들일 수 없을 것 같다. 하나님에 대한 이 진리들이 내게 그렇다. 숨 막히고, 경외를 불러일으킨다. 우리는 하나님의 그 위대하심, 장대한 산맥들을 만드신 위대하신 하나님에 대해 이야기하고 있는 것이다.

주님, 우리가 당신의 위대하심을 보고 숨 막히게 하소서!

하나님의 인격에 대한 세 번째 진리, 세 번째 산꼭대기에 오르자. 우리는 삼위일체와 하나님의 주권에 대한 경이로운 진리들을 접했다(진짜 그저 접했을 뿐이다). 이제 하나님의 도덕성에 대해 보자.

하나님은 도덕적으로 완전하시다

19

나를 따라해 보자.

"하나님은 항상 선하시다."

"항상 하나님은 선하시다."

하나님께서 선하시고, 진실로 선하시고, 우리가 상상할 수 없이 놀라울 정도로 선하시다는 사실을 믿음으로 받아들일 수 있는가? "하나님은 도덕적이시다"라는 말을 들었을 때, 버스에서 노인에게 자리를 양보하는, 천국의 고등학생을 떠올리지 않기를 간절히 바란다. 다른 사람들을 도와주는 것은 좋은 일이지만, 하나님의 선하심은 그것과는 완전히 다른 위대한 절대 선이시다.

인류는 그 시대 사람들의 도덕성을 기준으로 하나님의 도덕성을 판단해 왔다. 가장 좋은 예는 예수님 당시의 사람들이 숭배하던 그리스 신들이었다. 그들은 사람들과 똑같이 질투하고 분노하고 이기적이고 탐욕적인데, 다만 사람보다 훨씬 많은 능력을 지녔을 뿐이었다. 이런 습관이 그리스 시대와 함께 사라져버렸다면 좋았겠지만, 오늘날에도 이러한 오해는 여전히 건재하다.

인간의 성향은 우리의 형상대로 하나님을 다시 만들려 하는 것이다. 그리스 인들은 그들의 신들이 질투하고 분노한다고 생각했다. 21세기 미국인들은 삶을 황폐하게 만들고 가족을 파괴하는 죄에 대해 하나님이 묵인해 주실 것이라고 착각한다. 우리는 거꾸로 알고 있는 것이다. 하나님은 그분의 형상대로 우리를 만드셨다. 하나님의 말씀에서 스스로 계시하신 진정한 하나님의 모습을 우리가 깨달을수록, 하나님은 우리의 마음과 인격을 그분의 형상으로 바꾸신다.

그분이 누구시며, 우리를 어떤 모습으로 만들어 가길 원하시는지 보자.

Teaching TIP

좋은 성경 공부와 아주 훌륭한 성경 공부의 차이는 어떻게 끝내는가에 달려있다. 물론 뒤에 이어질 하나님의 도덕성의 속성들을 나열하고 끝내는 것도 의미가 있을 것이다. 그러나 잠시 시간을 주고, 참가자들이 개인적이고 실제적인 결단을 하도록 인도한다면, 완전히 다르게 마무리할 수 있을 것이다. 그리고 말씀을 가르치면서 우리가 목표했던 바대로 사람들을 인도할 수 있다. 그 목표는 바로 그들이 삶을 살아가는 방식이 변화하게 하는 것이다.

- **그는 거룩함 속에서 행하신다(레위기 11:44; 이사야 6:1~3).** 20

이사야 6장 1~3절을 내가 읽어 보겠다.

> **"웃시야 왕이 죽던 해에 내가 본즉 주께서 높이 들린 보좌에 앉으셨는데 그의 옷자락은 성전에 가득하였고 스랍들이 모시고 섰는데 각기 여섯 날개가 있어 그 둘로는 자기의 얼굴을 가리었고 그 둘로는 자기의 발을 가리었고 그 둘로는 날며 서로 불러 이르되 거룩하다 거룩하다 거룩하다 만군의 여호와여 그의 영광이 온 땅에 충만하도다 하더라"(이사야 6:1~3).**

하나님은 거룩하시다.

지난 장을 마무리하면서 가졌던 시간처럼, 오늘도 하나님께서 우리의 매일의 삶에 미치실 영향에 집중해 보자. 어쩌면 여러분의 삶은 단조롭고 평범해 보일 수도 있다. 그러나 사실 그렇지 않다. 절대로 그렇지 않다. 우리는 여기 이사야가 묘사한 거룩한 하나님의 임재 안에 살고 있다. 이 선지자가 자기 인생에서 겪었던 가장 흥분되는 경험은 하나님의 성전 안에서 하나님의 임재를 만났던 것이다. 성도인 여러분은 살아 있는 성전이며, 거룩한 하나님께서 여러분 안에 살고 계신다. 이러한 사실을 깨닫는다면, 여러분은 자신의 단조로운 일과를 바라보는 관점을 바꿀 수 있을 것이다.

여러분에게 질문하고 싶다. 오늘 공부를 마치고 이번 한 주 동안 살면서, 여러분의 삶을 다른 관점으로 바라볼 수 있겠는가? 지극히 평범해 보이는 순간들까지도? 일상생활 중에 "나는 지극히 거룩한 하나님의 임재 안에 살고 있다"라고 고백하기를 간절히 기원한다. 그 단순한 고백이 여러분이 설거지하거나 차를 몰거나 식구들과 이야기하는 방식을 어떻게 변화시키는지 보게 될 것이다.

- **그분은 긍휼로 관계하신다(출애굽기 34:6; 예레미야애가 3:22; 야고보서 5:11).** 21

야고보서 5장 11절 말씀과 같이, 우리의 모든 염려를 하나님께 맡길 수 있는 것은 하나님께서 우리를 돌보신다는 사실을 알기 때문이다. 여러분 앞에 지금 닥쳐 있는 그 일에 하나님이 관심을 가지고 계신다고, 정말 깊이 관심을 가지고 계신다고 믿는가? 정말 그렇다. 여러분이 겪고 있는 그 문제에 대해 하나님이 가지고 계시는 긍휼하심을 느껴 보고, 여러분의 염려(걱정과 스트레스를 주는 상황)를 그분의 손에 맡겨 보라.

• **그의 신실하심을 신뢰할 수 있다(시편 36:5; 히브리서 10:23).** 22

시편 36편 5절은 "주의 진실하심이 공중에 사무쳤으며"라고 우리에게 말씀한다. 히브리서 10장 23절은 "또 약속하신 이는 미쁘시니 우리가 믿는 도리의 소망을 움직이지 말며 굳게 잡고"라고 우리에게 상기시킨다.

모든 사람들이 여러분을 실망시켰다. 그러나 하나님은 결코 그러지 않으신다. 이 진리가 이번 한 주 동안 여러분을 붙들어 줄 것이다.

• **그의 선하심은 비할 데가 없다(시편 34:8; 베드로후서 1:3).** 23

나는 시편 34편 8절을 좋아한다. "너희는 여호와의 선하심을 맛보아 알지어다." 하나님께서는 여러분이 상상할 수 있는 것 이상의 선한 일들을 여러분의 삶에 행하길 간절히 원하신다. 시련과 역경 속에서도, 하나님은 여러분의 삶에 선한 일들을 행하기 원하신다. 하나님께서 이번 주에 행하시는 선한 일들을 찾아보라. 조금만 살펴보아도 주님이 행하시는 선한 일들을 반드시 찾을 수 있을 것이다.

• **그의 정의는 편중됨이 없이 공정하다(이사야 30:18; 누가복음 18:7, 8).** 24

다른 사람들은 잘도 넘어가는 일을 꼭 걸려서 처벌을 받게 되거나, 축복받을 자격도 없는 사람들이 엄청난 축복을 받는 것처럼 보일 때, 자기 연민에 빠지지 말라. 하나님은 불편부당하시고 항상 공정하시다. 결국에는 그분의 완전한 정의가 승리할 것이다. 이번 한 주 동안 여러분이 할 수 있는 가장 좋은 일 중 하나는 이 진리를 잊지 않고 계속 떠올리는 것이다.

• **그분은 죄에 대해 진노로 반응하신다(창세기 6:5~8; 로마서 2:5~9; 데살로니가전서 2:16).** 25

하나님은 죄를 미워하신다. 우리는 때로 하나님이 죄를 미워하신다는 사실을 잊고, 심지어는 오해하기까지 한다. 어떤 사람들은 죄에 대한 하나님의 진노를 마치 하나님께서 기분이 나빠서 신경질이라도 부리시는 것처럼 생각한다. 창세기 6장 5~8절은 하나님께서 죄를 보실 때 마음이 아프고 통탄하신다는 것을 보여 준다. 로마서 2장 5~9절은 하나님께서 느긋하게 서서 죄가 영원히 피조물들을 상처 입히도록 허용하지 않으실 것이라는 사실을 알려 준다. 그분은 분노로 죄를 심판하신다. 그분은 죄에 진노하신다. 그리고 억압당하는 자들, 상처받는 자들에게 죄가 어떤 짓을 행하고 있는지 우리보다 훨씬 더 분명하게 보고 계신다. 그분은 죄가 우리 자녀들, 우리의 결혼생활, 우리의 잠재력, 우리와 그분과의 관계에 어떤 일을 행하는지 보신다. 그분은 죄가 어떻게 그분과 우리를 분리시키고 있는지, 혹 어떤 사람들을 영원히 분리시킬지 아신다. 하나님은 구약에서는 무서운 하나님이셨다가 신약에서는 사랑의 하나님으로 변하신 것이 아니다. 하나님은 죄를 싫어하시는 동일한 인격 때문에 죄를 심판하셔야 했고, 또한 그 아들을 보내 십자가에서 죽게 하심으로 우리의 죄를 위한 형벌을 치르게 하셨다.

• 그분은 사랑이시다(요한일서 4:7~11; 요한복음 3:16). 26

우리에 대한 하나님 사랑의 가장 위대한 표현은 "독생자를 주셨으니"라는 말씀처럼, 우리에게 보여 주신 희생에 있다. 여러분은 아주 작은 희생이라도 보여 주어야 할 대상이 있는가?

기억합시다

성경에 나타난 하나님의 본질은 우리가 닮아 가야 할 부분들이다. 우리는 하나님의 형상대로 창조되었다(창세기 1:27). 따라서 우리는 하나님의 품성을 닮아야 한다. 전지전능하심이나 영원성 등의 속성은 하나님만의 것이지만, 그 외의 다른 속성들을 우리 삶 속에 드러내야만 할 것이다. 어떻게 해야 하나님의 속성이 내 삶에서 드러날까? 인간은 누구나 많은 시간을 함께하는 사람을 닮아 가게 마련이다. 하나님과 많은 시간을 보내다 보면, 우리는 자연스럽게 하나님을 닮게 될 것이다.

그분의 인격이 나의 성품을 다듬을 것이다.

비판적인 사람들과 시간을 보내면, 비판적이 된다. 무슨 수를 써서라도 꼭대기에 올라가려 하는 사람들과 시간을 보내면, 무슨 수를 써서라도 꼭대기로 올라가기 시작하게 된다. 마찬가지로 하나님과 함께 더 많은 시간을 보낼수록, 더 하나님처럼 행동하고 생각하게 된다. 문제는 우리 중 어떤 사람들은 하나님보다 좋아하는 드라마 주인공들을 바라보는 데 더 많은 시간을 보낸다는 것이다. 이것은 무서운 결과를 가져올 수 있다.

어떤 면으로든 하나님을 닮는 것은 불가능할 것 같다. 어떻게 우리가 거룩할 수 있는가? 어떻게 우리가 하나님께서 사랑하시듯 사랑할 수 있는가? 우리의 의지나 노력으로는 절대 불가능하다는 사실을 다시 한 번 기억하자. 이러한 본질을 가지셨고 그 본질을 우리와 공유하기 원하시는 하나님께 의지하는 것이 바로 열쇠다. 방금 함께 보았던 하나님의 본질 중에 여러분이 이번 한 주 동안 닮아 가고 싶은 부분에 별표를 해 보자. 더 거룩해지거나, 더 인내하거나, 더 사랑하기를 원한다고 표시하자. 만일 진노하시는 하나님의 본질에 별표를 했다면, 좀 걱정된다. 농담이었지만, 사실 우리 삶 속의 죄를 더 미워하게 되기를 우리는 정말로 구해야 할 것이다. 우리의 죄를 하나님께서 보시는 것처럼만 볼 수 있다면, 우리는 변화될 것이다.

이런 변화가 정말 가능할까? 어떻게 해야 여러분이 별표 한 하나님의 인격이 여러분의 삶에서 실현될 수 있을까? 하나님과 함께 시간을 보내겠다는 간단한 헌신으로 시작할 수 있다.

토의 5번과 6번의 내용을 여기서 나눌 수 있다.

암송 카드 2번, '하나님'을 암송하라.

이 말씀들을 암송하는 데 매주 조금씩만 시간을 투자한다면, 당신의 일상생활에 보다 쉽게 말씀을 적용할 수 있게 될 것이다. 또한 그 말씀을 다른 사람들에게도 분명하게 전할 수 있게 될 것이다.

부록	삼위일체 교리	
개요	삼위일체라는 단어나 삼위일체 교리가 성경에 명기되어 있지는 않지만, 삼위일체론은 성경적 증거들을 가장 잘 해석한 교리이다. 이것은 하나님이 누구신지에 초점을 맞추며, 특히 예수 그리스도의 신성에 초점을 맞추므로 기독교의 결정적 교리가 된다. 삼위일체론은 성경에서 직접적으로 말하고 있지 않으므로, 이 교리를 연구하려면 조직신학적 연구와 성경적 삼위일체에 대한 견해들을 살펴보는 것이 좋다.	
삼위일체의 개념	하나님은 한 분이시다. 삼위는 각 위격 안에 동일한 신성을 가지고 계신다. 하나님이 한 분이시며 동시에 세 분이 되신다는 것은 결코 상호 모순이 아니다. 삼위일체(성부 · 성자 · 성령)는 영원하시다. 하나님의 각 위는 동일한 본질이시다. 그러므로 본질면에서 상호 열등하거나 우월함이 없다. 삼위일체는 우리가 결코 완전히 이해할 수 없는 신비이다.	
성경에 나타난 삼위일체	구약	신약
한 분이신 하나님	"이스라엘아 들으라 우리 하나님 여호와는 오직 유일한 여호와이시니"(신명기 6:4, 참조: 20: 2~4; 3:13~15).	"영원하신 왕 곧 썩지 아니하고 보이지 아니하고 홀로 하나이신 하나님께 존귀와 영광이 영원무궁하도록 있을지이다 아멘"(디모데전서 1:17, 참조: 고린도전서 8:4~6; 디모데전서 2:5, 6; 야고보서 2:19).
신성으로 구별되는 삼위	아버지: "…여호와께서 내게 이르시되 너는 내 아들이라 오늘 내가 너를 낳았도다"(시편 2:7).	"곧 하나님 아버지의 미리 아심을 따라 …택하심을 받은 자들에게…"(베드로전서 1:2, 참조: 요한복음 1:17; 고린도전서 8:6; 빌립보서 2:11).
	아들: "…여호와께서 내게 이르시되 너는 내 아들이라 오늘 내가 너를 낳았도다"(시편 2 : 7, 참조: 히브리서 1 : 1~13; 시편 68 : 18; 이사야 6:1~3; 9:6).	"예수께서 세례를 받으시고 곧 물에서 올라오실새 하늘이 열리고 하나님의 성령이 비둘기같이 내려 자기 위에 임하심을 보시더니 하늘로부터 소리가 있어 말씀하시되 이는 내 사랑하는 아들이요 내 기뻐하는 자라 하시니라"(마태복음 3:16, 17).
	성령: "태초에 하나님이 천지를 창조하시니라 …하나님의 영은 수면에 운행하시니라"(창세기 1:1, 2, 참조: 출애굽기 31:3; 사사기 15:14; 이사야 11:2).	"베드로가 이르되 아나니아야 어찌하여 사탄이 네 마음에 가득하여 네가 성령을 속이고… 사람에게 거짓말한 것이 아니요 하나님께로다"(사도행전 5:3, 4; 참조: 고린도후서 3:17).
신격 안의 복수 위격	구약에서는 복수 명사를 사용함으로써 신격 안의 복수 위격을 지칭한다. "하나님이 이르시되 우리의 형상을 따라 우리의 모양대로 우리가 사람을 만들고…"(창세기 1:26).	하나님 아버지, 아들, 성령을 가리켜 "이름"이라는 단수를 사용한 것은 세 분 하나님의 단일성을 보여 준다. "그러므로 너희는 가서 모든 민족을 제자로 삼아 아버지와 아들과 성령의 이름으로 세례를 베풀고"(마태복음 28:19).

부록 | **삼위일체 교리**

	속성	아버지	아들	성령
세 위격 모두 본질이 동일하다 : 모든 속성이 각 위 모두에 적용된다.	영원성	시편 90:2	요한복음 1:2; 요한계시록 1:8, 17	히브리서 9:14
	능력	베드로전서 1:5	고린도후서 12:9	로마서 15:19
	전지성	예레미야 17:10	요한계시록 2:23	고린도전서 2:11
	편재성	예레미야 23:24	마태복음 18:20	시편 139:7
	거룩	요한계시록 15:4	사도행전 3:14	사도행전 1:8
	진리	요한복음 7:28	요한계시록 3:7	요한일서 5:6
동등하나 역할이 다름	인자	로마서 2:4	에베소서 5:25	느헤미야 9:20
	세상의 창조	시편 102:25	골로새서 1:16	욥기 33:4
	사람의 창조	창세기 2:7	골로새서 1:16	창세기 1:2; 욥기 26:13
	그리스도의 세례	마태복음 3:17	마태복음 3:16, 17	마태복음 3:16
	그리스도의 죽음	히브리서 9:14	히브리서 9:14	히브리서 9:14

출처 : 『*Charts of Christian Theology and Doctrine*』, H. Wayne House. Copyright©1992. 미국 존더반 출판사의 허락 하에 사용됨.

Q 토의

1. 지난 장을 공부한 후 한 주 동안 하나님을 아버지로 더 친근하게 생각하게 되었는가? 그분이 당신의 아버지시라는 것을 다시 한 번 느끼게 된 사건이 있었다면 나눠 보자. 27

2. 지난 장에서 하나님을 경배하기 위한 네 가지 연습을 해 보았다면 아래의 상황에 맞춰 나눠 보자. 28
   - 하나님이 그분의 본질에 대해 말씀하시는 성경 구절을 읽을 때, 어떤 부분이 특히 와 닿았는가?
   - 하나님께서 당신의 삶에 행하신 의미 있는 일들을 돌아보며 하나님의 능력과 다스리심을 묵상할 때, 특히 어떤 의미 있는 일들이 떠올랐는가?
   - 인간의 역사 속에서 일하시는 하나님의 손길을 느낄 수 있었는가?
   - 하나님의 창조 세계를 생각하거나 관찰함으로써 하나님의 아름다움과 창조성을 묵상한 경험을 그룹과 나눠 보자.

3. 삼위일체 교리에 대해 "그게 저와 무슨 상관인데요? 저는 예수님이 저를 사랑하신다는 것을 알아요"라는 식으로 넘어가게 되기 쉽다. 이번 장에서 삼위일체 교리를 왜 배워야 하는지 알게 되었는가? 29
   - 삼위일체에 대해 오해를 불러일으키는 거짓 가르침들에는 어떤 것들이 있는가?
   - 이 교리가 당신의 개인적인 삶에 어떤 도움이 될 수 있을까?

4. 하나님은 시간이나 공간이나 상황에 구애받지 않으신다는 사실이 지금 당신이 처해 있는 문제를 해결하는 데 어떤 도움이 될 수 있을까? 30

소그룹 리더들에게 : 이 토론을 하는 중에 "하나님은 우리 앞에 닥친 어떤 문제보다도 크시다"는 사실을 생생하게 실감할 수 있도록 기도하라.

5. 하나님의 위격을 공부하고 난 후, 31
   - 하나님에 대해 새롭게 배운 것은?
   - 하나님을 조금 더 가까이 느끼게 해 준 것은?
   - 당신을 행복하게 해 주고, 하나님과의 관계를 누릴 수 있게 해 준 것은?
   - 당신이 하나님께 사랑받고 있다고 느끼게 해 준 것은?
   - 하나님의 위대하심을 더 분명히 이해하게 해 준 것은?
   - 당신의 삶을 하나님께 헌신하도록 한 것은?
   - 일상생활 속에서 든든한 마음을 갖게 해 준 것은?

소그룹 리더들에게 : 위의 질문들을 다 나누지 않아도 된다. 오늘 배운 것을 사람들이 자유롭게 이야기하게 하는 형식으로 질문을 활용하라.

6. 하나님께서 우리에게 어떻게 행하시는지를 보면, 우리가 남들에게 어떻게 하기 원하시는지도 분명히 알 수 있다. 우리가 가질 수 없는 하나님의 특성들도 많지만, 하나님의 품성(긍휼, 사랑, 양선, 용서)을 내 안에 개발하고 그것을 세상에 보여 줄 수는 있다. 32

   하나님은 그분의 품성이 세상에 드러나기를 원하신다. 신자인 우리가 믿음을 표현하는 한 가지 방법은 그분의 인격이 우리를 통해 세상에 드러나도록 기도하는 것이다. 다음 질문들을 사용하여 기도 제목들을 작성하고 그룹이 함께 기도하자. 소그룹에서 경험할 수 있는 가장 멋진 일 중 하나는 하나님께서 많은 기도 제목들에 어떻게 응답하시는지 보는 것이다.
   - 이 세계 어느 곳에 하나님의 긍휼이 베풀어지기를 원하는가?
   - 누구에게 하나님의 지혜가 공급되기를 바라는가?

- 누구, 혹은 무엇에 대해 인내할 수 있기를 하나님께 간구하는가?
- 하나님께 바로잡아 달라고 하고 싶은 관계는?

(기도 제목을 구체적으로 말하라. 가령, 당신의 여동생이 대상이라면, "가족"이라고 말하지 말라. 기도를 부탁하고 싶은 자세한 상황을 그룹에 알리라.)

참고 도서 | 폴 리틀, 『이것을 믿는다』(생명의말씀사 역간)
제임스 패커, 『하나님을 아는 지식』(IVP 역간)
에이든 토저, 『하나님을 추구함』(생명의말씀사 역간)

5장 예수님 I

1

2

밭 갈기	• 가장 좋은 친구, 예수 그리스도를 깊게 알아 간다. • 예수님이 가장 좋은 친구라는 진리를 구체적으로 실행한다.

강의 개요

왜 예수님을 아는 것이 중요한가?

예수님의 이름들

예수님의 삶
- 예수님은 탄생 전에 무엇을 하셨는가?
- 이 땅에서의 예수님의 삶
- 영존하시는 그리스도

이 장의 주제는 관계다. 예수님에 대해 이야기할 때에, 2,000년 전에 살았던 어떤 사람의 이야기처럼 듣지 않기를 바란다. 예수님에 대한 교리적 연구의 가장 중요한 측면은 관계 형성을 위한 공부라는 것이다. 우리가 그리스도에 대한 성경 말씀을 살펴보는 것은 예수님과 평생의 관계를 형성하기 위해서다.

토의 1번의 내용을 여기서 나눌 수 있다.

오늘은 관계에 대해 공부하는 시간이기 때문에, 먼저 내가 개인적으로 어떻게 예수님과 관계를 맺게 되었는지 이야기하려 한다. 나(톰 할러데이)는 평생 주일학교와 교회에서 예수님에 대해 듣고 공부하면서 자랐다. 그리고 세월이 흐르면서, 그리스도인이라는 것이 무엇을 의미하는지에 대한 개념을 세워 가게 되었다. 내게 그리스도인으로 산다는 것은 교회에 가고, 착하게 살기 위해 노력하고, 예수님께서 2,000년 전에 사셨고 돌아가셨고 부활하셨다는 것을 믿는다는 의미였다. 그러나 나이가 들면서 나는 기독교에 대한 나의 정의가 뭔가 잘못되지 않았나 하는 의구심을 갖기 시작했다. 친구들이 예수님에 대한 자신의 믿음에 대해 이야기하는 것을 들으면, 그들의 경험은 기독교가 내게 끼친 영향보다 훨씬 인격적이고 즐겁다는 것을 알 수 있었다. 그들이 내가 모르는 것을 알고 나에게 없는 것을 가졌다는 것을 인정하는 것은 무척 자존심 상하는 일이었다. 그래서 나는 왜 그들의 경험이 나와 그렇게 다른지 묻지 않았다. 그것이 큰 실수였다! 나는 자존심 때문에 필요 이상으로 오래 기다린 후에야 진리를 만날 수 있었다.

어느 날 밤, 마침내 그 메시지가 내게 임했다. 교회의 어느 모임에서, 어떤 강사가 내가 천 번은 들었을 법한 뻔한 메시지를 전했는데, 그 시간 갑자기 그 메시지가 내 마음 깊이 다가왔다. 그 강사는 기독교가 그저 교회에 다니거나 착하게 살기 위해 노력하거나 예수님께서 실제로 2,000년 전에 이 땅에 사셨음을 믿는 것이 아니라고 말했다. 그는 예수님과의 개인적인 관계에 대해 이야기했다. 그 관계는 예수님께서 내 죄를 용서해 주시고 내 인생을 인도해 주실 것을 믿겠다고 결정하는 것에서 시작되는 것이었다. 그날 밤 나는 나의 믿음을 표현하는 기도를 드렸고, 새로운 생활, 예수님과의 새로운 관계가 시작되었다. 그리고 그 즉시 내게 일어난 변화 중 하나는 내가 평생 찾아다니던 내 인생의 진정한 목적을 깨닫게 된 것이었다. 마침내 나는 나의 남은 생애와 영원까지 이어 갈 예수 그리스도와의 관계를 맺게 되었다.

Teaching TIP

당신이 어떻게 그리스도를 알게 되었는지 이야기하는 시간을 가지라. 한 가지 좋은 방법은 바울이 사도행전에서 간증할 때 사용했던 스타일을 따라해 보는 것이다.

그리스도를 만나기 전의 나의 삶
어떻게 예수 그리스도를 알게 되었는가?
그분을 알고 난 이후의 나의 삶

당신이 그리스도인이 되었을 때 예수님과 처음 맺었던 관계에 대해 소개하는 시간을 반드시 가지라. 그것은 그리스도인이 될 때 처음 맺은 예수님과의 관계가 평생의 우정으로 이어진다는 점을 참가자들에게 보여 주게 될 것이다. 그리고 그것이 이 장의 주제다.

이번 장을 가르치는 중에, 당신이 어떻게 지속적으로 주님과 관계를 맺어 가고 있는지 이야기할 수 있을 것이다. 가능한 한 개인적인 이야기로 만들라. 교리를 살아나게 하는 것은 "개인적인 내용으로 만드는 것"이라는 사실을 기억하라.

이 장의 목적은 간단하다. 예수님을 더 잘 아는 것이다. 나는 당신이 당신의 가장 좋은 친구 예수 그리스도를 알게 되기를 바란다. 당신이 여느 사람들을 알아 갈 때처럼, 예수님의 이름을 알고, 그분의 라이프 스토리를 알고, 그분의 성격을 이해하고 좋아하게 됨으로써 예수님을 알아 가는 것이 이 장의 주제다.

왜 예수님을 아는 것이 중요한가?

왜 중요한가? 예수 그리스도를 더 알아 가는 데 여러분의 시간을 헌신하는 것이 왜 필요한가? 두 가지 이유가 있다.

1. 예수님을 알아 가는 것은 우리의 끊임없는 우선순위이다.

빌립보서 3장 8절의 "모든 것을 해로 여김은 내 주 그리스도 예수를 아는 지식이 가장 고상하기 때문이라"라는 말씀은 이 진리를 분명히 밝히고 있다. 다른 모든 것을 해로 여긴다는 것이다. 여러분의 전 재산을 장부에 기록하고 마지막 결산 란에 "무가치"라고 쓴다고 생각해 보자. 그리스도를 아는 것에 비하면 여러분의 전 재산은 무가치하다. 여러분이 운전하는 차, 여러분이 사는 집, 심지어 가족이나 친구들과의 관계까지도 그리스도와의 관계 속에서 얻는 은혜, 용서, 영생과 가치에 비하면 아무것도 아니다.

뉴욕의 크리스티 경매소에는 1년에 한 번 무료 감정 주간이 있다. 사람들은 옷장이나 다락 구석에 있던 물건들을 가져와서, 은근히 그것이 보물이길 기대해 본다. 대부분은 별 가치가 없는 것들이지만, 무료 감정 주간에 참여했던 한 감정사는 어떤 여자가 11.4캐럿짜리 루비를 가져왔던 것을 기억한다. 보석상이 그것을 보고 가짜 보석이라고 말했다고 한다. 크리스티 의장 캐드린 구즈만은 이렇게 말했다. "우리는 그것이 1904년에 티파니에서 만들어진 진품이라는 것을 확인할 수 있었습니다. 아직도 티파니 사는 그 보석의 원 드로잉을 소유하고 있었습니다. 그래서 그 보석은 티파니 사에 38만 5,000달러에 팔렸습니다. 그러나 그 여자는 그동안 그것을 다른 모조품들과 함께 할머니의 인조 보석 상자에 넣어 옷장 구석에 두었었고, 그것이 모조품이라고 철석같이 믿고 있었던 것입니다."[1] 그녀는 귀한 보석을 인조 보석 상자에 넣어 두었던 것이다. 이 이야기를 들으며 나는 생각했다. "주님, 제가 주님과 맺은 관계를 아주 귀중한 것으로 늘 여기게 해 주세요. 제가 주님을 알 수 있다는 사실을 걸맞은 상자, 즉 "값을 매길 수 없음"이라고 씌어진 상자에 넣고 싶습니다."

2. 예수님을 아는 것은 성도의 지속적인 과제이다.

이 구절을 함께 읽어 보자.

"그의 신기한 능력으로 생명과 경건에 속한 모든 것을 우리에게 주셨으니 이는 자기의 영광과 덕

1) Christie's Auction House Offers Free Appraisal, Weekend Edition, National Public Radio, 6 April 1996.

으로써 우리를 부르신 이를 앎으로 말미암음이라"(베드로후서 1:3).

Teaching TIP

앞에서 언급했듯이, 인도자로서 당신의 목표는 청중과 커뮤니케이션하는 것이다. 그러기 위한 한 가지 방법은 간증하듯이 개인적인 이야기를 나누는 것이다. 두 번째 방법은 앞에서 말했듯이, 당신의 말에 사람들을 참여시키기 위해 질문을 하는 것이다. 뒤에 이어질 내용을 가르치면서, 참가자들이 이름을 알고 있는 사람들을 세 가지 수준으로 나누어 보게 하라. 이름만 아는 사람, 살아온 배경에 대해 좀 알고는 있지만 아직 친구가 아닌 사람, 그리고 친구.

그리스도를 알아가려면 여느 관계와 마찬가지로 관계를 발전시키기 위해 노력해야 한다. 우리가 그리스도와의 관계를 발전시키면 발전시킬수록, 그 관계가 얼마나 소중한지 보게 된다. 우리가 주변 사람들과 어떻게 관계를 발전시키는지 잠시 생각해 보자.

직장이나 학교에서 새로운 사람을 만났다고 가정해 보자. 아직 잘은 모르지만, 이 사람은 여러분의 제일 친한 친구도 될 수 있을 것이다. 그러나 만나자마자 절친한 친구가 될 수는 없다. 먼저 서로의 이름을 안다. 여러분은 이름만 아는 정도의 사람이 주변에 얼마나 있는가?

며칠이나 몇 주가 지난 후에는 아이가 몇 명이나 있는지, 고향이 어딘지 등에 대한 자세한 이야기도 듣게 될 것이다. 그 정도 수준으로 아는 사람들도 여러분 주위에는 상당히 많을 것이다. 누가 생각나는가?

관계가 발전해 감에 따라 여러분은 상대방의 성격, 관심사, 감정 등에 관심을 갖게 된다. 여러분이 진정한 친구라고 생각하는 사람들로는 누가 있는가?

그런데 관계가 발전해 가는 과정과 예수 그리스도의 인격을 공부하는 것이 무슨 상관이 있는 것일까? 모든 면에서 상관있다. 예수님은 여러분이 이름만 알고 있는 분인가? 여러분은 그를 역사적 인물로만 알고 있는가? 혹은 그분을 친구로 생각하는가?

여러분의 가장 좋은 친구가 되기 원하시는 예수님에 대해 우리는 지금 공부하고 있다. 교리를 지식적으로만 배우는 분이 이 자리에 있다면, 예수님에 대한 진리처럼 관계적인 것은 없다는 점을 다시 알려 주고 싶다. 오늘 공부의 목적은 여러분이 예수님에 대해 더 알게 되는 것뿐 아니라, 그분과 더 깊은 관계로 발전하게 하는 것이다. 예수님을 더 알수록, 그가 여러분을 얼마나 깊이 사랑하시며, 그의 사랑으로 능히 사랑할 수 있는 놀라운 능력을 주셨음을 깨닫게 된다.

우리는 예수님의 이름들을 아는 것만으로도 예수님에 대해 많은 것을 배울 수 있다.

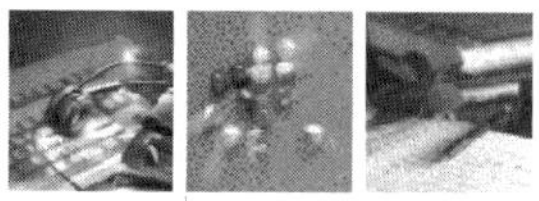

예수님의 이름들 5

상대방을 알기 위해 가장 먼저 알아야 할 것 중 하나는 이름이다. 그런데 예수님의 경우에는 이름을 아는 것이 그리 쉬운 일이 아니다. 엘웰의 『*Topical Analysis of the Bible*』(주제별 성경 분석)에서는 성경에 등장하는 예수님의 이름 184개를 열거한다.[2]

설교자 빌리 선데이는 이보다 더 많은 이름을 찾아냈다. "성경에 등장하는 주 예수 그리스도의 이름은 256개이다. 그분은 어떤 하나의 이름으로 표현할 수 있는 이상의 분이시기 때문이다."[3]

예수님의 이름만을 가지고도 평생 공부할 수 있을 것이다.

성경에서 사람의 이름은 그 사람의 정체성을 보여 주는 명함이다. 예수 그리스도의 이름들은 그분이 누구신지 알 수 있도록 도와주는 촉매가 된다.

짚고 넘어갑시다 6

사람의 이름

성경에 등장하는 이름들은 오늘날 우리가 생각하는 것보다 훨씬 큰 의미를 가지고 있었다. 이름은 한 사람에 대한 세 가지 구체적 내용을 나타냈다.

1. 하나님이 그를 지으신 목적 2. 그의 지위 3. 하나님이 그에게 주신 약속

만일 성경에서 남자아이에게 "전쟁에서 강한 힘을 발휘한다"는 뜻의 이름이 주어지면, 그 이름은 그가 태어난 이유, 사회에서 그의 지위, 그리고 장래성을 말해 주는 것이었다.

이제 왜 예수님께서 그렇게 많은 이름들을 가지셨는지 알 수 있을 것이다. 그의 삶은 목적들로 가득 찼으며, 그의 지위는 가장 높았고, 그가 다시 오신다는 장래의 약속은 아직도 매일 우리에게 영향을 미치고 있다.

예수님의 이름 중 몇 가지만 간략히 살펴보면서, 그 이름들이 그분의 목적, 지위, 우리의 삶에 주

---

2) Walter Elwell, ed., *Topical Analysis of the Bible* (Grand Rapids, Mich. : Baker, 1991).

3) Elijah P. Brown, The Real Billy Sunday : The Life and Work of Rev. William Ashley, D.D., *The Baseball Evangelist* (Dayton, Ohio : Ottrbein Press, 1914).

신 약속들을 어떻게 표현하는지 귀 기울여 보자.

• 천사가 마리아에게 아들의 이름을 주었다. 그것은 "예수"였다(누가복음 1:31). 7
예수는 "하나님의 구원"을 의미한다.

누가복음 1장 31절에서 천사는 마리아에게 그 아기를 "예수"라 이름하라고 명했다. 예수(그 당시 사용하던 아람어로는 여호수아)라는 이름은 "하나님의 구원"을 의미한다. 예수님의 삶의 목적과 약속을 이보다 더 분명히 밝히는 이름이 또 있을까?

내 생각에는 맥스 루케이도만큼 예수님에 대해 생생하고 열정적으로 글을 쓰는 사람이 없는 것 같다. 예수라는 이름에 대한 그의 말에 귀 기울여 보자.

> 예수.
> 그것은 복음서에서 가장 흔히 등장하는 이름으로서, 600여 회나 사용되었다. 그리고 그 이름은 당시에 흔한 이름이었다. …만일 예수님께서 오늘날 미국에 오셨다면, 그분의 이름은 '존'이나 '보브', '짐'이었을 것이다. 그분이 오늘 여기 계시다면, '레버런드 홀리니스 안젤릭 디비니티 3세' 등의 고상한 이름으로 우리 같은 평범한 사람들과 거리를 두지 않으셨을 것이다. 하나님은 그 아들의 이름을 정하실 때, 인간의 이름을 선택하셨다. 너무 전형적이어서 한 반에 두세 명은 있을 법한 이름을 선택하셨다. 요한은 "말씀이 육신이" 되었다고 말했다. 다시 말해서, 우리는 그를 만질 수 있었고, 그에게 다가갈 수 있었고, 닿을 수 있었다. "전 예수라고 합니다"라고 자신을 소개하는 그분의 목소리가 들릴 것만 같다.[4)]

• 천사들이 목자들에게 예수님의 이름을 말해 주었다(누가복음 2:11). 8

천사들이 목자들에게 나타났을 때, "구주", 곧 "그리스도 주"가 베들레헴에 태어나셨다고 선언했다.

구주 : **예수님의 목적을 보여 준다.**
영원히 하나님과 분리되는 삶으로부터 세상과 우리 각 사람을 구원하기 위해 오셨다.

그리스도 : **예수님의 약속을 보여 준다.**
혹시 '그리스도'가 예수님의 성이라고 생각하는 사람이 있을지도 모르겠다. "마리아 그리스도와

---

4) 맥스 루케이도, 『하나님이 내게로 오셨다』(좋은씨앗 역간)

요셉 그리스도의 아들 예수 그리스도"가 아니었다. 그리스도는 히브리어의 '메시아'에 해당하는 헬라어로서, '하나님이 약속하신 그이'를 의미했다. 그 당시 많은 사람들이 예수라고 불렸지만, 예수 그리스도는 단 한 분뿐이시다.

주 : 예수님의 지위를 보여 준다.
예수님이 탄생하신 그 시부터 이미 온 우주가 그분을 주로 경배했으며, 그분이 '주님'이신 것은 사실이었다.

생각해 보라. 예수님은 모든 신자들의 친구이자 주시다. 주인과 친밀한 관계를 맺는 것이 당연한 일은 아니다. 자기를 마음대로 다스릴 만한 힘을 가진 사람을 좋아하지 않는 것은 어찌 보면 당연하다. 내가 아는 어떤 성도들은 예수님과 가까운 관계를 맺는 것은 매우 좋아하지만, 그분을 주로 모시는 것은 어려워한다. 그들은 기도할 때, 예수님의 명령을 들으려 하기보다 예수님의 의견을 구한다. 반면 어떤 그리스도인들은 자신의 삶에 대한 예수님의 권세를 매우 중요하게 받아들이면서, 그분과의 관계는 매우 멀게 느끼기도 한다. 여러분의 남은 생애 동안, 예수님께서 친구이자 주인이시라는, 매우 미묘한 이 선을 잘 지키기를 주의 이름으로 축원한다. 그분이 여러분의 가장 친한 친구 되기를 원하신다는 사실을 온 마음으로 즐거워하라. 오직 그분만이 여러분의 절대 주인이라는 사실에 여러분의 모든 삶을 헌신하라.

한도 끝도 없이 예수님의 이름만 계속 살펴볼 수도 있을 것이다. 그러나 우리가 살펴본 몇 가지 이름만으로도, 예수님을 잘 알고 싶다는 마음을 충분히 갖게 되었을 줄 안다. 그런데 예수님과 가까워지기 원하면서도 그분과의 개인적인 관계를 시작하는 첫 걸음을 아직 떼지 못한 사람들이 많이 있다. 대부분의 사람들이 예수님의 명성만을 들어 알고 있다. 그런 분들이 이 자리에 있다면 더 깊이 공부하기 전에, 먼저 그분과의 관계를 시작할 것을 권하고 싶다. 말하자면, 그분이 여러분을 구원하기 위해 이 땅에 오셨음을 믿고, 그분의 용서를 구하라는 것이다. 하나님께서 보내신 예수 안의 약속을 믿으라는 것이다. 여러분 삶의 주인이신 그분께 여러분의 삶을 다스릴 자리를 내어 드리라는 것이다.

바로 지금 여러분은 예수님과 관계를 맺을 수 있다. 만일 여러분이 예수님과의 관계를 형성하지 않은 상태에서 예수님에 대해 배운다면, 그것은 인생 최대의 비극이 될 것이다. 나는 지금 종교를 가지라고 말하는 것이 아니다. 나는 여러분이 이 땅에 태어난 목적인, 예수님과 관계를 맺는 것에 대해 말하는 것이다. 여러분과 관계를 맺기 위해 그분은 십자가에서 돌아가셨다. 나는 바로 지금 여러분이 예수님께 헌신하는 기도를 드리기 원한다. 여러분이 보고 있는 교재에 기도문이 나와 있다. 정확하게 읽는 것이 중요한 것이 아니다. 중요한 것은 예수님께 헌신하는 마음이다.

예수님, 저는 오늘 당신과의 관계를 시작하고 싶습니다. 그저 하나님에 대해 지식적으로 알기를 원하는 것이 아닙니다. 저는 주님을 개인적으로 알기 원합니다. 그리고 저의 죄를 용서해 주시기를 간구합니다. 제가 어떻게 살아야 할지 알려 주옵소서. 저는 오늘부터 하나님이 인도하시는 대로 살아가려고 합니다. 그것이 어떤 삶일지 아직 잘 알지는 못하지만, 주께서 제게 길을 보여 주실 것을 확신합니다. 예수님의 이름으로 기도합니다. 아멘.

이 기도를 처음 드려 보았다면, 여러분은 오늘부터 예수 그리스도라는 가장 좋은 새 친구를 얻게 된 것이다. 계속해서 그분에 대해 더 깊이 알아 가자.

기억합시다

성경은 예수님의 이름들을 열거하기만 하는 것이 아니다. 그 이름의 능력을 우리에게 말해 주고 있다.
주님의 이름에는 정말로 능력이 있다. 오늘날 이 세계에서 힘이나 권위, 정치적 권력을 가진 사람들의 이름을 아래에 적어 보자.

(당신이 적은 몇 가지를 소리 내어 읽어 주라.)

Teaching TIP

적은 내용을 발표하려는 사람이 한 명도 없더라도, 절대 그들 대신 대답해 주지 말라. 그렇게 하면 참가자들을 참여시킬 수 있는 기회를 버리는 셈이며, 다음번에는 대답을 듣기가 더 어려워진다. 따라서 몇 명을 찍어서 대답하도록 격려해 주라.

적은 이름들을 한번 보자. 이 세상에서 권력을 가진 모든 사람들의 이름을 다 더한다 해도 예수님의 이름 곁에도 쓸 수가 없다. TV 다큐멘터리 시리즈 <*Biography*>(전기)에서는 지난 세기의 위대한 인물 100명을 선정했었다. 구텐베르크가 1위를 차지했고, 이어서 아이작 뉴턴, 마르틴 루터, 찰스 다윈, 윌리엄 셰익스피어, 크리스토퍼 콜럼버스, 칼 마르크스, 앨버트 아인슈타인이 뒤를 이었다. 그 100인의 이름에 담긴 영향력을 다 합하여, 가장 중요한 모든 인물들로 곱한다 하더라도, 예수 그리스도의 이름에 담긴 목적과 약속과 능력에는 접근조차 하지 못할 것이다.

1. 예수님의 이름은 모든 이름 위에 뛰어나다(빌립보서 2:9~11).

예수님 이름의 위대하심을 말로 표현할 수 없을 때에는, 빌립보서 2장 9~11절의 하나님의 말씀을 기억하자.

> **"이러므로 하나님이 그를 지극히 높여 모든 이름 위에 뛰어난 이름을 주사 하늘에 있는 자들과 땅에 있는 자들과 땅 아래에 있는 자들로 모든 무릎을 예수의 이름에 꿇게 하시고 모든 입으로 예수 그리스도를 주라 시인하여 하나님 아버지께 영광을 돌리게 하셨느니라"(빌립보서 2:9~11).**

2. 성도들인 우리들은 그의 이름 안에서 산다.

우리는 그 이름으로 기름부음을 받는다(야고보서 5:4).
용서받는다(요한일서 2:12).
세례받는다(사도행전 10:48).
의롭다 하심을 얻는다(고린도전서 6:11).

우리는 그 이름으로 모인다(고린도전서 5:4).
우리는 그 이름을 지닌다(베드로전서 4:16).
믿는다(요한복음 1:12).
부른다(고린도전서 1:2).

우리는 그 이름으로 감사한다(에베소서 5:20).
생명을 얻는다(요한복음 20:31).
복음을 전한다(사도행전 8:12).
말한다(사도행전 9:28).
고난을 받는다(사도행전 21:13; 베드로전서 4:16).

우리는 모든 것을 그의 이름으로 행한다(골로새서 3:17).

예수님의 삶

여러분이 제일 좋아하는 식당에서 식사를 마친 후, 후식으로 커피를 한 잔 마시고 있다고 해 보자. 그리고 여러분 앞에는 예수 그리스도께서 앉아 계신다. 무엇에 대해 이야기하고 싶은가? 어떻게 그분을 알아 가겠는가? 여러분은 그분이 살아오신 인생 이야기를 듣고 싶을 것이다. 물론, 우리는 이미 그분의 고향이 어디인지도 알고 있다. 그러나 그분의 가족과 사역에 대해서는 정말 얼마나 알고 있을까? 그분의 탄생 전의 삶에 대해서는 얼마나 알고 있을까? 그분의 부활 후의 삶에 대해서는?

예수님의 삶은 그의 탄생으로 시작되지 않았고 죽음으로 끝나지도 않았다. 우리는 그분이 이 땅에서 사시기 전, 이 땅 위에서의 생활, 그리고 그 후를 살펴볼 것이다. 예수님의 삶을 시간별로 그려 본다면, 끝이 없는 선 중앙에 이 땅 위에서의 그분의 생활을 정점으로 찍을 수 있을 것이다. 우리에게는 그것이 가장 중요한 부분이기 때문이다. 그러나 실제 시간에 있어서는 가장 짧은 시간이었다.

예수님은 탄생 전에 무엇을 하셨는가?

9

성육신 전의 그리스도

'성육신 전' 이라 함은 그가 이 땅에 인간으로 오시기 전을 의미한다. 예수님께서 지상에 인간으로 태어나신 것을 가리키는 용어가 바로 '성육신'(incarnation)이다. '성육신' 이라는 말은 라틴어로 '육신을 입은' 이라는 뜻을 가진 단어에서 기원했다. 예수님은 육체를 입은 하나님이셨다. 하나님께서 인간이 되신 것이다. 예수님은 베들레헴에서 탄생하시기 전에는 무엇을 하셨을까?

- **그는 항상 존재하셨다. 그는 영원하시다(미가 5:2; 요한복음 8:57, 58).**

이 세상에 탄생하시기 전에 무엇을 하셨을까? 천국에서 그날을 기다리고만 계시지는 않았을 것이 분명하다.

- **우주를 창조하셨다(골로새서 1:16).**

예수님께서 이 땅에 오시기 전에 하셨던 '작은' 일 중의 하나는 그분이 태어나실 우주를 창조하신 것이었다(골 1:16).

- **그는 사람들에게 사역하셨다.**

지구를 창조하시고 난 후, 베들레헴에서 태어나실 날까지 기다리기만 하셨을까? 아니다. 성경을 자세히 보면 예수님께서 태어나시기 전에 사람들에게 직접 사역하셨던 것을 알 수 있다.

예수님 탄생 전에 사역한 사람들

1. 하갈(창세기 16:7~14)

"여호와의 사자가 광야의 샘물 곁 곧 술 길 샘 곁에서 그를 만나… 여호와의 사자가 그에게 이르되 네 여주인에게로 돌아가서 그 수하에 복종하라 여호와의 사자가 또 그에게 이르되 내가 네 씨를 크게 번성하여 그 수가 많아 셀 수 없게 하리라"(창세기 16:7, 9, 10).

2. 모세(출애굽기 3:2~14)

"여호와의 사자가 떨기나무 가운데로부터 나오는 불꽃 안에서 그에게 나타나시니라 …하나님이 떨기나무 가운데서 그를 불러 이르시되 모세야 모세야 하시매…"(출애굽기 3:2, 4).

3. 아브라함(창세기 18:1, 2; 22:11, 12)

"여호와께서 마므레 상수리 나무들이 있는 곳에서 아브라함에게 나타나시니라 …눈을 들어 본즉 사람 셋이 맞은편에 서 있는지라…"(창세기 18:1, 2).

이 구절들을 읽다 보면, "여호와의 사자"로 알려진 인물을 만나게 될 것이다. 이 사자가 정말 예수님이었을까?

짚고 넘어갑시다

여호와의 사자

구약에서 "여호와의 사자"로 불리는 인물이 여러 번 사람들에게 나타난다. 그는 분명히 단순한 천사는 아니었다. 그는 하나님과 같은 모양으로 나타난다. 여호와의 사자가 누군지 성경에서 말하고 있지는 않지만, 대다수의 성경 학자들은 그것을 그리스도께서 인간으로 탄생하시기 전에 지상에 나타나신 모습으로 본다. 물론, 그 모습은 나사렛 예수의 모습은 아니었을 것이다. 베들레헴에 태어나셨을 때처럼 인간이 되신 것이 아니었다. 인간의 모양을 하신 것이었다.

창세기 16장에서 하갈이 본 사자는 그녀의 자손을 크게 번성시키겠다고 말씀했다. 오직 하나님만이 그런 역사를 일으키실 수 있다. 그리고 하갈은 그 사자를 보고 "감찰하시는 하나님"이라고 고백했다. 성경 자체도 "자기에게 이르신 여호와"로 그를 가리킨다.

출애굽기에는 "여호와의 사자가 떨기나무 가운데로부터 나오는 불꽃 안에서 그에게 나타나시니라…하나님이 떨기나무 가운데서 그를 불러 이르시되 모세야 모세야 하시매"(출애굽기 3:2, 4)라는 내용이 나온다. 그리고 창세기 18장 1, 2절도 여호와께서 아브라함에게 사람의 형체로 나타나셨다고 말씀한다.

Teaching TIP

여호와의 사자에 관한 추가 자료가 이 장 뒷부분의 <부록 : 여호와의 사자>에 있다.

이 땅에서의 예수님의 삶 10

짧은 역사

예수님은 영원히 살아 계시지만, 우리는 그가 이 땅 위를 걸으셨던 짧은 33년에 대해 가장 많이 알고 있다. 친구를 사귀는 방법 중 하나는 그가 태어난 곳, 가족 관계, 중요했던 사건들 등 그에 관한 사실들을 알아 가는 것이다. 우리는 예수님이 이 땅에서 사셨던 시간 동안 일어났던 사건들을 보면서, 그분을 더 잘 알아 갈 수 있다.

조금 전에 이야기했던 그 식당으로 돌아가 보자. 여러분이 예수님께 "예수님이 어떤 분이셨는지 좀더 이야기해 주세요"라고 조르자 그분의 놀라운 이야기가 시작된다. 이 사실을 역사의 일부분으로서가 아니라, 여러분이 사랑하는 한 사람에 대한 개인적인 이야기로 들어 보라.

예수님 생애의 여섯 기간

1. 예수님의 소년기 11

시작 : 그의 탄생(마태복음 1, 2장; 누가복음 1:1~2:38)
끝 : 성전에 계신 예수님(누가복음 2:41~50)
중요한 사건들 : 성전에서의 할례(누가복음 2:22~39)
애굽으로의 도피(마태복음 2:13~23)
12세에 성전 방문(누가복음 2:41~50)

예수님은 먼저 그분의 소년기에 대해 이야기하시는데, 그것은 그의 탄생(마 1, 2장; 눅 1:1~2:38)에 관한 우리가 잘 알고 있는 그 이야기부터 시작하여 12세에 성전을 방문(눅 2:41~50)하셨던 사건으로 끝난다. 그분이 성전에서 할례 받으실 때 몇몇 사람들이 소망을 보았던 것(눅 2:22~39)과 헤롯 왕 때문에 온 가족이 애굽으로 피난했던 것(마 2:13~23)과 12세에 성전을 방문하셨던 의미 심장한 순간(눅 2:41~50)에 대해 말씀하시면서 예수님의 눈이 빛나는 것을 상상해 보라.
예수님께서 성전을 방문하신 매우 개인적인 이야기를 통해 우리는 그분이 진실로 하나님이자 사람이심을 알 수 있다. 예수님이 예루살렘에서 집으로 돌아가시던 중에 '길을 잃으셨던' 사건을 여러분은 기억하고 있을 것이다. 만일 여러분이 하나님의 아들을 잃어버린 부모였다면 기분이 어땠겠는가! 유대인 소년은 12살에 성인이 된다는 것을 알면 우리는 이 사건을 좀더 이해할 수 있다. 그 당시 여행단은 흔히 남녀가 따로 여행했고, 아이들은 여자들과 동행했기 때문에 요셉과 마리아가 며칠 동안 예수님을 찾지 않은 것은 그리 이상한 일이 아니다. 그들은 예수님이 어머니나 아버지와 함께 계실 것이라고 생각했던 것이다.

그들은 예수님을 잃어버린 것을 알고서 예루살렘으로 황급히 돌아갔다. 예수님은 성전에서 교사들을 가르치고 계셨다. 참고로, 유대인 소년은 12세가 되면 부친의 일에 참여하기 시작했다. 그런 이유로 부모가 성전에 계신 예수님을 발견했을 때, 그가 육신의 부모께 "내가 내 아버지 집에 있어야 될 줄을 알지 못하셨나이까"라는 놀라운 말씀을 하셨던 것이다.

예수님 생애의 침묵기

성경은 예수님의 생애에서 유아기와 12세 사이의 기간에 대해 아무것도 말하지 않는다. 그리고 우리는 성전에서의 사건 후, 30세가 되실 때까지 아무것도 듣지 못한다. 이것을 예수님의 인생의 침묵기라고 할 수 있다. 성경은 이 기간에 대해 직접적으로 우리에게 말하지 않지만, 성경을 자세히 관찰함으로써 얼마나 많은 것을 알 수 있는지 보면 놀라울 것이다.

- **예수님께서는 보통 아이들처럼 성장하셨다.**

  "예수는 그 지혜와 그 키가 자라가며 하나님과 사람에게 더욱 사랑스러워 가시더라"(누가복음 2:52).

- **주의 모친 마리아는 예수님의 탄생(누가복음 2:7), 죽음(요한복음 19:25), 부활, 오순절 날 교회의 시작(사도행전 1:14; 2:1)에 함께 있었다.**

마리아가 살았을 삶을 상상해 보라. 그녀는 세상의 구주인 메시아를 낳았다. 예수께서 집에서 자라시는 것, 공생애를 시작하시는 것, 무리가 그분께로 몰려드는 것을 그녀는 보았다. 그분이 돌아가시는 것을 보았고, 부활 후 나타나신 주님을 목격했고, 오순절 날 교회가 시작되는 것을 보았다. 얼마나 놀라운 삶인가!

- **주의 부친 요셉은 예수님께서 예루살렘에서 성전을 방문하신 이후, 30세에 공생애를 시작하시기 전에 죽은 것 같다. 성전 사건 이후로 요셉은 성경에 전혀 등장하지 않지만, 마리아는 예수님과 여러 차례 함께 있었다. 만일 요셉이 살아 있었다면 마리아가 혼자 먼 길을 여행했을 것이라고 예상하기는 어렵다.**

요셉이 일찍 죽었다는 사실은 예수님께서 인생의 어느 정도의 기간을 편모 가정에서 성장하며 보내셨다는 것을 의미한다.

12세부터 30세 사이에 예수님은 무엇을 하셨을까? 장남으로서, 가족들을 돌보느라 시간을 보내셨을 것이다. 예수님께서 보이신 본은 가정에 대한 사역이 다른 사역들만큼 중요하다는 사실을 보여 준다. 인간의 육체를 입은 하나님이신 예수님께서는 공생애(3년)보다 사역 준비와 가족에 대한 봉사(30년)에 더 많은 시간을 보내셨다.

- **예수님의 가정에는 최소한 일곱 명의 자녀들이 있었다. 예수님, 아버지가 다른 네 명의 형제들과 최소한 두 명의 자매들(예수님의 아버지는 하나님이셨고, 다른 형제들의 아버지는 요셉이었으므로). 우리는 마태복음 13장 55, 56절에서 이 사실을 알 수 있다. "이는 그 목수의 아들이 아니냐 그 어머니는 마리아, 그 형제들은 야고보, 요셉, 시몬, 유다라 하지 않느냐 그 누이들은 다 우리와 함께 있지 아니하냐."**

많은 사람들이 이 구절을 읽고 "전혀 몰랐어. 나는 예수님이 외아들이실 거라고 생각했거든"이라고 말하며 놀랐을 것이다. 성경은 예수님께서 대가족 출신이셨다는 것을 분명히 밝힌다. 예수님의 형제들은 예수님에 대해 어떤 감정을 가지고 있었을까? 아무것도 잘못하지 않고, 나쁜 짓도 전혀 하지 않을 것이라고 어머니가 철석같이 믿는 형을 둔 동생들의 기분은 어땠을까?

사실 예수님의 가족조차도 예수님을 믿지 못했다. 신약 성경에서 가족들이 예수님에게 가족을 소홀히 한다고 비난하는 것을 종종 볼 수 있으며, 거기에는 강한 질투심이 깔려 있었다. 그러나 계속 그랬던 것은 아니다.

- **그의 형제 유다는 신약의 유다서를 썼다.**

- **그의 형제 야고보도 신약 중에 한 권을 썼다. 그 책 이름이 무엇일까? 그렇다! 바로 야고보서이다. 유다와 야고보는 부활하신 예수님을 만나기 전까지는 주님이 메시아라는 사실에 회의적이었다(요한복음 7:5; 사도행전 1:14; 고린도전서 15:7). 그러나 후에 야고보는 예루살렘교회의 영적 지도자가 되었다(사도행전 12:17; 15:13~21).**

2. 예수님의 사역 시작 12

예수님께서 30세에 공생애를 시작하실 때, 네 가지 중요한 사건들이 있었다. 13

- **세례 요한의 사역(마가복음 1:1~8; 누가복음 3:1~18)**
- **예수님의 세례(마태복음 3:13~17; 마가복음 1:9~11)**

- **광야의 시험(누가복음 4:1~13; 마태복음 4:1~11)**
- **물을 포도주로 바꾸심(요한복음 2:1~11)**

예수님은 사역을 시작하시면서, 세례 요한에게 세례를 받으셨고, 세례 시에 아버지의 확인을 받으셨으며, 광야에서 사탄에게 세 가지 큰 시험을 당하셨고, 가나의 혼인잔치에서 물을 포도주로 바꾸어 자신의 신성을 선언하셨다.

3. 예수님의 유대 사역 14

시작 : 성전 청소(요한복음 2:13 이하)
끝 : 우물가의 여인과의 대화(요한복음 4:1~42)
중요한 사건 : 니고데모와의 대화(요한복음 3장)

유대는 이스라엘 남부의 절반에 해당하는 지역이었다. 유대 지역에 있었던 예루살렘 성은 예수님의 활동의 중심지였다. 권력의 핵심에 있는 자들(니고데모는 당시 최고 종교 지도자 중 한 명이었다)은 예수님께서 세상에 가져오신 빛에 어떻게든 대응해야겠다고 생각하기 시작했다.

4. 예수님의 갈릴리 사역 15

시작 : 가버나움에서 왕의 신하의 아들을 고치심(요한복음 4:46~53)
끝 : 베드로의 신앙고백(마태복음 16:13 이하)
예수님의 변모(마태복음 17:1 이하; 누가복음 9:28 이하)
중요한 사건들 : 산상수훈을 가르치심(마태복음 5~7장)
제자들을 부르심(누가복음 5:1~11; 마가복음 2:13, 14; 누가복음 6:12~16)
5,000명을 먹이심(마태복음 14:13~21; 마가복음 6:30~44)

예수님께서 이스라엘 북쪽 지역으로 이동하시면서, 사역은 많은 열매를 맺었다. 이 시기는 가버나움에서 왕의 신하의 아들을 고쳐 주신 것(요 4:46~53)으로 시작되어, 베드로의 고백(마 16:13 이하), 예수님의 변모(마 17:1 이하; 눅 9:28 이하)로 이어진다. 이 사역 기간 동안 일어났던, 우리에게 익숙하고도 의미 있는 사건들로는 산상수훈(마 5~7장), 제자들을 부르심(눅 5:1~11; 막 2:13, 14; 눅 6:12~16), 빈들에서 5,000명을 먹이신 사건(마 14:13~21; 막 6:30~44) 등이 있다.

성경의 페이지에서 묻어나는 예수님의 삶의 특징은 사람들에 대한 사랑이다. 다른 사람들을 위해 십자가에서 자신의 생명을 주시기 전에도, 우리 주님은 매일의 활동들 속에서 자신의 생명을 다른 사람들에게 주셨다. 필립 얀시는 『내가 알지 못했던 예수』에서 예수님의 사랑에 대해 이렇게 썼다.

> 본회퍼의 명언에 따르면, 예수는 "다른 사람들을 위한 사람"이었다. 그는 어떤 이의 저녁식사 초대라도 응하셨고, 그 결과 부자, 로마 백부장, 바리새인으로부터 세리, 기생, 문둥병 환자에 이르기까지 다양한 친구들을 가진 전례 없는 '공인'이 되셨다. 사람들은 예수님과 함께 있기를 좋아했고, 그가 계신 곳에는 기쁨이 있었다.[5]

5. 예수님의 예루살렘 여행 16

시작 : "…예루살렘을 향하여 올라가기로 굳게 결심하시고"(누가복음 9:51)
끝 : 마리아가 예수님의 장사할 날을 위하여 몸에 기름을 부음(요한복음 12:1 이하; 마태복음 26 : 6, 13)
중요한 사건들 : 바리새인들과 충돌(누가복음 14장, 16:14 이하)
나사로의 부활(요한복음 11:1 이하)
여리고에서 삭개오를 만나심(누가복음 19:1 이하)

누가복음 9장 51절에서는 예수님께서 "예루살렘을 향하여 올라가기로 굳게 결심"하셨다고 말씀한다. 그리고 그의 인생의 새 장이 시작되었다. 이 시기는 갈등과 긴장이 고조되는 기간으로, 나사로의 누이 마리아가 장사할 날을 위하여 예수님의 발에 향유를 붓는 사건으로 끝난다(요 12:1 이하). 이 시기에서 의미 있는 사건들은 바리새인들과의 충돌(눅 14장; 16:14 이하), 나사로를 죽은 자 가운데서 살리심(요 11:1 이하), 여리고에서 삭개오라는 이름의 키 작은 세리를 만나심(눅 19:1 이하) 등이다.

6. 예수님의 죽음, 장사, 부활 17

시작 : 예루살렘 입성(마태복음 21:1~11)
끝 : 승천(누가복음 24:50~51)
중요한 사건들 : 성전 정화, 겟세마네 동산에서 기도하심, 재판받으심(누가복음 19:45, 46; 요한복음 17, 18장)
십자가에서 돌아가심(마태복음 27:31~50; 누가복음 23:26~46)
무덤에 장사되심(마가복음 15:42~47; 요한복음 19:38~42)

5) 필립 얀시, 『내가 알지 못했던 예수』(요단 역간)

부활하신 예수님(마태복음 28:2~15; 마가복음 16:1~17; 누가복음 24:1~7; 요한복음 20:1~18)

예수님의 생애의 마지막 주에 대한 이야기는 우리가 익히 들어 잘 알고 있는 부분이다. 이 기간은 예루살렘 입성으로 시작되고(마 21:1~11) 죽은 자 가운데서 부활하심으로 끝난다. 그 주간에는 잊지 못할 사건들이 많이 있었는데, 그것은 예수님께서 성전에서 종교 지도자들과 말씀하신 것, 다락방에서 제자들의 발을 씻기시고 그의 살과 피의 상징으로 떡과 잔을 주신 것, 겟세마네 동산에서 마음을 쏟아 기도하신 것 등이다. 그가 십자가에서 우리를 위해 생명을 주시며 보내신 몇 시간에 대해서만도 평생을 연구해도 모자랄 것이다. 그리고 그가 3일 만에 부활하신 이야기는 수천 번을 들어도 여전히 신선한 감동으로 다가온다. 주님이 부활하신 그 순간 세상의 모든 것이 변화되었다. 사망이 패했고, 예수님을 믿는 모든 자들에게 생명이 보장되었다.

기억합시다

예수님은 역사 속의 실존 인물이다. <브리태니커 백과사전>은 신약 성경 외에 예수님에 대해 기록한 저서들에 관해 설명한 후에, 다음과 같이 기술했다. "이런 자료들은 고대에는 심지어 기독교를 적대하던 자들일지라도 예수가 실존 인물이었다는 사실을 전혀 의심하지 않았다는 것을 입증한다. 예수의 역사성에 대해 처음 논란이 일어난 것은 18세기 말과 19세기, 20세기 초 몇몇 책에서였고, 그나마도 근거가 빈약했다."[6)]

H. G. 웰즈는 예수님의 생애에 대한 역사적 근거를 개인적인 관점에서 이야기했다.

> 무려 1,900년 이상의 시간이 지난 지금, 그리스도인이 아니라고 자칭하는 나 같은 역사학자도 발견하게 되는 사실이 있다. 그것은 가장 큰 영향력을 끼쳤던 이 사람에게 어쩔 수 없이 역사의 중심이 귀결된다는 것이다. …역사학자가 한 인물의 영향력을 평가할 때 던지는 질문은, "그가 후세에 남겨 발전해 온 것은 무엇인가?"이다. 사람들에게 새로운 사고방식을 제시하여, 그것이 그의 사후에도 일관되고 활발하게 남아 있는가? 이런 기준으로 볼 때, 예수야말로 역사상 가장 큰 영향력을 끼친 인물이라고 할 수 있다.[7)]

예수님은 정말로 이 땅에서 사셨다. 예수님은 정말로 돌아가셨다. 그리고 제삼일에 정말로 죽은 자 가운데서 살아나셨다. 예수님의 삶이 개인적으로 우리 삶에 끼친 의미를 가장 잘 표현한 것으로는 단연 요한복음 3장 16절을 꼽을 수밖에 없을 것이다.

---

6) Encyclopaedia Britannica, 15th ed., s.v. "Jesus Christ."

7) 필립 얀시, 『내가 알지 못했던 예수』(요단 역간)

"하나님이 세상을 이처럼 사랑하사 독생자를 주셨으니 이는 저를 믿는 자마다 멸망치 않고 영생을 얻게 하려 하심이라"(요한복음 3:16). 18

예수님께서 사셨기 때문에 그분을 믿는 우리가 생명, 곧 풍성한 삶과 영생을 얻게 되었다. 이 얼마나 좋은 선물인가!

Teaching TIP

요한복음 3장 16절을 읽어 줄 때에는, 이것이 매우 익숙한 구절이겠지만 처음 듣는 것처럼 들어 주기를 바란다고 미리 말하라. 그리고 천천히, 기쁨을 담아 그 구절을 읽으라.

영존하시는 그리스도 19

지금 예수님께서 무엇을 하고 계실지 궁금하지 않은가? 우리는 사도행전 1장을 통해, 그분이 승천하신 것을 알지만, 거기서 무엇을 하고 계실지는 잘 알지 못한다. 예수님이 천국에서 무엇을 하고 계신지 생각해 보기 위해 다음 두 가지 질문에 대답해 보자.

그분은 어떤 모습이실까?

모든 증거들은 예수님께서 여전히 부활하신 몸으로 천국에 존재하신다고 가르친다. 20

- **육체를 입은 채로 승천하셨다(사도행전 1:9).**
- **육체를 입은 채로 돌아오실 것이다(사도행전 1:11).**
- **스데반은 주님이 천국에서 육체를 입고 계신 것을 보았다(사도행전 7:55, 56).**
- **바울은 이제 예수님께서 영광스러운 몸을 가지셨다고 말했다(빌립보서 3:21).**

예수님께서 부활하신 육신을 입고 천국에서 사신다는 것은 위대한 하나님의 큰 신비이다. 그러나 신비라는 차원을 넘어서서, 현실적으로 잠시 생각해 보자. 우리는 언젠가 못 자국 난 그의 손을 정말 볼 수 있을 것이다. 우리는 기쁨에 가득 찬 그의 눈동자를 보게 될 것이다. 그의 곁에서 걸으며 영원에 대해 대화할 수 있을 것이다. 우리는 언젠가 경외하는 마음으로 그분을 끌어안고, 그분이 나를 위해 하신 모든 일에 대해 감사의 마음을 전할 수 있을 것이다.

토의 2번과 3번의 내용을 여기서 나눌 수 있다.

21

그분은 지금 무엇을 하고 계실까?

이 세상은 매우 불안정한 곳이다. 그러므로 예수님께서 지금 천국에서 무엇을 하고 계신지 안다면, 우리는 딛고 설 수 있는 반석 같은 진리를 삶의 기초로 세울 수 있을 것이다.

- **하나님의 우편에서 다스리신다(에베소서 1:20~22; 베드로전서 3:22).**
- **우리를 위해 기도하신다(로마서 8:34).**
- **우주를 붙드신다(골로새서 1:16, 17).**
- **우리가 함께 있을 날을 간절히 기다리신다(요한복음 14:1~3; 17:24).**

숨을 깊이 들이마시고 또 천천히 내쉬면서, 여러분에 대한 예수님의 사랑이 얼마나 큰지 생각해 보라. 다시 한 번 해 보라. 여러분이 상상할 수 있는 것 이상으로 그분이 여러분을 사랑하신다는 사실을 깊이 생각해 보라. 우리에 대한 그분의 위대한 사랑을 우리 머리로는 다 알 수 없다는 진리를 다시 한 번 되새겨 보자. 이번 한 주 동안, 그 사랑이 여러분의 위로와 힘이 되길 간절히 축원한다.

말씀을 삶 속으로

예수 그리스도는 당신의 가장 좋은 친구 되길 원하신다. 생각해 보라. 당신의 가장 좋은 친구가 하나님 우편에 앉아 온 우주를 다스리시는 것이다. 이번 한 주 동안 그를 당신의 가장 좋은 친구라고 생각하고 살기로 결심하여, 이 사실을 삶 속에서 실제로 누려 보자. 이를 위한 세 가지 방법이 있다.

1. 스스로에게 말해 보라. "내가 자격이 없을 때라도 그는 나를 받아 주신다." 당신이 예수님의 친구가 될 자격이 있기 때문에 친구가 된 것이 아니라, 오직 은혜로 되었음을 이번 한 주 동안 기억하라.

2. 주님과 친구처럼 이야기해 보라. 그것이 기도다. 이번 주에 최소한 한 번, 가장 좋은 친구에게 말하듯이 당신의 삶에 일어나고 있는 일들을 예수님께 몇 분 동안 말씀 드리는 시간을 가지라. 물론 그분은 당신에게 일어나고 있는 일들을 이미 알고 계신다. 그러나 당신이 매일 맞닥뜨리게 되는 일들을 친구처럼 그분께 이야기하는 것은 당신의 삶을 변화시킬 것이다.

3. 친구처럼 그분의 말씀에 귀 기울이라. 말씀을 읽는 것은 그가 내게 주신 책을 읽는 것이다. 이번 한 주 동안 성경을 읽으면서 귀를 기울여 보라. 당신에 대한 그분의 사랑에 대해 하나님께서 무엇이라고 말씀하시는가?

토의 4번과 5번의 내용을 여기서 나눌 수 있다.

암송 카드 3번, '예수님'을 암송하라.

부록 | 여호와의 사자

이 부록의 목표는 '여호와의 사자'의 개념을 간단하게 소개하는 것임을 기억해야 한다. 참가자들의 입맛을 돋우는 역할을 하는 것이다. 이 부록은 인도자 개인이 배경 연구를 할 수 있도록 마련했다.

여호와의 사자에 대해 가르칠 때, 두 가지 질문이 먼저 나올 것이다.

첫째로, '여호와의 사자'가 권위 있는 천사가 아니라 하나님이라는 것을 어떻게 알 수 있는가? 가장 신빙성 있는 두 가지 근거는 다음과 같다.

1. 하나님이라고 불렸고, 스스로 그렇게 주장하셨다(창 16:13; 18:1, 17, 20, 26, 33; 출 13:21과 14:19 비교, 수 5:13과 6:2 비교).
   그는 하갈(창 16:13), 야곱(창 32:30)에게 하나님으로 불리셨고, 모세도 그를 하나님이라 불렀으며(출 3:4, 6), 스스로 하나님이라 말씀하셨다(창 31:13과 31:11 비교, 출 3:6과 3:2 비교).

2. 하나님의 속성과 권위를 사자에게 돌렸다.
   창조의 능력 : 그는 하갈에게 "내가 네 씨를 크게 번성하여 그 수가 많아 셀 수 없게 하리라"라고 약속하셨다(창 16:10).
   그는 아브라함에게 "내년 이맘때 내가 반드시 네게로 돌아오리니 네 아내 사라에게 아들이 있으리라 하시니 사라가 그 뒤 장막 문에서 들었더라"라고 말씀하셨다(창 18:10).
   주권 : 그는 소돔과 고모라에 관해 아브라함과 대화하면서, 자기가 기도에 응답하고 자신의 뜻을 실행할 권한을 가지셨음을 말씀하셨다(창 18:17~33).
   심판 : 아브라함은 창세기 18장 25절에서 여호와의 사자의 능력에 대해 이렇게 이야기했다. "주께서 이같이 하사 의인을 악인과 함께 죽이심은 부당하오며 의인과 악인을 같이 하심도 부당하니이다 세상을 심판하시는 이가 정의를 행하실 것이 아니니이까"(창 18:25).

두 번째, '여호와의 사자'가 아버지가 아닌 예수님이라는 것을 어떻게 알 수 있는가? 이것은 첫 번째 질문만큼 성경적으로 분명하게 증거되어 있지는 않다. 삼위 중에 지상에 모습을 드러내실 분은 예수님이실 것이라고 추측할 뿐이다. 그분의 우선적 목적 중 한 가지는 하나님과 사람 사이의 중재가 되시는 것이기 때문이다. 여호와의 사자와 예수님의 사역은 그래서 매우 유사하다.

- 여호와의 사자는 기적을 베풀었고, 예수님도 그러셨다(요 2:9; 마 8:3; 눅 7:14; 마 15:32~38)
- 여호와의 사자는 사람들을 가르치고 훈계했다. 예수님은 "선생님" 혹은 "랍오니"라 불렸다(요 20:16).
- 여호와의 사자는 사람들의 심판자이다. 요한복음 5장 22절에서 "아버지께서 아무도 심판하지 아니하시고 심판을 다 아들에게 맡기셨으니"라고 말씀한다.
- 누구도 아버지를 본 자가 없으며(요 1:18; 5:37)성령은 눈에 보이지 않는다. 그러므로 여호와의 사자는 그들 중 어느 쪽도 아니었다.

예수님께서 베들레헴에서 탄생하시기 전에 지상에 나타나신 것을 가리키는 신학 용어는 그리스도의 '현현' (Christophany)이다. '신현' (theophany)은 하나님께서 인간의 눈에 보이거나, 귀에 들리도록 나타나시는 것이며, 그리스도의 현현은 그리스도께서 인간에게 나타나시는 것이다.

Q 토의

1. "예수님과 관계를 맺는다"는 것은 어떤 뜻인가? 22

2. 당신이 천국에 가서 예수님과 얼굴을 마주하게 된다면, 23

- **그분께 무슨 말을 하고 싶은가?**
- **어떤 질문을 하고 싶은가?**
- **어떤 감정을 느낄 것 같은가?**

소그룹 리더들에게 : 그룹원들이 몇 분 동안 이 질문에 답하게 한 후 아래의 후속 질문 3번을 주라. 3번 질문은 간단하지 않아서, 그룹이 한참 동안 붙잡고 씨름해야 할 것이다. 소그룹 리더의 가장 좋은 친구는 침묵이라는 것을 기억하라. 침묵은 사람들이 진리를 자신들의 삶에 어떻게 적용해야

할지 생각하고 있다는 증거다. 이런 어려운 질문을 했을 경우에는 대답하게 하기 전에 시간을 좀 주는 것이 좋다. 어떤 리더들은 머릿속으로 30을 세기도 한다. 몇 분의 침묵은 긴장을 형성하고, 결국 누군가가 말할 것이다. 그렇게 될 때, 놀라울 정도로 깊고 열매가 있는 토론으로 이어지기 쉽다.

3. 그런데 천국에 가지 않은 상황에서 지금 당장 예수님께 말씀 드리거나, 질문하거나, 같은 감정들을 느끼기 힘든 이유는 무엇일까? 예수님이 우리의 가장 좋은 친구라는 것을 느끼지 못하게 방해하는 것은 무엇인가? (당신이 그런 장벽들을 깨뜨린 경험이 있다면 몇 가지 방법을 나누어 보자.) 24

4. 이 장에서 예수님에 대해 어떤 새로운 것을 배웠는가? 25

5. 앞에서 예수님을 당신의 가장 좋은 친구로 모시고 살기 위한 세 가지 방법들을 살펴보았다. 그것은 그분이 당신을 친구로 받아 주셨다는 것을 기억하는 것, 그분과 친구로서 대화하는 것, 친구로서 그분에게 귀 기울이는 것이다. 예수님과 우정을 나누는 데 어느 방법이 가장 도움이 된다고 생각하는가? 그 이유는? 26

6장 예수님 II

밭 갈기 하나님이자 사람이신 예수님의 본질을 이해함으로써 거짓 가르침에 빠지지 않고, 구체적인 필요들을 예수님께 내놓는 믿음을 갖는다.

강의 개요

예수님은 하나님이시다.

예수님이 하나님이신 것을 어떻게 알 수 있는가?

1. 예수님께서 자신이 하나님이라고 하셨다.
2. 제삼자들이 그가 하나님이시라고 했다.
3. 그는 하나님으로 경배받았다.
4. 그는 오직 하나님만이 하실 수 있는 일을 하신다.

예수님이 하나님이시라는 주장을 뒷받침하는 증거는?

증거 1 : 예언의 성취

증거 2 : 그분의 기적들

증거 3 : 그분의 부활

예수님은 사람이시다.

예수님은 온전히 하나님이시고 온전히 사람이시다.

예수님은 자신을 제한하셨다.

인간이신 예수님의 능력은 줄어들지 않았다.

Teaching TIP

당신을 통해 하나님이 사람들의 삶을 변화시키실 것이라는 확신을 가지고 있는가? 이것은 모든 교사에게 가장 중요한 문제일 것이다. 성경을 가르쳐 본 사람이라면 이러한 확신이 '긍정적으로 생각하는 것' 이나 '자신감을 갖는 것' 이상의 문제라는 것을 알 것이다. 이런 기술은 제품 설명회에서는 먹힐지 몰라도, 사람인 우리가 하나님의 진리를 전달하려고 할 때 불가피하게 느끼게 되는 부족함을 해결하는 데는 충분하지 않다. 그것은 "우리가 무슨 일이든지 우리에게서 난 것같이 스스로 만족할 것이 아니니"(고후 3:5)라고 고백했던 사도 바울의 말과 같다. 그는 "우리의 만족은 오직 하나님으로부터 나느니라"는 말로 그 구절을 마쳤다.

어떻게 하면 좌절하지 않고 하나님의 능력에만 집중할 수 있을까? 매주 가르치기에 앞서, 다음 두 가지를 기억하라.

첫째, 믿음으로 나아가기 위해 해야 할 것은 기도다. 하나님의 능력으로 인해 당신의 말이 사람들의 삶을 바꾸어 놓을 것을 믿는다고 고백하라. 예수님께서는 구체적으로 간구하라고 말씀하셨다. 그러므로 당신이 가르칠 때 사람들의 삶 속에 구체적으로 이러이러하게 역사해 달라고 간구하라.

둘째, 좌절감을 버리고 자신의 약함을 인정하라. 바울은 고린도후서 4장 7절에서 "우리가 이 보배를 질그릇에 가졌으니 이는 심히 큰 능력은 하나님께 있고 우리에게 있지 아니함을 알게 하려 함이라"고 말했다. 무기력해질 때면, 당신은 하나님이 놀랍게 사용하시는 약

토의 1번과 2번의 내용을 여기서 나눌 수 있다.

예수님께서 사람이자 하나님이시라는 말은 무엇을 의미하는가?

하나님께서 그 아들에 대해 무엇이라고 말씀하시는지 성경에서 보기 전에, 아래의 질문에 잠시 대답해 보자. 틀린 답일까 봐 겁내지 말라. 여기 모인 우리 대부분이 예수님이 누구신지, 그 본질에 대해 전혀 생각해 본 적이 없을 것이다.

예수님은

- **사람이 하나님이 되신 것인가?**
- **사람 안에 내주하는 하나님이신가?**
- **하나님께서 사람의 모습으로 나타나신 것인가?**
- **사람이 되라고 하나님께 명령받은 영적 존재인가?**
- **완전한 하나님이시고 완전한 사람이신가?**

영화 <인디아나존스3>에는 이런 장면이 나온다. 주인공인 존스 박사는 각기 다르게 생긴 수십 개의 잔 중에서 성배(최후의 만찬에서 그리스도께서 사용하셨던 신비의 잔)를 선택해야 했다. 바른 잔을 골라 물을 담아 마시면 영생을 얻는다. 그러나 틀린 잔을 고르면 죽는다. 존스의 적들 중 한 명이 가장 화려한 잔을 골랐는데, 그것은 금으로 만들어졌고 보석들로 아름답게 장식된 잔이었다. 그는 탐욕스럽게 그 잔의 물을 마셨고, 즉시 죽어 넘어졌다. 그 영화의 가장 인상적인 장면에서, 잔을 지키던 고대의 십자군은 인디아나 존스에게 한 마디를 했다. "그는 잘못 선택했어."

나와 함께 영화 속으로 들어가 보자. 여러분 앞에 다섯 개의 잔이 있고, 각 잔은 예수님을 믿는 다섯 가지 각기 다른 방법들을 담고 있다. 네 개의 잔은 영적 죽음으로 이어지는 파괴적인 믿음이다. 그리고 나머지 하나의 잔은 영생을 주는 생수이신 예수님에 대한 진리를 담고 있다. 어떻게 해야 올바른 잔을 선택할 수 있을까? 우리의 능력으로는 식별이 불가능하다. 헷갈릴 수밖에 없다. 다른 사람들의 의견 역시, 그들이 아무리 자신 있게 말하더라도 틀린 것일 수 있다. 이 문제에 대한 우리의 생각은 다 쓸데없다. 예수 그리스도의 참된 본질에 대해 말해 줄 수 있는 유일한 분은 하나님 자신이시다.

하나님께서 예수님에 대해 말씀하시는 것의 핵심은 이렇다. 예수님은 하나님이시고 예수님은 사람이시다. 그는 온전히 하나님이시고 온전히 사람이시다. 요한복음과 요한일서의 말씀을 보자.

> **"태초에 말씀이 계시니라 이 말씀이 하나님과 함께 계셨으니 이 말씀은 곧 하나님이시니라"(요한복음 1:1).** 3

> **"…예수 그리스도께서 육체로 오신 것을 시인하는 영마다 하나님께 속한 것이요"(요한일서 4:2).**

오늘 우리는 예수님께서 하나님이시고 또 사람이시라는 진리를 배워 볼 것이다. 이것을 바로 알아야 예수님에 대한 거짓 가르침에 넘어가지 않을 수 있다. 이것을 바로 알아야, 우리의 필요를 아실뿐 아니라 채워 주시는 분께 자유롭게 의지할 수 있다.

예수님은 하나님이시다 4

예수님이 하나님이신 것을 어떻게 아는가?

1. 예수님 자신이 하나님이라고 말씀하셨다. 5

다음 구절들을 보자.

"…하나님을 자기의 친아버지라 하여 자기를 하나님과 동등으로 삼으심이러라"(요한복음 5:18).

"나와 아버지는 하나이니라…"(요한복음 10:30).

"…나를 본 자는 아버지를 보았거늘…"(요한복음 14:9).

"…아브라함이 나기 전부터 내가 있느니라 하시니…"(요한복음 8:58).

"내가 있느니라"라는 말에 밑줄을 그어 보자. "내가 있느니라"는 지극히 거룩하신 하나님의 이름으로서, 하나님이 모세에게 출애굽기 3장 13, 14절에서 이스라엘 백성이 누가 그를 보냈냐고 물으면 말하라고 하신 이름이다. 그것은 요한복음 8장 58절에서 예수님께서 자신을 가리키며 사용하신 것과 똑같은 이름이다. 어떤 사람들은 예수님께서 하신 말이 그런 뜻이 아니라고 주장한다. 그러나 요한복음 8장 59절에서, 바리새인들은 예수님의 말을 분명히 이해했다. 그들은 예수님께서 자신을 하나님의 이름 "내가 있느니라"로 지칭하셨다는 사실 때문에 돌로 치려 했다. 예수님은 자신이 하나님이라고 주장하셨고, 그의 대적들도 그분이 그렇게 주장하셨다는 사실을 알고 있었다.
C. S. 루이스는 예수님께서 자신이 누구라고 주장하셨는지에 대해 정평 있는 글을 썼다.

예수님에 대해 사람들이 흔히 하는 정말 어리석은 말은 "나는 예수님이 위대한 성인이라고는 생각하지만, 자신이 하나님이라고 주장한 것은 받아들이기 어렵다"는 것이다. 그러나 이러한 논리에는 문제가 있다. 인간에 불과한 한 사람이 자신이 하나님이라고 주장했다면, 그는 위대한 성인으로서의 인격을 갖춘 자가 아니다. 그는 자신이 삶은 달걀이라고 말하는 사람과 같은 수준의 미치광이거나 혹은 마귀일 것이다. 당신은 선택해야 한다. 이 사람은 하나님의 아들이거나, 미치광이, 혹은 더 나쁜 사람일 수 있다. 당신은 그를 미친 사람 정도로 치부하거나, 마귀라 부르며 침을 뱉거나, 그 발 앞에 엎드려 주 하나님으로 부를 수 있다. 그러나 그가 위대한 성인이라고 선심 쓰는 듯한 어리석은 생각은 접어 두자. 그는 자신에 대해 그렇게 말한 적이 없다.[1)]

–C.S. 루이스

조시 맥도웰은 예수님이 "사기꾼, 미치광이, 혹은 주님" 중 한 분이라고 말했다.[2)]

---

1) C.S. 루이스, 『순전한 기독교』(홍성사 역간)

2) Josh McDowell, *Evidence That Demands a Verdict* (San Bernardino, Calif. : Here's Life Publishers, 1972), 103–7.

2. 제삼자들이 그가 하나님이라고 말했다. 6

이것은 예수님 탄생 전의 예언에서부터 시작된다.

"…그의 이름은… 전능하신 하나님이라…"(이사야 9:6).

그리고 이 증언은 그분과 가까웠던 사람들, 그분의 제자들에게로 이어진다.

"…모든 무릎을 예수의 이름에 꿇게 하시고 모든 입으로 예수 그리스도를 주라 시인하여…"(빌립보서 2:10, 11).

빌립보서 2장 10, 11절과 이사야서에서 하나님에 대해 말씀한 내용을 비교해 보라.

"…나는 하나님이라 다른 이가 없느니라 …내게 모든 무릎이 꿇겠고 모든 혀가 맹세하리라 하였노라…"(이사야 45:22, 23).

사도 바울이 예수님을 만나기 전에, 구약 성경을 꿰뚫고 있는 바리새인이었다는 사실을 기억하라. 그는 빌립보교회의 성도들에게 예수님의 주 되심을 설명하면서, 일부러 이사야서에서 하나님의 위대하심을 찬양한 구절을 인용했다. 바울이 예수님을 하나님으로 생각하지 않았다면, 이 구절을 인용하는 것은 신성모독이었다. 모든 무릎이 예수님 앞에서 꿇을 것이다. 왜냐하면 예수님께서 하나님이시기 때문이다.

"그 안에는 신성의 모든 충만이 육체로 거하시고"(골로새서 2:9). 7

"태초에 말씀이 계시니라 이 말씀이 하나님과 함께 계셨으니 이 말씀은 곧 하나님이시니라 그가 태초에 하나님과 함께 계셨고"(요한복음 1:1, 2).

3. 그는 하나님으로 경배받았다(마태복음 14:33; 빌립보서 2:10; 히브리서 1:6). 8

- **많은 이들이 그에게 경배했다 : 치료받은 나병환자(마태복음 8:2), 여자들(마태복음 15:25), 야고보와 요한의 어머니(마태복음 20:20), 거라사의 귀신 들린 사람(마가복음 5:6), 소경 되었던 사람(요한복음 9:38).**
- **그는 그런 경배를 받아들이셨다(요한복음 20:28, 29; 마태복음 14:33, 28:9, 10).**
- **그의 제자들이 그에게 기도했다(사도행전 7:59).**

예수님은 한 번도 "아니다. 너희가 틀렸다. 나를 경배하지 말아라"라고 말씀하지 않으셨다. 요한복음 20장 28절에서 도마가 "나의 주님이시요 나의 하나님이시니이다"라며 예수님을 경배했을 때, 예수님은 도마의 믿음을 인정하셨다. 하지만 바울과 바나바는 루스드라에서 자신들을 신으로 경배하려는 사람들에게 "여러분이여 어찌하여 이러한 일을 하느냐 우리도 여러분과 같은 성정을 가진 사람이라"(행 14:15)라고 말했다. 만일 예수님이 하나님이 아니었다면, 이들과 마찬가지로 인간들의 경배를 거절하셨을 것이다. 그러나 그분은 사람들이 경배할 때 그것을 받으셨고 그들을 축복하셨다.

4. 그는 오직 하나님께서만 하실 수 있는 일들을 하신다. 9

이 사실은 예수님을 대적하던 종교 지도자들을 광분시켰다. 그들은 예수님을 하나님으로 받아들일 수 없었다. 왜냐하면 자신들이 지배해 오던 세상이 뒤집어지길 원하지 않았기 때문이다. 그러나 예수님께서는 종교 지도자들이 보기에 오직 하나님께서만 하실 수 있는 일들을 계속해서 행하셨다.

- **그는 죄를 용서하는 능력을 가지신다(마가복음 2:1~12).** 10
- **모든 심판이 그의 손에 있다(요한복음 5:27; 사도행전 17:31).**
- **그는 성령을 보내신다(요한복음 15:26).**
- **그는 죽은 자들을 일으키신다(요한복음 5:25).**
- **그는 창조자이시다(요한복음 1:3; 골로새서 1:16; 히브리서 1:10).**
- **그는 만물을 붙드신다(골로새서 1:17; 히브리서 1:3).**

예수님께서 하나님이시라는 주장의 근거는 무엇인가? 11

예수님이 오시기 전, 선지자들은 그가 하나님이실 것이라고 예언했다. 그리고 예수님은 지상에 계신 동안 "내가 하나님이다"라고 말씀하셨다. 그리고 그의 죽음과 부활 후에, 그의 제자들은 그가 하나님이시라고 계속 증거했다.

그의 말씀이 진리였다는 것을 어떻게 알 수 있는가? 그의 담대한 신성(神性)의 주장을 뒷받침하는 증거는 어디에 있는가?

누구든 자신이 하나님이라고 주장할 수는 있다. 그러나 차이는 예수님의 삶이 그분의 주장을 뒷받침했다는 것이다.

예수님이 하나님이라고 증명하려는 소송 사건의 법정에 있다고 생각해 보자. 증인들이 연달아 출석하여 "예수님은 하나님이십니다"라고 증언한다. 선지자들, 예수님의 제자들, 그리고 예수님 자신이 증인석에 나와서 "확실히 보증합니다"라고 말한다.

사람들의 증언 외에도, 세 가지 사실이 예수님이 하나님이시라는 주장을 강력하게 증거한다.

12

증거1 : 예언의 성취

"또 이르시되 내가 너희와 함께 있을 때에 너희에게 말한바 곧 모세의 율법과 선지자의 글과 시편에 나를 가리켜 기록된 모든 것이 이루어져야 하리라 한 말이 이것이라 하시고"(누가복음 24:44).

예수님께서 성취하신 수많은 예언들을 보라. 또한 그 예언들이 얼마나 구체적인지 보라.

괄호 안의 구약 성경은 예언이며, 신약 성경은 그 성취를 선언한다.

1. 동정녀에게서 탄생(이사야 7:14/ 마태복음 1:21~23)
2. 아브라함의 자손(창세기 12:1~3; 22:18/ 마태복음 1:1; 갈라디아서 3:16)
3. 유다 지파(창세기 49:10/ 누가복음 3:23, 33; 히브리서 7:14)
4. 다윗의 집(사무엘하 7:12~16/ 마태복음 1:1)
5. 베들레헴에서 탄생(미가 5:2/ 마태복음 2:1; 누가복음 2:4~7)
6. 애굽으로 도피(호세아 11:1/ 마태복음 2:14, 15)
7. 헤롯의 유아 살해(예레미야 31:15/ 마태복음 2:16~18)
8. 성령의 기름부음(이사야 11:2/ 마태복음 3:16, 17)
9. 주의 천사들(세례 요한)의 선포(이사야 40:3; 말라기 3:1/ 마태복음 3:1~3)
10. 기적을 행함(이사야 35:5, 6/ 마태복음 9:35)
11. 복음을 전함(이사야 61:1/ 누가복음 4:14~21)
12. 갈릴리에서 사역(이사야 9:1/ 마태복음 4:12~16)
13. 성전 정화(말라기 3:1/ 마태복음 21:12, 13)
14. 나귀를 타고 왕으로서 예루살렘 입성(스가랴 9:9/ 마태복음 21:4~9)
15. 유대인들에게 배척당함(시편 118:22/ 베드로전서 2:7)
16. 굴욕적인 죽음(시편 22편/ 이사야 53장)
    a. 거절(이사야 53:3/ 요한복음 1:10, 11; 7:5, 48)
    b. 친구의 배반(시편 41:9/ 누가복음 22:3, 4; 요한복음 13:18)
    c. 은 30에 팔림(스가랴 11:12/ 마태복음 26:14, 15)

d. 정죄하는 자들 앞에서 침묵함(이사야 53:7/ 마태복음 27:12~14)
e. 조롱당함(시편 22:7, 8/ 마태복음 27:31)
f. 구타당함(이사야 52:14/ 마태복음 27:26)
g. 침 뱉음 당함(이사야 50:6/ 마태복음 27:30)
h. 손과 발이 찔림(시편 22:16/ 마태복음 27:31)
i. 강도들과 함께 못 박힘(이사야 53:12/ 마태복음 27:38)
j. 핍박자들을 위해 기도함(이사야 53:12/ 누가복음 23:34)
k. 옆구리가 찔림(스가랴 12:10/ 요한복음 19:34)
l. 쓸개 탄 신 포도주를 주어 마시게 함(시편 69:21/ 마태복음 27:34; 누가복음 23:36)
m. 뼈가 꺾이지 않음(시편 34:20/ 요한복음 19:32~36)
n. 부자의 무덤에 장사됨(이사야 53:9/ 마태복음 27:57~60)
o. 제비뽑아 옷을 나눔(시편 22:18/ 요한복음 19:23, 24)

17. 죽음에서 부활하심(시편 16:10/ 마가복음 16:6; 사도행전 2:31)
18. 승천(시편 68:18/ 사도행전 1:9)
19. 하나님 우편에 앉으심(시편 110:1/ 히브리서 1:3)

집중 탐구

어떤 사람들은 이런 예언의 성취를 '통계적 우연'이라고 한다. 그가 "우연히" 베들레헴에서 탄생했고, 다윗의 가계에서 출생했다는 등이다. 이런 주장에는 두 가지 답을 할 수 있다. 첫째로, 이 예언들은 단순한 우연 이상이었다. 그가 우연히 눈먼 자를 보게 하고, 우연히 죽은 자들 가운데서 살아나셨는가? 그것은 통계적 개연성을 넘어서는 사건들이었다.

두 번째 대답은 너무 많은 예언들이 성취되었다는 것이다. 피터 스토너는 그의 책 『*Science Speaks*』(과학이 말한다)에서 그 예언들 중 여덟 개가 한 사람에게서 성취될 수 있는 수학적 가능성을 계산했다.

> "현재까지 이 땅에서 살았던 사람들 중에 누군가가 이 여덟 개의 예언 모두를 성취했을 가능성은 10^{17}분의 1이라는 것을 우리는 발견했다."

말하자면 100,000,000,000,000,000분의 1의 확률이라는 것이다. 이것이 얼마나 희박한 가능성인지 이해를 돕기 위해, 스토너는 이런 가정을 했다.

> "10^{17}개의 1달러 동전을 텍사스 주에 깐다고 하자. 그러면 주 전체를 60㎝ 높이로 덮을 수 있다. 이제 그 동전 중 하나에 표시를 하고, 주 전체에 깔린 동전들을 잘 섞는다. 한 사람

의 눈을 가리고 어디든지 원하는 곳으로 가서 그 동전을 집어내라고 말한다. 그가 표시한 동전을 찾아낼 가능성이 얼마나 될까? 그것은 선지자들이 자신의 지혜로 여덟 개의 예언을 쓰고 그 모든 예언이 한 사람에게서 성취되는 가능성과 같다."[3)]

그러나 예수님은 여덟 개의 예언만 성취하신 것이 아니다. 그는 그의 인생에 대한 구약의 300개 이상의 예언들을 성취하셨다.

한 사람이 300개 이상의 예언들을 성취할 가능성은 얼마인가? 그것은 "텍사스 주에 깔린 동전" 중 하나를 찾아내는 정도가 아니라, 우주의 모든 원자 중에 하나를 무작위로 집었을 때, 아주 작은 ×표가 되어 있는 원자를 찾아낸 것과 같은 가능성일 것이다.

13

증거2:그의 기적들

사람들이 예수님께 메시아인 증거를 요구하자, 예수님은 그가 행하신 기적들을 가리키셨다.

"그들이 예수께 나아가 가로되 세례 요한이 우리를 보내어 당신께 여쭈어 보라고 하기를 오실 그이가 당신이오니이까 우리가 다른 이를 기다리오리이까 하더이다 하니… 대답하여 예수께서 이르시되 너희가 가서 보고 들은 것을 요한에게 알리되 맹인이 보며 못 걷는 사람이 걸으며 나병환자가 깨끗함을 받으며 귀먹은 사람이 들으며 죽은 자가 살아나며 가난한 자에게 복음이 전파된다 하라"(누가복음 7:20, 22).

예수님께서 말씀하신 기적들은 다음과 같이 성취되었다.

맹인이 봄(마태복음 9:27~31; 누가복음 18:35~43; 마가복음 8:22~26)
못 걷는 사람이 걸음(마태복음 9:2~7)
나병환자가 깨끗함을 받음(마태복음 8:2, 3; 누가복음 17:11~19)
귀먹은 사람이 들음(마가복음 7:31~37)
죽은 자가 살아남(마태복음 9:18, 19, 23~25; 누가복음 7:11~15; 요한복음 11:1~44)
복음이 전파됨(마태복음 11:5)

이러한 많은 기적 중에 요한복음 11장에서 나사로를 살리셨던 사건을 살펴보자.

3) Peter W. Stoner, *Science Speaks : Scientific Proof of the Accuracy of Prophecy and the Bible*, 3rd rev. ed. (Chicago : Moody Press, 1969, 100-107.

예수님은 나사로와 그의 누이 마르다, 마리아와 좋은 친구셨다. 그 세 식구는 예루살렘에서 몇 킬로미터 안 떨어진 베다니에 살고 있었다. 예수님은 예루살렘으로 가실 때, 이 집에 종종 들러 식사를 한 끼 하시거나 주무시고 가셨다. (게다가 열두 제자를 항상 함께 데리고 다니셨다!)
성경은 예수님께서 나사로의 죽음이 임박했다는 소식을 들으시고 기이한 일을 하셨다고 말한다. 베다니로 달려가는 대신, 계시던 곳에 이틀을 더 머무셨다. 그 이유를 우리는 곧 알게 될 것이다. 마침내 예수님께서 나사로의 집에 도착하시자, 마르다는 예수님을 만나러 달려 나가서, "주께서 여기 계셨더라면 내 오라버니가 죽지 아니하였겠나이다!"라고 말했다. 그녀는 믿음과 비난을 동시에 표현한 것이다. (전혀 아닌 척하고 있겠지만, 여러분 역시 하나님께 그런 적이 분명히 있을 것이다.) 마리아와 다른 유대인들이 우는 것을 보시고 예수님께서도 눈물을 흘리셨다고 성경은 말씀한다. 죽음과 애통으로 인한 인간의 고통을 예수님도 느끼셨다.
예수님은 무덤으로 걸어가셔서 세 가지를 하셨다. 첫째로, 돌을 굴려 놓을 것을 명령하셨다. 마르다는 나사로가 죽은 지 이미 나흘이나 되어서 시체 냄새가 지독할 것이라고 말렸다. 그러나 예수님은 그녀에게 하나님을 신뢰하라고 권면하셨다. 둘째로, 그는 주변에서 지켜보고 있는 사람들을 위해서 소리 내어 기도하셨다. "아버지여 내 말을 들으신 것을 감사하나이다 항상 내 말을 들으시는 줄을 내가 알았나이다 그러나 이 말씀 하옵는 것은 둘러선 무리를 위함이니 곧 아버지께서 나를 보내신 것을 그들로 믿게 하려 함이니이다."(요 11:41, 42)그리고 예수님은 세 번째로, 이렇게 소리쳐 명하셨다. "나사로야, 나오라!" 그러자 나사로는 온몸이 베에 싸이고 특히 얼굴까지 가려진 채 무덤에서 걸어 나왔다.
그는 무덤 속에 나흘이나 있었다. 예수님이 나사로에게 가시는 시간을 늦추신 것을 기억하라. 그 이유는 혹시라도 누군가 "나사로는 죽은 게 아니었던 것 같아. 잠시 낮잠을 잤을 뿐이지"라고 말하지 못하게 하시려는 것이었다. 예수님께서 그를 죽은 자 가운데서 일으키셨을 때, 그는 죽어 장사지낸 지 나흘이나 되어 있었다.
수백 명까지는 아니었을지 몰라도, 최소한 수십 명이 이 기적을 눈으로 목도한 증인이었다. 이것은 외진 산동네에서 일어난 일에 대한 뜬소문이 아니었다. 예루살렘에서 불과 몇 킬로미터 떨어진 곳에서, 나사로가 무덤에서 살아 나온 것이다.

예수님께서 여러분에게 말씀하신다. "너도 내가 하나님이라는 증거를 얻고 싶으냐? 그렇다면 이 기적들을 보아라."

Teaching TIP

분위기가 산만해지면 어떤 방법을 사용하는가? 많은 교사들이 가르치는 중에 자기 스스로에 대해, 그리고 자신의 강의 능력에 대해 실망하곤 한다. 그런데 바로 그게 사탄이 가장 바라는 일이다. 실망하는 당신은 가르치는 내용이나 사람들이 아니라, 당신 자신에게 집중하고 있는 것이다. 사람들이 인도자가 하는 말에 관심을 보이지 않을 때면, 내가 해 주고 싶은 조언은 "다른 것을 하라"는 것이다.

사람들에게 더 가까이 다가가거나 한 쪽으로 몇 걸음 옮기는 등, 위치를 바꾸어 보라.

말하는 방식을 바꾸어 보라. 말의 속도를 높이거나 늦추라.

사람들에게 다른 것을 시켜 보라. 성경 한 구절을 함께 읽거나, 두 명씩 짝을 지어 토론 질문을 시키거나, 모든 사람들을 잠시 일어나게 할 수 있을 것이다.

14

증거3 : 그의 부활

부활은 그분이 행하신 기적 중 하나이며 예언의 성취로서, 두 가지 관점 모두 우리가 자세히 살펴볼 만한 사건이다.

예수님이 나사로를 무덤에서 나오게 하신 것은 작은 일이었다. 그가 부활하신 것은 더 위대한 일이었다. 무덤에서 나온 나사로는 언젠가는 다시 죽을 것이다. 그러나 새로운 몸으로 부활하신 예수님은 영원히 사신다.

예수님은 자신의 부활을 예언하셨을 뿐 아니라, 정확한 기간까지 말씀하셨다.

> **"예수께서 대답하여 이르시되 너희가 이 성전을 헐라 내가 사흘 동안에 일으키리라"(요한복음 2:19).**
>
> **"요나가 밤낮 사흘 동안 큰 물고기 뱃속에 있었던 것같이 인자도 밤낮 사흘 동안 땅속에 있으리라"(마태복음 12:40).**
>
> **"인자가 많은 고난을 받고 장로들과 대제사장들과 서기관들에게 버린 바 되어 죽임을 당하고 사흘 만에 살아나야 할 것을 비로소 그들에게 가르치시되"(마가복음 8:31).**

그분은 자신의 부활을 예언하셨다. 우리는 축구 감독이 승리를 예견하거나 야구 선수가 어디로 홈런을 날릴지 미리 알아 맞추는 것을 보며 놀라워한다. 그러나 그런 것들은 예수님께서 전무후무한 일을 하시겠다고 예언했던 것에 비하면 아무것도 아니다.

그는 자신이 부활할 수 있는 능력과 권위를 가지고 있다고 말씀하셨다.

> **"내가 내 목숨을 버리는 것은 그것을 내가 다시 얻기 위함이니 이로 말미암아 아버지께서 나를 사랑하시느니라 이를 내게서 빼앗는 자가 있는 것이 아니라 내가 스스로 버리노라 나는 버릴 권세도 있고 다시 얻을 권세도 있으니 이 계명은 내 아버지에게서 받았노라 하시니라"(요한복음 10:17, 18).**

그는 단지 부활이 일어날 것이라고 말씀하지 않으셨다. 그는 자신의 의지와 권세로 부활이 일어날 것이라고 말씀하셨다.

토의 3번과 4번의 내용을 여기서 나눌 수 있다.

토머스 아널드(전 옥스퍼드 대 사학과 교수)는 역사학적 관점에서 부활에 대해 썼다. "객관적으로 판단해 보았을 때, 인류의 역사 속에서 그리스도께서 죽으시고 죽음에서 부활하신 사건의 증표보다 더 훌륭하고 완전한 증거로 입증된 사실은 하나도 없다."[4)]

하버드 법과 대학원의 개발자이자 전직 교수인 사이먼 그린리프는 예수님의 제자들이 성경을 통해 제시한 증거에 관해 법률적 관점에서 썼다. "만일 예수님께서 실제로 죽음에서 부활하시지 않았고, 제자들이 그 사실을 확실히 알지 않았다면, 그들이 진술했던 진리들을 그렇게 꾸준히 전하는 것은 불가능했을 것이다."[5)]

예언의 성취, 기적들, 부활—이 모든 것들이 예수님께서 주장하신 것과 같이 그 자신이 하나님이시라는 분명한 증거다. 예수님께서는 인간의 육신을 가진 하나님으로 이 세상에 오셨다.

<시카고트리뷴> 지의 전직 기자인 리 스트로벨은 평생 무신론을 신봉했었다. 그는 무신론이야말로 가장 합리적인 신앙이라고 생각했다. 그런데 그의 삶에 일어난 한 사건을 통해, 성경이 예수님에 대해 말씀하는 것에 일리가 있을 수도 있겠다는 의심이 그의 안에서 조용히 고개를 들게 되었다. 리는 큰 용기를 내어야 했다. 그는 이 진리를 조사하고 연구해 보기로 결심했다. 그의 연구가 어떤 결과를 내놓았는지, 그의 이야기를 들어 보자.

1981년 11월 8일, 일요일이었다. 나는 집에 있는 서재에 틀어박혀서 지난 21개월 간의 나의 영적 여

4) Thomas Arnold, *Sermons on the Christian Life : Its hopes, its fears, its close*, 6th ed. (London : T. Fellowes, 1859), 234.
5) Simon Greenleaf, *The Testimony of the Evangelists* (New York : Baker, 1874), 28.

> 정을 돌이켜 보며 오후를 보냈다.
> 인정하겠다. 나는 예수님이 하나님의 유일한 아들이라는 방대하고 확실한 증거들에 꼼짝없이 포위되었다. 나는 놀라워서 고개를 저었다. 이보다 훨씬 더 설득력 없는 증거들을 가지고도 사형실로 끌려가는 피고들을 나는 많이 보아 왔다. 수많은 자료들이 단 한 가지 결론을 분명히 가리키고 있었지만, 그 사실을 받아들여야 하는 내 마음은 썩 편한 것은 아니었다.
> 예수님에 대해 내가 주장했던 반론이 역사적 증거 앞에 힘을 잃었음을 나는 깨달았다. 전세가 완전히 뒤집어진 것을 보고 나도 모르게 빙긋 웃는 나 자신을 발견했다.
> 오랜 연구를 통해 알게 된 신빙성 있는 사실들, 그리고 그리스도를 변호하는 압도적인 증거의 홍수 앞에 드러난 큰 아이러니는, 나사렛 예수를 믿는 것보다 나의 무신론을 견지하는 데 더 큰 믿음이 필요하다는 것이었다.
> …나는 진심에서 우러나온 기도로 하나님 앞에 나의 잘못을 인정하고 돌이켰으며, 예수님을 통한 용서와 영생의 선물을 받아들였다. 그분의 인도를 따라 그분과 그분의 길을 끝까지 계속 따르기 원한다고 나는 말씀드렸다.
> 번쩍이는 빛이 보이거나 응답의 소리나 가슴이 설레는 일은 없었다. 어떤 사람들은 그런 순간에 뜨거운 감정이 밀려온다고도 하지만, 나에게는 그만큼 감격적인 다른 일이 일어났다. 올바른 이성의 눈이 열린 것이다.[6)]

예수님은 완전한 하나님이시고, 예수님은 완전한 사람이시다.

믿어지지 않겠지만, 우리 중 많은 사람들이 예수님이 완전한 하나님이시라는 사실보다 완전한 사람이시라는 사실을 더 믿기 어려워한다. 우리는 예수님께서 정말로 사람이 되셨고, 우리와 똑같은 인간이 되셨다는 것보다, 예수님께서 하나님이시라는 사실이 더 믿기 쉽다.
그리스도인이 되기 전에는 예수님께서 100% 하나님이시라는 사실을 받아들이기가 어렵다. 그러나 일단 그리스도인이 되고 세월이 흐를수록, 예수 그리스도께서 100% 사람이심을 이해하는 것이 더 어려워진다.
그러나 진정한 예수님을 바라보려면 두 가지 진리를 모두 붙들어야 한다. 매일 한결같이 그분을 바라보는 것이 중요하다!

우리는 우리가 쳐다보는 것에 빠져들게 되어 있다. 우리가 하루하루 주어진 노동에 얼마나 몰입하여 살고 있는지 생각해 보았는가? 앤 오트런드는 인간의 이러한 성향을 양에 비유했다.

> 양이 어떤 자세로 풀을 뜯는지 우리는 잘 알고 있다. 양은 고개를 숙이고 조금씩 조금씩 풀을 뜯는다.
> 옆에 새로운 푸른 풀밭이 눈에 들어오면, 오른쪽으로 10㎝ 움직인다. 그리고 계속 조금씩 조금씩 풀

6) 리 스트로벨, 『예수는 역사다』(두란노 역간)

을 뜯는다.
양이 나무에 올라가 지평선을 내다보고, 자신이 어디서 와서 어디로 가고 있는지 확인한 후에, 내려와서 힘차게 달려 나가는 것을 본 적이 있는가?
당신도 양처럼 살고 있지는 않은가? 주로 고개를 숙이고 살아가고 있지는 않은가?

아, 이제 일할 시간이네….
세탁소에서 바지 찾는 것 잊지 말아야지….
5시네. 저녁 식사로 뭘 차리지….
목요일이니까 도서관에 책을 반납해야 해….
버스 오기 5분 전이야….

그렇게 조금씩 조금씩 풀을 뜯는 것인가…?
무엇이 당신을 소모시키고 있는가? 당신은 어디로 가고 있는가? 당신의 목적지를 정확하게 정했는가? 당신의 삶에는 뚜렷한 목표가 있는가?
당신의 내면 깊은 곳에서는 당신에게 정말 필요한 것이 무엇인지 끊임없이 말하고 있다.
당신의 시선을 예수님께 고정하라.[7)]

예수님께 시선을 고정하고 그분을 바라보라. 그것이 오늘 공부의 목표다.

많은 사람들이 예수님이 어떤 분이신지 알려고도 하지 않으면서 예수님을 바라보려 한다. 예수님의 인격에 관심을 집중하려면, 그분이 사람이시며 하나님이시라는 예수님 자신의 가르침을 먼저 이해해야 할 것이다. 그 가르침은 예수님의 본질의 핵심이므로 매우 중요한 문제다.

예수님은 사람이시다

여러분이 예수님과 함께 학교에 다닌다고 잠시 상상해 보라. 그분은 어떤 분일까? 정말로 뛰어난 학생이지 않겠는가? 여러분이 경쟁심이 강한 학생이라, 예수님보다 좋은 점수를 받으려고 노력한다고 가정해 보자. 지리 과목에서 예수님을 이기려고 한다, 그러나 그분은 세상과 그 안의 모든 것을 만드신 분이다. 성경 과목에서 더 좋은 점수를 받으려고 한다. 그러나 예수님은 성경을 쓰셨다. 역사는 어떤가? (그분은 역사가 진행되는 모든 과정을 직접 보셨다.) 체육은 어떤가? 예수님이라면 시속 320㎞의 속구 정도는 던지지 않으시겠는가?

이쯤해서 질문이 하나 떠오를 것이다. 이 땅에 사시던 예수님은 철인의 힘을 가진 슈퍼맨이셨을까? 아니다. 그는 정말로 사람이셨다. 그분이 아버지의 목공소에서 망치에 손가락을 맞으면, 여

7) 앤 오틀런드, 『이런 때 예수님을 바라보라』(기독교문사 역간)

러분이 아픈 것과 똑같이 아프셨을 것이다. (물론 그 순간 여러분이 내뱉었을 말과는 전혀 다른 말씀을 하셨을 것이다.) 예수님은 완전한 하나님이셨고, 또한 완전한 사람이셨다.

예수님께서 사람이신 것을 어떻게 알 수 있는가? 15

1. 인간으로 탄생하셨다(이사야 7:14~16; 마태복음 1:23; 갈라디아서 4:4). 16
-동정녀에게 나심

예수님께서는 우리가 세상에 태어났던 것과 똑같은 모습으로 이 세상에 오셨다. 그는 아기로 태어나셨다. 아기의 약하고 의존적인 모습을 생각해 보면, 그가 인간으로 태어나시기 위해 얼마나 겸손해지셨는지 깊이 알 수 있다.

2. 그는 인간으로서 성장하셨다(누가복음 2:52). 17

예수님이 인간으로 성장하신 네 가지 면을 보자.

"예수는 그 지혜와 그 키가 자라가며 하나님과 사람에게 더욱 사랑스러워 가시더라."

- 지적으로 18
- 신체적으로
- 영적으로
- 사회적으로

예수님께서는 초인간 아기의 두뇌를 가지고 태어나지 않으셨다. 그는 우리가 배우듯이 배우셔야 했다. 자신이 쓰신 구약 성경을 외우셔야 했다. 그가 만드신 자연에 대해 배우셔야 했다. 예수님은 완전하셨지만, 그 사실 때문에 그가 자라셨다는 사실을 간과하지는 말라.

3. 그는 인간의 감정을 경험하셨다. 19

나는 예수님의 생애를 그린 영화들을 별로 좋아하지 않는다. 그런 영화에 등장하는 대부분의 예수님은 꼭 감정이 전혀 없는 사람 같다. 신비스럽고 멍한 표정으로 사시는 것이다. 그것은 사실과 전혀 다르다. 예수님은 감정이 풍부하고 생명력이 넘치셨다.

예수님은 이런 감정들을 느끼셨다.

- **애통(요한복음 11:35)**

유대 문화에서 성장하신 예수님은 감정을 어떻게 표현하는지 아셨다. 유대인들이 우는 것은 눈물 몇 방울이 뺨을 흘러내리는 정도가 아니었다. 그들은 드러내 놓고 울었다. 그들은 소리 내어 곡했다. 심지어 겉옷을 갈가리 찢어서 그들의 애통함을 표현했다.

- **슬픔(마태복음 26:38)**
- **기이히 여김(마태복음 8:10)**
- **사랑(불신자에 대한 사랑: 마가복음 10:21, 친구에 대한 사랑: 요한복음 11:5, 제자들에 대한 사랑: 요한복음 13:1, 모친에 대한 사랑: 요한복음 19:26, 27)**
- **이상히 여김(마가복음 6:6)**
- **고민(마가복음 14:33)**
- **긍휼(마가복음 1:41)**
- **분노(마가복음 3:5)**

분노는 죄가 아니라 감정이다. 우리가 분노를 품고 하는 일이 죄인 경우가 많지만, 반드시 그런 것은 아니다. 예수님은 분노하셨지만, 결코 범죄하지 않으셨다.

4. 그는 인간으로서의 경험과 욕구를 가지셨다. 20

- **그는 피곤하셨다(요한복음 4:6; 마가복음 4:38).**

매일 매일을 수많은 사람들과 지내시면서, 섬기고 가르치고 치료하고 이야기를 들어 주셨을 것을 생각해 보라. 그는 피곤하셨다.

- **그는 주리셨다(마태복음 4:2).**
- **그는 목마르셨다(요한복음 19:28).**
- **그는 고뇌하셨다(누가복음 22:44).**
- **그는 유혹을 받으셨다(마태복음 4:1~11).**

시험에 넘어지지 않으셨지만, 시험을 받으셨다.

- **그는 돌아가셨다(누가복음 23:46).**

예수님께서는 모든 경험 중에 가장 인간적인 경험을 하셨는데, 그것은 신체적인 죽음이었다. 왜 죽기까지 하셨을까? 왜 예수님께서 하늘의 완전함을 떠나 사람이 되신 것일까? 여러분에 대한 그분의 사랑 때문이었다.

짚고 넘어갑시다

성육신

'성육신' 이라는 말은 라틴어로 '육신을 입은' 이라는 뜻을 가진 단어에서 기원했다. 예수님이 베들레헴에 탄생하신 것은 하나님께서 이 세상으로 성육신하신 것이었다. 하나님은 인간의 육체를 입고 우리에게 오셨다.

토의 5번과 6번의 내용을 여기서 나눌 수 있다.

예수님은 완전한 하나님이자 완전한 사람이시다 21

A.D. 451년, 예수님의 본질에 대한 당시의 거짓 가르침에 대응하기 위해 칼케돈 공의회가 소집되었다. 예수님은 완전한 하나님이시고 완전한 사람이시라는 진리를 재확인한 유명한 '칼케돈 신조' 를 살펴보자.
예수님은 "혼란, 변화, 분열, 분리 없이 공존하는 두 본질로 존재하시며, 그 두 본질은 연합해 있으나 본질 간의 차이는 엄연히 존재하며, 각 본질의 특성이 한 위격 안에 담겨 있고 공존한다."

이 어려운 문장은 도대체 무슨 의미를 담고 있는 것일까?

- **예수님은 100%의 시간 동안 100% 하나님이시고 100% 사람이시다(수학적으로는 비논리적이지만, 신학적으로는 완전하다).**
- **예수님은 사람 안에 내주하는 하나님이 아니셨다. 그는 하나님이 된 사람도 아니셨다. 그는 인간의 모습으로 나타난 하나님이 아니셨다. 그의 한 인격 속에는 두 본질이 공존했다. 그는 완전한 하나님이셨고, 동시에 완전한 사람이셨다.**
- **예수님에게는 완전한 인성과 전지전능한 신성이 공존했다.**

짚고 넘어갑시다

위격적 연합(Hypostatic Union)

온전한 신성과 완전한 인성이 한 위격 안에 연합했다는 것은 예수님께서 과거에 하나님과 인간이 되셨을 뿐 아니라, 앞으로도 영원히 하나님과 인간이실 것을 의미한다.

1. **예수님은 항상 하나님이셨다(요한복음 1:2).**
2. **예수님은 계속 하나님이시면서 인간이 되셨다(요한복음 1:14).**
3. **예수님은 하나님과 인간으로 계속 존재하실 것이다(사도행전 1:9~11).**

예수님이 하나님이자 인간이시라는 진리는 매우 심오하여 오히려 모호해지기 쉽다.

예수님을 사람과 하나님이 혼합된 존재로 오해하기 쉽다. 그러나 예수님께서 사람이시라는 사실은 그분이 하나님이시라는 사실을 조금도 훼손시키지 않았고, 그분이 하나님이시라는 사실은 그가 완전한 사람이시라는 사실을 전혀 훼손시키지 않는다. 예수님께서 하나님과 사람으로 분리되어 있는 것이 아니라, 완전한 사람이시고 완전한 하나님이신 것이다.

그렇다면 예수님께서 인간의 몸을 취하셨다는 사실이 그분을 하나님보다 조금이라도 열등하게 만드는 것일까? 하나님께서는 언제 어디에나 계실 수 있지만, 지상에 계실 때의 예수님은 한 번에 한 장소에만 계실 수 있었다. 그분은 이 세상에 계실 때에는 선택하셔야 했다. 이렇게 설명해 보자.

예수님은 자신의 능력을 육체 속에 감추고 완전한 사람이 되셨다.
그러나, 온전한 능력을 소유하심으로써 여전히 완전한 하나님이시다.

그는 자신을 제한하셨지만 축소시키지 않으셨다. 이것을 좀더 자세히 살펴보자.

22

예수님은 자신을 제한하셨다

주일학교 분반 공부 시간이었다. 기도하시는 예수님에 대해 공부하고 난 후, 4학년 아이가 질문했다. “예수님께서 이 땅에 오신 하나님이라고 하셨는데, 그렇다면 예수님께서 기도하신 것은 예수님 자신과 이야기한 것이 아닌가요? 그분이 하나님이시니까요.” 정말 똑똑한 아이였다. 성육신의 진리는 예수님께서 지상에 오셨을 때, 자신을 제한하셨다는 것이다.

- **사람의 형체를 가지심으로(빌립보서 2:6~8)**
- **한 번에 한 장소로 자신의 임재를 제한하심으로**
- **아버지의 "더 크신" 권위를 인정하심으로(요한복음 14:28)**
- **지식을 제한하심으로(마태복음 24:36)**

예수님께서 스스로 자신의 능력을 제한하심으로써 열등한 하나님이 되신 것이 아니다. 지상에 계시는 동안, 그는 여전히 하나님의 전지성, 편재성, 전능성의 속성들을 가지셨다. 사실, 사람으로 사시는 동안에도 하나님으로서 모든 것을 아시는 능력인 전지성을 가지신 것을 때로 볼 수 있다. 예를 들어, 마가복음 2장 8절에서 "그들이 속으로 이렇게 생각하는 줄을 예수께서 곧 중심에 아시고 이르시되 어찌하여 이것을 마음에 생각하느냐"라고 하신 일이 있었다. 그분은 어느 때라도 이런 능력을 사용하실 수 있었지만, 자기 스스로를 제한하셨다.

예수님께서 자신을 제한하셨으나 여전히 하나님이시라는 개념은 이해하기 어려운 부분이다. 하나님은 우리보다 훨씬 더 위대하시므로 그분에 대한 진리 중에는 우리가 이해하기 어려운 것이 많다는 것을 다시 한 번 기억해야 할 때이다.

예수님께서 자신을 제한하신 것을 가장 잘 설명하는 한 단어가 있는데, 그것은 사랑이다. 여러분은 사랑 때문에 스스로의 역량을 제한해 본 적이 있는가? 분명히 있을 것이다. 부모로서 자녀에 대한 사랑 때문에 자신을 제한해 본 적이 있는가? 물론 있을 것이다. 오픈카를 몰고 싶지만 아이들 때문에 봉고차를 탄다면, 그것이 바로 자신을 제한한 것이다. 근사한 식당에서 정식을 먹고 싶지만, 맥도널드로 가기도 한다. 여러분은 예수님께서 우리의 필요를 채우려고 이 땅에 오셨을 때 자신을 제한하신 것을 분명히 조금은 이해할 수 있을 것이다.

인간이신 예수님의 능력은 줄어들지 않았다 23

- **지상에 계실 때도 그는 여전히 완전한 하나님이셨다.**
  - **사람으로 태어나고, 이 땅 위를 걷고, 십자가에서 돌아가시는 것은 삼위일체이신 그분 자신이 결정하신 과정이었다.**

지상에 계시는 동안에도 그는 스스로 자신의 능력을 제한하셨다. 사탄이 유혹했을 때 그분은 돌들을 떡으로 바꾸실 수도 있었다(누가복음 4:3). 십자가에서 1만 명의 천사들을 불러 그를 구하게 하실 수도 있었다(마태복음 26:53). 그러나 그분은 그렇게 하지 않으셨다.

예수님께서 자신을 제한하고 사람이 되기로 하신 것에서 우리는 무엇을 배워야 할까?

기억합시다

빌립보서 2장 5~11절은 사람이 되겠다고 결정하신 예수님 스스로의 의지에 대해 말씀하는 가장 감동적인 한 부분이다. "너희 안에 이 마음을 품으라 곧 그리스도 예수의 마음이니"라고 말씀한 것에 주목하라. 바울은 무엇을 말하고 있는가? 사람이 되기로 하신 예수님의 의지에서 어떤 태도가 드러나는가?

3, 4절에 예수님의 성품을 담은 구체적 내용들이 등장한다.

- **아무 일에든지 다툼으로 하지 말라.**
- **아무 일에든지 허영으로 하지 말라.**
- **자기보다 남을 낫게 여기라.**
- **자신만 생각하지 말라.**
- **다른 사람들의 유익을 돌아보라.**

이러한 주님의 성품은 겸손이다.

24

십자가는 놀라운 이야기를 전한다. 바로 '하나님은 겸손하시다'는 것이다.
하나님은 이 세상을 창조하는 것보다 구하시는 데 훨씬 더 큰 값을 치르셔야 했다. 하나님께서는 온 우주라도 그분의 어깨에 가볍게 질 수 있으시지만, 갈보리로 십자가를 지고 가실 때는 비틀거리고 넘어지셨다. 하나님께서는 오리온과 플레이아데스와 은하수 전체를 손가락으로 드실 수 있으시지만, 인간의 죄와 허물의 짐을 지실 때는 피땀을 흘리셔야 했다. 기억하라! 하늘 아버지께서는 성육신하신 그 아들의 모든 고통을 함께 당하셨다.[8]
필립 얀시는 이렇게 썼다.

> 피에르 방 파상은 제2차 세계대전 직전의 상황을 회고하는 글에서 나치 돌격 부대가 한 연로한 유대인 랍비를 붙잡아 본부로 끌고 가서 수치를 주었던 행위를 이야기한다. 같은 방의 다른 구석에서는 두 명의 동료들이 또 다른 유대인을 죽도록 구타하고 있었다. 랍비를 체포한 사람들은 그를 좀 놀려 주기로 결정했다. 그들은 그를 알몸으로 벗기고, 돌아오는 안식일에 회당에서 하려고 준비했던 설교를 해 보라고 명령했다. 랍비는 그의 야물커(역주-유대인의 모자)를 써도 되는지 물었고, 나치들은 히죽거리며 허락했다. 그는 더 우스꽝스러운 모습이 되었다. 랍비는 벌벌 떨며 앞으로 나와 긴장된 목소리로 하나님 앞에서 겸손히 행하는 것

8) J. Sidlow Baxter, *Majesty : The God You Should Know* (San Bernardino, Dalif. : Here's Life Publishers, 1984), 25.

의 의미를 설교하기 시작했고, 그동안 나치들은 야유하며 그를 여기저기 찔러대고 쑤셔댔으며, 방 한쪽에서는 랍비의 이웃이 내지르는 마지막 절규가 내내 들려왔다.
예수님의 투옥, 고문, 처형에 대한 복음 기사를 읽을 때마다, 나는 한 경찰서에서 수치를 당하며 서 있었던 그 나신의 랍비가 생각났다. 예수님의 고난에 대한 수십 편의 영화를 보고 복음서를 거듭해서 읽은 지금에도, 나는 하나님의 아들께서 이 땅에서 벌거벗김을 당하고, 채찍질을 당하고, 침 뱉음을 당하고, 얼굴을 맞고, 가시관을 쓰실 때, 감내하신 굴욕과 수치가 얼마나 큰 것이었을지 짐작조차 할 수 없다.[9]

예수님께서는 겸손하게 사람이 되셨고, 기꺼이 십자가의 죽음이라는 공개적 조롱을 당하셨다. 그것은 우리를 구하기 위해서였지만, 또한 우리가 서로를 어떻게 대해야 하는지 본을 보여 주기 위함이셨다. 그분은 나를 위해 기꺼이 그렇게 하셨고, 나는 그분의 모습으로부터 배우고 그분의 능력을 힘입어 이웃들 앞에 겸손해질 수 있다. 그 이웃들은 나의 배우자, 나의 동료, 나의 자녀, 나의 친구들일 것이다.
예수님처럼 행동하고, 예수님처럼 살 수 있는 능력을 어디서 얻을 수 있을까? 그분이 누구신가, 즉 그분이 완전한 사람이시고 완전한 하나님이셨다는 사실에서 얻을 수 있다.

완전한 사람으로서, 예수님은 우리의 필요를 이해하신다는 것을 보여 주신다.
완전한 하나님으로서, 예수님은 우리의 필요를 채워 주신다는 것을 보여 주신다. 25

예수님께 능력을 구하기 전에 그분이 나의 필요를 이해하신다는 것을 먼저 알아야 한다. 내가 겪고 있는 일을 완전히 이해하시는 분이 최소한 한 명은 있다는 사실이 내게 얼마나 힘이 되는지 모른다. (예수님은 지상에 오시기 전에도 우리의 필요를 분명히 이해하셨다. 그는 하나님으로서 모든 것을 알고 계셨다. 그러나 이 땅에 오심으로써 우리를 얼마나 깊이 이해하시는지 우리에게 보여 주셨다.)

그는 완전한 사람이고 완전한 하나님이시다. 이것이 우리 신앙의 기반이다. 예수 그리스도께서 하나님이시고 사람이시라는 이 기반을 잃는다면, 모든 것이 무너질 것이다.

십자가? 그것 자체에는 아무 능력이 없기 때문에 무의미해진다.
오순절? 그것은 쇼에 불과했다.
신약 성경? 모두가 거짓말이다.
만일 이 진리가 사실이 아니라면, 베들레헴에서부터 갈보리, 오순절, 그리고 오늘에 이르기까지

9) 필립 얀시, 『내가 알지 못했던 예수』(요단 역간)

모든 것이 무너지고 만다.

그러나 이 진리는 무너지지 않는다. 이 진리 위에 전 인류사가 세워져 있다. 인간의 육체를 가지신 하나님, 예수 그리스도께서 이 세상에 오셨다. 예수님께서 우리를 위해 사셨다. 예수님께서 우리를 위해 죽으셨다. 예수님께서 우리를 위해 부활하셨다. 이 진리에 여러분의 생명을 걸어도 좋다!

토의 7번의 내용을 여기서 나눌 수 있다.

암송 카드 3번, '예수님'을 암송하라.

Q 토의

1. 다른 그리스도인들과의 교제가 어떻게 하나님의 사랑을 새롭게 발견하도록 도와준다고 생각하는가? 26

2. 예수님을 가장 좋은 친구로 모시고 살았던 지난 한 주에 대해 나눠 보자. 일상생활 속에서 어떤 방법으로 예수님과의 친밀함과 우정을 느꼈는가? 어려움을 겪고 난 후, 예수님께서 얼마나 가까이 계신지 그제서야 알게 되었던 경험이 있는가? (힘들었던 경험을 나누는 것을 두려워하지 말라. 똑같은 어려움을 겪었던 사람들에게 위로가 될 것이다.) 27

3. 예수님이 하나님이시라는 세 가지 증거 중 어떤 것이 당신에게 가장 의미 있게 다가오는가? 왜 그 증거가 가장 중요하다고 생각하는가? 28

소그룹 리더들에게 : 정답은 없다는 것을 그룹원들에게 알려 주라. 어떤 증거가 그들의 믿음에 가장 격려가 되었는지 말하는 시간이다.

4. 이런 증거가 있음에도, 많은 사람들이 여전히 예수님 믿기를 주저한다. 물리적 증거와 개인적 믿음으로 증거하는 것의 차이는 무엇인가? 아무 증거가 없더라도 우리는 믿음을 가져야 하는 것일까? 증거가 많으면 우리는 더 큰 확신을 가질 수 있을까? 29

소그룹 리더들에게 : 아무리 증거가 많더라도 저절로 믿어지지는 않는다는 것을 이야기해 주라. 믿음은 신뢰의 문제지, 과학적 증거의 문제가 아니다. 증거는 우리 믿음의 뼈대지, 심장이 아니다. 증거는 나의 믿음을 북돋워 주거나, 하나님을 믿어야 할 필요를 느끼게는 해 주지만, 증거가 믿음을 낳지는 않는다. 믿음은 하나님의 선물로 주어진다. 그것은 지성이 아니라, 의지의 결정이다. 한편, 우리 믿음에는 증거가 있다. 하나님께서는 우리에게 이성을 버리고 하나님을 믿으라고 요구하지 않으신다. 기독교 신앙과 다른 종교들이 요구하는 신앙이 다른 것은, 기독교에는 믿음의 기반이 되는 실질적 증거들이 있다는 것이다.

5. 예수님께서 완전한 하나님이시라는 사실과 완전한 사람이시라는 사실 중에 어떤 것이 더 받아들이기 어려운가? 일반적으로, 불신자들은 예수님을 하나님으로 믿는 것을 어려워하고, 신자들은 예수님의 인간적 측면을 보는 것을 어려워한다. 30

6. 예수님은 사람이 되셨기 때문에 우리의 갈등과 약함을 익히 아신다. 예수님께서 공감해 주시기 때문에 특히 감사한 부분은 무엇인가? 31

피곤	유혹	감정	실망
배신	관계	스트레스	기타 : ______

7. 예수님의 삶은 남을 섬기는 삶이셨다. 그분과 가까이했던 사람들은 점점 더 그분을 닮아서 남들을 섬기게 되었다. 이번 한 주 동안 당신이 예수님의 이름으로 섬겨야 할 사람은 누구인가? 거창하거나 눈에 띄게 섬길 필요는 없다. 32

마태복음 10장 42절에서 예수님은 "또 누구든지 제자의 이름으로 이 작은 자 중 하나에게 냉수 한 그릇이라도 주는 자는 내가 진실로 너희에게 이르노니 그 사람이 결단코 상을 잃지 아니하리라"고 말씀하셨다.

이번 한 주, 예수님의 이름으로 사소해 보이는 봉사를 할 방법을 찾아보자. 예수님의 이름으로 섬기고 있다고 사람들에게 말할 필요도 없다. "아무것도 바라는 것 없이 그저 우리 주님 예수 그리스도의 이름으로 당신에게 이 커피 한 잔을 드립니다"라고 말할 필요도 없다. 주목받지 말고 섬겨 보라.

참고 도서 | 폴 리틀, 『이것을 믿는다』(생명의말씀사 역간)
맥스 루케이도, 『하나님이 내게로 오셨다』(좋은씨앗 역간)
리 스트로벨, 『예수는 역사다』(두란노 역간)
필립 얀시, 『내가 알지 못했던 예수』(요단 역간)

7장 성령 I

밭 갈기

- 삶 속에 임재하시는 성령을 통해 하나님과의 관계를 견고히 한다.
- 성령께서 어떻게 내 삶 속에 역사하고 계신지 믿음의 눈으로 목도한다.

강의 개요

역사적 배경

오늘날 성령의 역할은 무엇인가?

나를 중생시키신다.

내게 세례를 주신다.

1. 성령의 세례는 그리스도인을 그리스도의 몸과 그리스도 안에 둔다.
2. 성령의 세례는 구원의 순간에 일어나는 일회성 사건이다.
3. 성령의 세례는 신자들의 보편적인 경험이다.

나에게 내주하신다.

나를 인치신다.

하나님의 약속의 보증이다.

자, 잠시 눈을 감고 내가 어떤 단어를 말할 때 바로 떠오르는 이미지를 마음속에 그려 보라. "하나님 아버지." 무슨 장면이 떠오르는가? 안락의자에 앉아 있는 할아버지의 모습은 아니길 바란다. 그분은 사람들이 그림 속에 그려 넣는 것처럼 천국에 계시는 노인이 아니다. 많은 사람들은 하나님을 영광스러운 빛으로 그리기도 한다.

"독생자 예수님." 이 이미지는 어떤가? 이건 좀 쉬울 것이다. 우리는 성화와 영화들에서 예수님의 얼굴을 많이 보았다.

그런데 내가 성령을 그려 보라고 한다면 어떻겠는가? 무엇이 생각나는가? 성경은 성령에 대해 묘사하고 있기는 하지만, 그것을 시각화하기는 어렵다. 요한복음 3장에서, 예수님은 성령이 바람과 같다고 말씀하신다. 나는 바람이 하는 일은 그려 볼 수 있겠지만, 바람은 그리지 못할 것 같다. 그것은 보이지 않는 힘이다. 예수님께서는 성령이 우리의 삶에 역사하시는, 하나님 중에서 보이지 않는 분이라고 말씀하신다. 그분은 보이지 않지만, 실재하시며 강력하시다.

우리 대부분에게 성령은 신비로운 대상이다. 그분은 인간의 형체를 가진 분이 아니다. 성경에서 그분을 묘사할 때에도 상징(기름, 불, 바람, 비둘기)을 사용하여, 특정한 형상을 보여 주지 않는다. 성경은 성부 하나님과 성자 하나님처럼 성령 하나님께도 예배하고, 사랑하고, 순종해야 한다고 가르친다. 우리는 그분을 인격적으로 알아 갈 수 있다.

성령은 삼위일체 중에서 쉽게 지나치게 되는 경향이 있다. 많은 사람들이 성령을 비인격적인 힘으로 생각한다. 오늘 이 시간 나는 여러분에게 인격이신 성령님을 소개하려고 한다.

하나님 아버지나 아들 예수님은 인간의 형상을 한 인격체로 그리기가 자연스럽다. 우리가 만나는 모든 아버지와 아들이 사람이기 때문이다. 그러나 "영"이라는 말을 들으면, 사람보다는 신령님이나 유령 같은 이미지가 떠오르기 십상이다. 그러나 여러분도 영이 있고, 여러분도 사람이다. 여러분의 영은 여러분에게서 가장 중요한 부분이다.

다시 한 번 눈을 감아 보자. 이번에는 여러분 자신을 그려 보되, 지금의 자신과 다른 사람을 보라. 중도에 어려운 시기를 거치기도 하지만, 전에 없이 믿음이 성장하고 있다. 자신에 대한 하나님의 사랑을 깊고 흔들림 없이 신뢰하고 있다. 만일 여러분의 매일의 생활을 묘사해 본다면, 한 단어로 "기쁨"일 것이다. "저는 절대 완벽하진 못하지만, 깨어 있는 대부분의 시간에 하나님께서 원하시는 삶을 살고 있어요"라고 여러분은 고백할 것이다.

이제 마음속에 성령을 그려 보며, 그분이 여러분의 매일의 삶에 미칠 수 있는 인격적인 영향을 찾아 보자.

성령에 대해 살펴보기 전에, 지난 시간에 배웠던 삼위일체 교리를 되새겨 보자.

지난 시간에 우리는 하나님이 어떤 분이라고 배웠는가?

1. 하나님은 삼위일체, 한 존재 안의 세 위격으로서 우리와 관계하신다.
2. 그러나 하나님은 세 분이 아니라 한 분이시다(신명기 6:4).
3. 아버지께서 하나님이시고, 아들께서 하나님이시고, 성령께서 하나님이시다.
4. 세 위는 서로 구별되지만 하나이시다.

성령에 대해 이야기하는 것은 하나님에 대해 이야기하는 것이다. 우리는 하나님의 일부분, 혹은 하나님이 일하시는 방법, 하나님이 느끼시는 통로에 대해 말하는 것이 아니다. 우리는 하나님 자신에 대해 말하고 있다.

여러분의 삶 속에서 역사하시는 성령에 대해 성경이 가르치는 바를 이해하려면. 역사적 배경을 좀 살펴보는 것이 도움이 될 것이다.

역사적 배경

구약 시대에는 성령께서 <u>특정한</u> 목적들을 위해 <u>다양한</u> 때에 사람들 위에 임하셨다. 그러나 누구에게도 <u>영원히</u> 내주하지는 않으셨다. 3

4

역사 구분

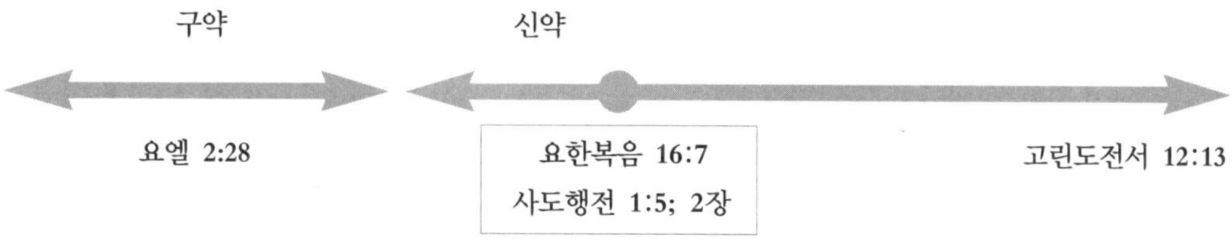

이 역사 구분 도표를 보라. 이것은 예수님께서 오셨을 때 모든 것이 바뀌어버린 영적 지진을 아주 간단하게 표현한 것이다.

구약 시대에도 성령께서 세상에 임하셨지만, 성도들의 삶에 영원히 내주하지는 않으셨다. 그는 특정한 때에 특정한 임무를 위해 성도들 위에 임하셨다.
그러나 그때에도 하나님은 이미 새로운 성령의 역사를 계획하고 계셨다. 그리고 구약을 통해 그 새로운 역사에 대해 약속하셨다. 요엘은 그에게 임한 말씀을 통해, 하나님께서 사람들에게 그분의 영을 "부어 주리니"라고 예언했다(욜 2:28).
요한복음 16장 7절에서 예수님이 제자들에게 "내가 그를 너희에게로 보내리니"라고 말씀하신 것이 바로 그 약속을 행하시겠다는 말씀이었다.

사도행전 1장 5절과 고린도전서 12장 13절을 자세히 보자. 사도행전에서는 예수님께서 우리가 성령으로 세례를 "받으리라"고 약속하셨다. 고린도전서에서 바울은 성도들이 모두 성령으로 "세례를 받았다"고 말한다. 사도행전 1장과 고린도전서 12장 사이에 무슨 일이 일어났는가? 바로 사도행전 2장이 있었다. 사도행전 2장에서 하나님의 성령이 모든 성도들에게 임하셨고, 그 순간 모든 것이 바뀌었다.
성령께서 성도들 안에 영원히 거하시려고 오신 일은 인류 역사상 가장 중요한 사건 중 하나였다. 하나님께서 이 순간에 급하고 강한 바람 같은 소리와 불의 혀같이 갈라지는 것을 보내셨다는 사실에서 이 사건의 특별한 의미와 중요성을 알 수 있다. 하나님께서 불꽃놀이를 하셨다고 하면 어떨까? 예수님이 부활하시고 7주 후, 120명의 성도들이 모여 있던 다락방에 급하고 강한 바람 같은 소리가 들려 왔다. 불의 혀같이 갈라지는 것이 각 성도의 머리 위에 임했다. 그리고 그들은 거리로 나가 유대인의 명절인 오순절을 맞이하려고 세계 각지에서 예루살렘으로 온 수많은 사람들과 그들의 언어로 소통할 수 있었다. 그날은 어느 누구도 결코 잊지 못할 날이 되었다.

Teaching TIP

역사를 감동적으로 이야기하는 것은 교사들에게 있어 항상 큰 과제다. 역사상 가장 긴박한 순간을 전화번호부 읽듯 단조로운 어조로 이야기했던 역사 선생님을 기억할 것이다. 오순절 다락방의 역사를 감동적으로 전하라. 그러려면 반드시 당신이 먼저 이 사건에 감격해야 한다. 야구를 관람하러 갔다가 기록을 경신한 홈런 볼을 잡았을 때처럼 이야기하라. 사실, 오순절 사건은 홈런 볼을 잡은 것보다도 훨씬 더 흥분되는 이야기다. 왜냐하면 그 사건은 당신의 인생과 그 후까지 영원히 바꾸어 놓을 진리이기 때문이다.
감동은 말로도 전할 수 있지만, 몸짓을 통해서도 전달된다. 연구에 따르면, 의사소통의 절반이 몸짓을 통해 이루어진다고 한다. 인도자가 앞에서 의사소통할 수 있는 몸짓으로는 다음과 같은 몇 가지가 있다.
강단 밖으로 한 걸음 나온다.
청중을 향해 한 걸음 다가간다.
기대감을 표현하듯 발뒤꿈치를 든다.
손동작을 크게 한다. 크게 흥분했을 때처럼 손과 팔을 움직인다.
하나님께서 우리를 위해 하신 일에 대한 감격을 당신의 눈과 억양으로 표현하라. (억양은 의사소통에서 30~40%의 비중을 차지한다. 그렇다고 목소리가 꼭 커야 하는 것은 아니다. 열정이 담겨 있으면 된다.)

질문 : 우리가 성령의 충만과 능력을 받으려면 사도행전 2장과 똑같은 경험을 해야 하는가? 물론 아니다. 성령께서 오순절에 처음으로 성도들 안에 내주하셨을 때, 제자들은 전무후무한 경험을 한 것이다. 그러나 우리의 경험이 그들과 다르다고 해서 성령께서 우리 삶에 이루실 역사도 다른 것은 아니다.

오늘날 우리는 성령의 역사를 두 가지 방법으로 제한할 수 있다.

첫째로, 우리는 성령께서 "그런 식으로 일하시지는 않을 거야"라고 앞서나간다. 나는 그런 태도에 대해 매우 성경적으로 대답해 주고 싶다. "헛소리!" 성령은 하나님이시고, 그분이 원하신다면 어떤 식으로든 행하실 수 있다. (단, 분명히 성령께서는 하나님의 성품이나 하나님의 말씀과 일관되게 일하실 것이다.)

둘째로, 우리는 성령께서 사도행전에서 제자들에게 보이셨던 것과 똑같이 "이런 식으로 역사하셔야 한다"고 기대한다. 그러나 성경 어디에서도 그렇게 말씀하시지는 않는다. 여러분이 성령 충만하다는 것을 증명하기 위해 방언으로 말할 필요는 없다. 여러분의 머리 위에 불꽃이 피어올라야 하는 것도 아니다. 꼭 병을 고치거나 놀라운 설교를 해서 그 자리에서 3,000명이 구원받아야 하는 것도 아니다.

중요한 것은 모든 성도의 삶에 성령께서 어떻게 일하시는가 하는 것이다. 성령께서 우리 각자의 삶에 역사하시는 네 가지 구체적인 방법들을 살펴보자.

토의 1번과 2번의 내용을 여기서 나눌 수 있다.

오늘날 성령의 역할은 무엇인가?

성령께서 내게 중생을 주신다. 5

정의 : 거듭나게 하신다. 6

중생의 일반적인 용어는 "거듭남"이다.
"거듭난다"는 말은 성경에 직접 나오는 단어다. 예수님께서 요한복음 3장에서 니고데모와 대화하시며 이 단어를 사용하셨다.

> **"예수께서 대답하여 이르시되 진실로 진실로 네게 이르노니 사람이 거듭나지 아니하면 하나님의 나라를 볼 수 없느니라"(요한복음 3:3)**

디도서 3장 5절은 성령께서 우리에게 주시는 새로운 출생에 대해 말한다.

> **"우리를 구원하시되 우리가 행한바 의로운 행위로 말미암지 아니하고 오직 그의 긍휼하심을 따라 중생의 씻음과 성령의 새롭게 하심으로 하셨나니"(디도서 3:5).**

간단하게 명제로 만들어 보면 이렇다.

그리스도를 만나기 전, 나는 영적으로 죽었다. 7
이제 나는 거듭남으로 영적으로 살아났다.

> **"살리는 것은 영이니 육은 무익하니라 내가 너희에게 이른 말은 영이요 생명이라"(요한복음 6:63).** 8

영적으로 죽었다는 것은 무슨 의미인가? 혹은 영적으로 살아났다는 것은? 우리의 영은 우리 각 사람의 내면에 있는 부분으로, 우리를 만드신 하나님과 연결되고 관계하는 곳이다.

아담과 하와가 처음 창조되었을 때, 그들은 영적으로 살아 있었고, 하나님과 깊고 친밀한 관계를 맺고 있었다. 그들은 하나님과 동행했고 대화했다. 그들은 그들을 만드신 하나님과 연결되어 있었다. 그러나 하나님께서 금지하신 열매를 먹는 죄를 지어, 영적으로 죽었다. 그 결과는 즉시 분명하게 나타났다. 그들은 하나님을 두려워했고, 하나님으로부터 숨었고, 하나님과 분리되었다.

배터리가 방전되면 차는 움직이지 않는다. 그리고 차를 다시 달리게 하려면 배터리를 갈아야 한다. 아담이 범죄한 순간, 우리 모두의 내면에 있는 어떤 것이 죽은 것이다. ('맞아, 그런 것 같아' 라는 눈으로 옆 사람을 쳐다보지 말라.) 우리는 아무리 애써도 하나님과 연결될 수 없다. 많은 사람들 안에 그런 갈망은 있지만, 연결될 수 있는 능력이 없다. 우리는 배터리가 없는 차에 앉아서 "열쇠를 한 번만 더 세게 돌리면, 차가 움직일 거야"라고 생각하는 사람과 같다.

우리는 우리 죄 때문에 영적으로 죽었다. 배터리가 없다.
우리에게는 새로운 부품이 필요한 정도가 아니다. 우리는 아예 새로운 사람이 되어야 한다. 그래서 하나님은 인격이신 성령을 우리 삶 속에 보내셨다. 하나님은 그리스도를 믿는 믿음을 통해 영적으로 죽은 자들을 취하셔서 성령의 역사를 통해 중생시키고 살리신다.

이 과정은 눈에 드러나는 과정이 아니다. 하나님께서는 눈에 띄게 행동하실 필요가 없으시다. 성령께서 여러분의 삶에 들어오셔서 여러분을 구원하셨을 때, 어땠는가? 가슴이 설레었는가? 소름이 돋았는가? 사실 대부분은 그렇지 않다. 갑자기 여러분의 머리 뒤로 후광이 생기는 것이 아니다. 예수님께서 성령이 바람과 같다고 말씀하신다. 바람과 마찬가지로, 여러분은 성령을 볼 수 없지만, 성령의 영향력은 막대하다.

오늘 우리는 이 세상에서 성령께서 하신 일과 성령의 중생시키는 능력을 살펴보았다. 이것이 여러분에게 개인적으로 얼마나 중요한 사건이었는지 마음속에 잠시 동안 새기기를 바란다.
이러한 성령의 역사적 사역에 의해, 우리가 예수님을 믿으면 하나님의 성령께서 우리 안에 거하시게 되었다. 예수님을 믿으면 새 사람이 되게 되었다.
내게 이런 말을 하는 친구들이 있었다. "내가 그리스도인이 되었을 때 성령께서 내 삶에 들어오셨다는 것을 난 이제 알아. 하지만 예수님을 영접하고 몇 년이 지난 후에야 누군가 내게 그 사실을 말해 줘서, 그때서야 성령께서 내 안에 계시다는 사실을 알게 되었거든."
성령께서 자기 안에 계시다는 사실을 모른 채 이 자리를 떠나게 되는 사람이 없기를 바란다. 성령은 여러분을 영적으로 살리신 분이시다. 그리고 여러분이 부를 때 응답하시려고 여러분 안에 항상 계신다.

성령의 중생 사역으로부터 성령 세례로 넘어가기 전에, 중생에 대한 사람들의 생각을 잠시 이야기해 보고자 한다. 거듭났다는 사실 앞에 갖게 되는 한 가지 의문은, "나는 여전히 옛날의 나 자신과 똑같고, 똑같은 행동을 하고 있는데…"라는 것이다. 우리는 여전히 똑같은 감정을 느끼고, 잘못된 생각을 하고, 여전히 약하다. 만일 하나님께서 성령을 통해 내 삶 속에 정말 계시다면, 나는 훨씬 달라져야 하는 것 아닌가?
좋은 질문, 그리고 정직한 질문이다. 이 시간은 우리가 배운 진리를 어떻게 삶에 적용해야 할지 생각해 보는 시간이다. 따라서 그런 질문은 마땅히 해야 할 질문들이다.

성령께서 여러분의 삶에 행하시는 일에 대해 이렇게 생각해 보자. 성령은 여러분의 삶이 그랜드캐니언만큼 달라지길 원하신다. 콜로라도 강줄기가 처음 그 지역으로 흐르기 시작했을 때, 사람들은 별 차이를 느끼지 못했을 것이다. 당시에는 "와!"라든지, "굉장하다!"와 같은 감탄사는 들을 수 없었을 것이다. 아마도 사람들은 "그저 강일뿐이잖아"라고 생각했을 것이다. 천천히, 알아차리지 못하게, 그러나 분명하고 강력하게 강물은 그랜드캐니언을 깎아내고 있었다. 하나님께서는 그런 식으로 일하는 것을 좋아하신다. 인간의 눈으로 보기에는 달라진 게 없는 것 같지만, 하나님은 모든 것을 바꾸시며 변화시키고 계신다.
그리스도인의 삶은 믿음의 삶이다. 우리의 삶 속에서 일하시는 성령의 역사보다 더 강력한 힘은 없다는 것을 우리는 안다. 세계에서 이보다 더 강력한 힘은 없다.

이제, 성령 세례에 대해 이야기해 보자.

성령께서 내게 세례를 주신다. 9

성령께서 우리에게 세례를 주신다는 것은 무슨 의미인가? 어떻게 주시는가? 언제 주시는가? 그리고 왜 주시는가?

한 신학자는 이렇게 썼다.

> 그리스도께서 우리에게 나누어 주시는 세례는 무엇인가? 때로 그리스도가 아닌, 어떤 영향력이나 느낌이나 능력을 경험하고서는 그분이 주시는 세례를 받은 것처럼 말하는 사람들을 보게 된다. 그러나 진리는 성령 자체가 세례라는 것이다.[1]

1) A.B. Simpson, *The Holy Spirit* (Camp Hill, Penn. : Christian Publications, 1994), 317.

하나님의 인격은 성령을 통해 우리의 삶에 들어오신다.

간단한 말 같지만, 성령 세례에 대해서는 많은 논란이 되어 왔고, 심지어 지금까지도 다른 의견을 고수하고 있는 사람들이 있다. 성령을 우리에게 주신 것은 우리를 연합시키기 위해서인데, 우리는 성령의 역사에 대해 논쟁하느라 분열한다. 생각해 보면, 정말로 어리석은 일이 아닌가?

우리는 종종 우리가 가지고 있는 지식에 기준하여, 성령께서 이러이러하게 역사하셔야 한다고 주장한다. 이것이 어떤 문제를 가져올 수 있는지 지금부터 이야기해 보자.

예수님이 눈먼 사람을 어떻게 고치셨는지 기억하는가? 어떤 사람들에게는 그냥 눈을 만지기만 하심으로 고치셨다(마 9:29). 또 어떤 사람들의 눈에는 침을 뱉기도 하셨다(막 8:23). 또 어떤 경우에는 눈에 진흙을 발라 주시고, 씻으라고 하셨다(요 9장). 나는 눈멀었다가 예수님께 치료받은 사람들을 10년 후에 모아서 예수님께서 사람들의 삶에 어떻게 역사하시는지 이야기하게 하면 어떨까 생각하곤 한다. 한 사람은 "예수님께서 눈먼 사람을 고치실 때는 단 한 번 만지심으로 즉시 고치십니다"라고 할 것이다. 다른 사람은 "저의 경험으로는 예수님께서 눈먼 자를 고치는 방법은 침을 뱉으시는 것입니다. 그분은 침을 뱉는 하나님이십니다"라고 말할 것이다. 요한복음 9장에 나온 사람은 두 사람의 말을 자르고 끼어들어 이렇게 말할 것이다. "아닙니다. 예수님께서 눈먼 사람을 고치실 때는 진흙을 눈에 바르십니다." 나는 마지막 사람이 "눈에 진흙 바르심" 교단을 창립하는 것이 상상이 된다.

하나님께서 우리에게 성령 세례를 주신 것은 논쟁하라는 이유가 아니었다. 오히려 그분은 성령 세례가 연합과 확신의 출발점이 되기를 원하셨다. 개인들의 경험에 대한 논쟁에 빠져들기 시작하면, 우리는 신약 성경의 핵심을 놓치게 된다. 결국 사탄의 손아귀에 휘둘리는 것이다. 하나님께서는 우리에게 연합과 확신을 주시기 위해 성령을 보내셨다. 하나님은 우리가 성령이 우리 안에 계신지 의심하는 것을 원치 않으신다. 그분이 성경을 기록하신 것은 우리가 성령의 임재를 확신하도록 하기 위해서이다. 이 확신은 그리스도인의 삶의 핵심이다.

그 확신을 중심으로 살펴보자.

1. 성령 세례는 그리스도인을 그리스도의 <u>몸</u>과 <u>그리스도</u> 안에 둔다. 10

다음 구절을 함께 읽어 보자.

Teaching TIP

사람들의 주의를 집중시키면서 성경을 읽으라. 특히 함께 읽을 때는 천천히 읽으라. 소리를 맞추어 읽으려면 당연히 속도를 늦춰야 하고, 당신 혼자 읽을 때보다 더 자주 쉬어야 한다.
또한 성경을 함께 읽자고 할 때, 조금 다르게 말하면 사람들은 놀라울 정도로 주의를 집중하게 된다. 단순히 "함께 읽으시겠습니다"라고 하는 대신, "열정적으로 읽어 봅시다"라거나 "목숨을 걸었다 생각하고 읽어 봅시다"라고 해 보라.

"우리가 유대인이나 헬라인이나 종이나 자유인이나 다 한 성령으로 세례를 받아 한 몸이 되었고 또 다 한 성령을 마시게 하셨느니라"(고린도전서 12:13). 11

한 성령-한 몸. 같은 성령의 세례를 받는다는 것은 그리스도의 몸인 교회가 연합해야 함을 분명히 보여 준다. 만일 우리가 영적인 눈으로 볼 수만 있다면, 우리가 그리스도인이 된 순간 전 세계의 다른 성도들과 함께 그리스도의 몸의 일부로 즉시 접붙임되는 것을 목도했을 것이다. 우리는 그리스도인으로서 결코 혼자가 아니다. 말이 통하지 않고 문화가 전혀 다른 나라에서도 그리스도인들을 만나면 즉시 마음이 이어지는 것을 경험할 수 있다. 모두가 그리스도 몸의 지체이기 때문에 이런 감정을 느끼는 것이다.
우리는 "그리스도 안에" 함께 있다.

우리가 "그 안에(그리스도 안에)"(에베소서 1:13) 있음을 증거하는 말씀이 신약에 150구절이나 있다.

하나님의 성령으로 인해 우리는 "그리스도 안에" 들어간다. 여러분은 그리스도 안에 들어가기 위해 무엇도 할 필요가 없다. 여러분이 구원받는 그 순간, 하나님께서 성령을 통해 여러분을 그리스도 안에 친히 두시기 때문이다. 그리스도 안에 있다는 것이 무슨 말일까? 그것은 하나님께서 여러분을 보실 때, 그의 아들을 믿는 여러분의 믿음으로 보신다는 것이다.

지금 내가 들고 있는 이 종이가 여러분의 생명이라고 하자. 분명히 이 종이는 깨끗한 종이가 아니다. (우리는 아무도 완전하지 않다.) 이 종이는 여러분의 이기적인 모습 때문에 구겨졌고, 여러분의 죄악 된 습관들 때문에 더러워졌고, 여러분의 큰 잘못들 때문에 찢어졌고, 하나님의 도움 없이 선해지려는 노력들 때문에 낡아졌다. 보아도 썩 기분 좋은 종이는 아니다.

또 나의 한쪽 손에는 성경이 있다. 성경은 그리스도를 나타낸다. 내가 이 종이를 성경 사이에 넣고 성경을 덮는다. 종이가 성경 속에 들어 있지만, 보이는 것은 성경뿐이다. 종이를 성경 사이에 넣는 것은 하나님께서 여러분을 그리스도 안에 두시는 것과 같다. 하나님께서 여러분을 그의 아들 안에 두셨기 때문에, 이제 하나님께서 여러분을 보실 때 보이는 것은 그의 아들의 영광뿐이다. 하나님께서 지금 여러분을 보실 때, 이것(구겨진 종이)을 보시겠는가, 아니면 이것(종이가 끼워진 성경)을 보시겠는가? 하나님께서는 "그리스도 안의" 여러분을 보신다.

Teaching TIP

종이 한 장과 성경을 준비해야 할 것이다. 실물 교수를 처음 한다면, 강의에 들어가기 전에 몇 사람에게 먼저 실습해 보는 것이 좋다.

2. 성령 세례는 구원의 순간에 일어나는 일회성 사건이다. 12

다음 장에서는 우리가 성령 충만을 여러 번 받아야 한다는 사실에 대해 배우게 될 것이다. 그러나 성령 세례는 우리의 삶에 단 한 번밖에 없다. 고린도전서 12장 13절에서 바울이 성도들에게 "다 한 성령으로 세례를 받아"라고 말할 때, 그는 과거 시제를 사용했다. 그것은 이미 일어난 일이었다.

우리가 하나님은 한 분이시라는 삼위일체의 진리를 배웠을 때를 돌이켜 보자. 하나님은 한 분이시다. 우리는 그 어떤 상황에서도 성령을 부분적으로 나누어 받지 않는다. 성령 세례는 우리 행위로 인해 "받을 자격이 있거나" 우리가 "그것을 원해서" 받는 것이 아니다. 성령으로 세례를 받는 것은 하나님 은혜의 선물이다.

3. 성령 세례는 성도들의 보편적인 경험이다. 13

다음 두 구절에서 "다"라는 단어마다 동그라미를 쳐 보자.

> **"너희가 다 믿음으로 말미암아 그리스도 예수 안에서 하나님의 아들이 되었으니 누구든지 그리스도와 합하기 위하여 세례를 받은 자는 그리스도로 옷 입었느니라"(갈라디아서 3:26, 27).**

> **"우리가… 다 한 성령으로 세례를 받아 한 몸이 되었고 또 다 한 성령을 마시게 하셨느니라"(고린도전서 12:13).**

성령 세례는 모든 성도들이 받는 은사다. 성경 어디에서도 그리스도인들에게 성령 세례를 소망하거나 구하라고 하지 않는다. 우리는 그것을 받기 위해 기도하거나, 간구하거나, 애쓸 필요가 없다. 우리는 이미 성령 세례를 받았기 때문이다.

빌리 그레이엄은 이렇게 말했다.

> 모든 성도들은 성령으로 세례를 받는다. 그러나 이것은 성령으로 충만하다거나 성령의 지배를 받는다는 의미는 아니다. 중요한 것은, 내가 그리스도께로 왔을 때 하나님께서 그의 성령을 내게 주셨다는 대 진리이다.[2]

그리스도를 믿는 우리 모두는 동등하게 성령을 가지고 있다. 하나님의 왕국에서 2등 시민은 없다. 성령을 가진 자와 갖지 않은 자가 없다. "나는 그 사람보다 성령을 더 많이 가지고 있어"라거나 "나처럼 많은 성령을 가지려면 어떻게 해야 하는지 알려줄게"라고 결코 말할 수 없다. 그 대신, 우리는 이미 우리의 삶에 계신 성령이 충만하시도록 서로를 격려해야 한다.

그리스도인의 삶을 살아가기 위해 애쓰지 않는 그리스도인에 대해서는 어떻게 해야 할까? 바울이 다 성령으로 세례를 받았다고 말한 고린도교회 성도들은 사실 가장 형편없는 그리스도인 집단 중 하나였다. 그들은 서로 시기하고, 다투고, 교회에 성적 부도덕을 받아들였다. 심지어 성찬식의 한 순서로 잔치를 벌여서 술 취하고 다투기까지 했다. 그러나 바울은 그들에게 편지를 써서 그들이 다 하나님의 성령으로 세례를 받았다고 말한다. 그들은 그들 안의 성령의 능력으로 살지 않은 것이 분명했다. 바울은 그들에게 "하나님께서 그리스도 안에서 너희를 만드신 대로 성령을 통해 살아가기 시작하라"고 썼다.

여러분이 구원받는 순간 성령은 여러분에게 세례를 주셨다. 그러나 많은 성도들이 성령 임재의 진리를 즉시 깨닫지 못한다.

주의 : 성령 세례에 대한 오해는 대부분 성령 세례와 성령 충만을 구별하지 못하는 데서 온다. 성령 세례는 우리가 예수 그리스도와 관계를 맺을 수 있도록 하나님께서 주시는 것이다. 그리고 성령 충만은 우리가 매일 성령의 통치에 순복하는 경험이다. 다음 장에서는 성령 충만에 대해 자세히 다루게 될 것이다.

하나님을 경험함으로써 완전히 달라진 자신을 만나고 싶다는 깊은 갈망을 느낀 적이 있는가? 매 순간마다 주님과 사랑에 빠지게 될 그런 경험을? 죄가 더 이상 매력적으로 보이지 않게 될 경험을? 많은 성도들이 그런 삶을 갈망한다. 그들은 그리스도인의 삶에는 뭔가 더 특별한 것이 있을 것이라고 기대한다. 그들은 단 한 번의 경험이나 헌신이나 과정만 거치고도 그들이 갈망하는 삶을 살 수 있게 되기를 원한다.

2) 빌리 그레이엄, 『성령』(보이스 역간)

그런 갈망에 대해 두 가지를 말하겠다. 첫째로, 우리가 천국에 가기 전까지는 그런 경험을 온전히 할 수 없을 것이다. 이 세상에 완전한 그리스도인은 없고, 단지 완전을 향해 성장하는 그리스도인들이 있을 뿐이다. 여러분의 마음속의 그 갈망은 모든 성도의 마음마다 있는 갈망이다. 우리가 지상에 있는 동안 하나님은 우리를 자라게 하시지만, 그 과정은 느리다. 그랜드캐니언이 만들어진 과정을 기억하라.

둘째로, 우리가 원하는 대로 즉시 그런 삶을 살 수 있게 되지는 않겠지만, 성령을 통해 우리 안에 선한 역사가 일어나고 있다. 그 과정은 느리지만, 큰 결과를 보장한다.

토의 3번의 내용을 여기서 나눌 수 있다.

14

성령께서 내게 내주하신다.

구약에서, 하나님은 어디에 내주하셨는가?

Teaching TIP

가끔은 질문이 참가자들과의 의사소통의 매체가 되는 것이 아니라 오히려 장애물이 되기도 한다. 이것은 당신이 한 질문에 결국 또 당신이 대답할 것이라는 사실을 모든 사람들이 알게 되었을 때이다. 이런 자리에서는 인도자가 질문을 던지면 모두 신경을 꺼버릴 것이다. 이런 분위기를 바꾸는 간단한 방법은 그들이 몇 가지 질문들에 대답하게 하는 것이다. 잠깐 말을 멈추거나 "어떻게 생각하세요?"라고 말하라. 모든 질문에 이렇게 부가 질문을 할 수는 없겠지만, 한 시간에 한 번씩이라도 이렇게 한다면 사람들이 질문에 반응하는 분위기를 바꿀 수 있을 것이다.

유대인들이 하나님의 임재를 경험하도록 하나님께서 허락하신 장소는 오직 성막과 예루살렘 성전이었다. 성전이라고 해도 하나님께서 임재하시는 특별한 장소는 따로 있었는데, 그곳은 성전 내실, 지성소였다.

이스라엘 사람들이 예루살렘으로 가기 위해 먼지 나는 흙 길을 그렇게 자주 여행한 것은 하나님이 임재하시는 곳으로 가기 위해서였다. 하나님의 거룩함 때문에 직접 그 장소에 들어갈 수는 없었지만, 그들은 가까이 있는 것만으로도 충분히 감격했다. 대제사장 한 사람만이 하나님이 임재하시는 지성소에 들어갈 수 있었고, 그것도 1년에 단 한 차례만 허락되었다. 그는 먼저 자신을 위해 속죄한 후에, 백성들의 죄를 위한 제사를 드리러 들어갔다. 그가 들어가기 전에, 사람들은 그의 몸에 줄을 묶었다. 만일 그가 지성소 안에서 죽으면, 끌어내기 위해서였다. 대제사장을 끌어내기 위해서라도 그 안에 다른 사람이 들어가면 그 사람도 죽고 만다는 것을 그들은 알고 있었다. 하나님이 거하시는 장소는 그 정도로 거룩했다.

예수님께서 십자가에서 돌아가셨을 때, 매우 의미심장한 일이 지성소에서 일어났다. 성전 안에서 지성소로 들어가는 관문이 되는 장막이 찢어졌다. 예수님께서 죽어 가실 때, 하늘이 캄캄해졌다. 그리고 그가 돌아가시는 순간, 땅이 흔들리고 바위가 갈라지고 많은 성도들이 죽음에서 부활하여 무덤 밖으로 걸어 나왔다. 그러나 그 엄청난 사건들 중에 가장 의미심장했던 것은 바로 장막이 찢어진 일이었다. 예수님께서 돌아가시는 순간, 장막이 위에서부터 아래로 쭉 찢어져 두 조각이 되었다. 하나님께서 세상에 변화의 메시지를 보내고 계셨다. "나는 더 이상 여기 거하지 않는다." 신약 성경은 하나님께서 더 이상 성전에 거하시지 않는다고 가르친다. 이제는 그의 백성들에게 내주하신다(고전 6:19).

"너희 몸은 너희가 하나님께로부터 받은바 너희 가운데 계신 성령의 전인 줄을 알지 못하느냐" (고린도전서 6:19).

성령은 우리 삶 속에서 살기 위해 우리 안에 오셨다.

이제 그분은 우리에게 내주하신다. 하나님의 임재를 경험하는 것은 모든 성도의 매일의 경험이 되었다. 우리는 이 사실에 대해 감격을 잃지 말아야 하며, 늘 두렵고 떨리는 마음을 가져야 할 것이다.

나는 때로 이 사실에 대해 너무 익숙해져버린다. 성령을 통해 내 삶에 거하시는 하나님에 대해 한 번도 생각하지 않고 하루나 심지어 며칠을 지내기도 한다. 다음 장에서 우리는 어떻게 하면 늘 성령을 인식할 수 있을지 이야기해 볼 것이다.

토의 4번의 내용을 여기서 나눌 수 있다.

16

성령께서 내게 인치신다.

"그 안에서 너희도 진리의 말씀 곧 너희의 구원의 복음을 듣고 그 안에서 또한 믿어 약속의 성

령으로 인치심을 받았으니"(에베소서 1:13).

성경이 기록된 시대에, 봉인은 장식이 아니라 자물쇠에 가까웠다. 편지가 목적지에 도달하기 전에 누가 뜯어보면, 봉인은 망가지게 되어 있었다.
이와 마찬가지로 여러분이 영원한 목적지에 무사히 도착할 때까지 성령께서 여러분에게 인을 치셨다.
왜 그러셔야 했을까?

"인"은 소유권과 보호의 의미를 함축한다. 17

신약 시대에는 각 사람마다 자신을 표시하는 고유한 디자인의 도장이 있었다. 인감 도장과 같은 것이었다. 문서에 인을 찍으면, 그것이 위조문서가 아니라는 것을 보장할 수 있었다. 하나님께서는 성령의 인으로 우리의 삶에 표시하셨다. 성령의 인보다 더 개인적이고 더 강력한 보증이 없기 때문이다.
성령의 인은 우리가 더 이상 우리 자신의 소유가 아니라고 선언한다. 우리는 값으로 산바 되었다. 이제 하나님께서 우리를 소유하신다. 우리는 하나님의 가족이다.

인은 또한 하나님의 보호를 나타낸다. 편지봉투의 인은 문서가 배달되는 중에 개봉되거나 변조되는 것을 막았다.
하나님께서는 우리의 삶에 영적 보호 장치를 두셨다. 즉 성령을 우리의 삶 속에 두셨다. 우리가 인생 여정에서 직면하는 모든 상황 속에서 그분은 "내가 너와 함께 있다"고 말씀하신다.

토의 5번의 내용을 여기서 나눌 수 있다.

성령은 하나님 약속의 보증이다. 18

에베소서 1장 14절과 고린도후서 5장 5절을 함께 읽어 보자.

"이는 우리 기업의 보증이 되사 그 얻으신 것을 속량하시고 그의 영광을 찬송하게 하려 하심이 19
라"(에베소서 1:14).

"곧 이것을 우리에게 이루게 하시고 보증으로 성령을 우리에게 주신 이는 하나님이시니라"(고린 20
도후서 5:5).

우리가 자주 사용하는 용어로 비유하자면, 성령은 우리의 삶에 대한 하나님의 "보증금"이시라고 성경은 말씀한다.
하나님께서 이렇게 말씀하신다. "너에게 천국을 약속하마. 나는 이 약속을 너에게 반드시 지킬 거야. 이 약속이 변치 않는 진리라는 것을 네가 믿을 수 있도록 너에게 엄청난 보증금을 줄게." 하나님이 보증금으로 무엇을 주셨을까? 하나님 자신을 우리에게 주셨다.

이 약속을 지키기 위해 하나님께서 우리에게 헌신하시는 깊이는 믿을 수 없을 정도이다. 성경이 기록될 당시, 보증금이나 담보로 맡기는 물건은 거래에서 없어서는 안될 필수요소였다. 만일 약속을 지키지 않으면 보증금을 잃을 수밖에 없었다. 만일 토지 거래에 대한 보증으로 돈을 지불하고 계약을 취소하면, 그 돈을 돌려받을 수 없었다. 또 어떤 사람과 결혼하겠다는 약속을 보증하기 위해 약혼반지를 주었다가 약혼을 깨뜨렸다면, 반지는 돌려받을 수 없었다.

하나님께서는 우리의 영원한 구원을 하나님 자신으로 보장하셨다. 그것은 하나님께서 잃어버려선 안 될 담보임이 분명했다. 하나님께서는 영생을 우리에게서 빼앗아 가지 않으시겠다는 것을 그렇게 깊고 분명히 말씀하신 것이다. 성경은 디모데후서 2장 13절에서 우리에게 말씀한다.

> **"우리는 미쁨이 없을지라도 주는 항상 미쁘시니 자기를 부인하실 수 없으시리라"(디모데후서 2:13).**

하나님은 우리의 영생에 대한 담보이자 보증금으로 하나님 자신을 주셨다. 하나님께서는 하나님 자신의 존재로 우리의 구원을 보장하신 것이다. 이 사실은 하나님께서 우리 믿는 자들에게 얼마나 깊이 헌신하시는지 보여 준다. 하나님은 그분의 성령을 우리 안에 주셨다.

이 보증과 약속에 대해 들은 지금, 어떤 감정을 느끼게 되는가? '이야, 사랑의 하나님께서 나의 구원을 그렇게 강력하게 보장하시다니, 나는 천국에 갈 때까지 내 맘대로 살아야겠다' 라고 생각하는가? 물론 아닐 것이다. 내게 내주하시는 성령의 진리를 이해할 때, 우리는 감사와 기쁨에 감격하게 된다. 자신의 삶에서 일어나는 성령의 역사를 이해할수록, 자신만을 위해 살 수 없게 된다. 더 이상 공로를 얻기 위해 하나님을 섬기는 것이 아니라, 하나님을 찬양하고 싶어서 하나님을 섬기게 된다.

배운 내용을 개인적으로 적용하면서 오늘 공부를 마치자.

기억합시다

1. 이 시간을 통해, 당신 자신이 성령을 통해 거듭난 적이 있는지 없는지 알 수 있었을 것이다. 거듭나지 못했다면 하나님께 나아오라. 자신의 쾌락만을 위해 살았던 삶을 회개하라. 그리고 새로운 생명과 영원한 삶을 그분께 구하라.

2. 그동안 성령 세례가 무엇인지 헷갈렸을 수 있다. 무엇인가 특별한 하나님과의 경험을 가져야 당신의 삶이 변할 수 있을 것이라 생각하고, 기도하고 구했을 수 있다. 그러나 당신에게는 이미 그 기적이 일어났다는 것을 알게 되었다. 당신을 그리스도 안에 살게 하셔서 하나님의 가족으로 받아 주신 것을 감사하라. 하나님의 역사는 너무나도 강력하고 완전하여 이 사실은 결코 변하지 않는다는 것을 하나님께 감사하라. 당신은 그리스도 안에 있기 때문에 이제 하나님께서 예수님의 의로 싸여 있는 당신만을 보시게 된 것을 감사하라. 당신은 하나님 앞에서 순결하고, 흠이 없고, 거룩하다.

3. 하나님의 약속이 신실하고, 당신과 영원히 함께하신다는 맹세가 깨지지 않는다는 사실을 놓고 하나님께 감사하라. 하나님이 당신에게 인을 쳐 주셨기 때문에 이제 구원을 빼앗길 염려가 없음을 성령께 감사하라. 당신에게 약속된 모든 것을 받고, 하나님의 약혼반지가 결혼반지로 바뀌고, 천국에서 어린양의 혼인 잔치에 그분과 함께 앉게 될 때를 잠깐 머릿속에 그려 보자.

토의 6번의 내용을 여기서 나눌 수 있다.

암송 카드 4번, '성령'을 암송하라.

부록

성령은 오순절에 새로운 사역을 시작하셨고, 그것은 지금 우리에게도 이어지고 있다. 예수님이 부활하고 승천하시기 전까지 성령이 때로 사람들에게 임하기도 하셨지만, 결코 어떤 개인 안에 내주하거나 거하지는 않으셨다.
요엘 선지자는 언젠가 하나님께서 "영을 만민에게 부어"(요엘 2:28) 주실 것이라고 예언했다. 예수님께서는 아버지께로 돌아가신 후에 성령을 제자들에게 보내 주시겠다고 약속하셨다.

"그러나 내가 너희에게 실상을 말하노니 내가 떠나가는 것이 너희에게 유익이라 내가 떠나가지 아니하면 보혜사가 너희에게로 오시지 아니할 것이요 가면 내가 그를 너희에게로 보내리니"(요한복음 16:7).

예수님께서 승천하신 지 열흘 후, 120명의 성도들이 다락방에 모여서 성령을 기다리며 기도하고 있었다. 그때 홀연히 하늘로부터 급하고 강한 바람 같은 소리가 있어 저희 앉은 온 집에 가득하며 불의 혀같이 갈라지는 것이 저희에게 보여 각 사람 위에 임하였고, 그들은 다 성령의 충만함을 받고 성령이 말하게 하시는 대로 각기 다른 방언으로 말하기 시작했다(사도행전 2:1~4).

그리고 얼마 후, 베드로가 오순절에 일어난 일을 많은 무리에게 설명하면서, 그 은사를 "성령의 선물"이라고 설명했다. 그는 청중에게 회개하여 세례받고 성령을 받으라고 권했다(사도행전 2:38). 요엘서의 예언에 대한 베드로의 이해는 다음과 같은 두 가지였다. 하나님이 부르신 자들에게는 구원이 약속되었을 뿐 아니라, 그들은 성령의 세례를 선물로 받는다. 그날 3,000명의 사람들이 베드로의 초청에 응답하여 물로 세례를 받았다(사도행전 2:41).

그러나 그 3,000명은 다락방의 120명이 경험한 기적(급하고 강한 바람, 불의 혀, 방언을 말함)을 보지는 못한 것 같다. 무슨 차이가 있었을까? 120명은 기존 성도들이었고 예수님을 따른 지 몇 달 혹은 몇 년 후 성령의 세례를 받은 것이었다. 그리고 베드로의 설교를 들은 3,000명은 죄 사함과 성령의 선물을 동시에 받은 비그리스도인들이었다. 이 차이는 중요하다. 왜냐하면 오늘날 그리스도인들이 대부분 경험하는 것은 120명이 겪은 사건이 아니라, 3,000명이 경험했던 성령 세례이기 때문이다. 120명의 경험이 특별했던 것은 그들이 오순절 전에는 성령을 받지 못했기 때문이라는 단순한 차이 때문이었다. 그러나 오순절 후에는, 모든 성도들이 죄 사함과 성령의 선물(세례)을 동시에 받았다.

그리스도인들이 혼란에 빠지기 쉬운 또 다른 두 가지 예외가 있다. 사도행전 8장과 사도행전 19장에 나오는 이야기들이다.

사도행전 8장 15~17절에서, 빌립이 사마리아에 복음을 전하자 많은 사람들이 믿고 세례를 받았다. 그러나 좀 특별했던 것은 예루살렘의 사도들이 그것을 듣고서 베드로와 요한을 보내어 그 경험의 진위를 확인하게 했다는 것이다. 한 가지 이유는 그 성도들이 사마리아인이라는 것이었다. 당시 유대인들은 "사마리아인과 상종하지 아니"(요한복음 4:9)했다. 그들의 적대 관계는 수세기 동안 이어져 온 것이었기 때문에, 이로 인해 교회 내에 큰 분열을 야기할 수 있었다. 따라서 두 명의 지도급 사도들이 사실을 조사하고 이들에게 안수함으로써 사마리아인들의 회심을 인정할 때까지 하나님은 성령의 선물을 잠시 보류하셨다. 그러나 이것은 매우 특별한 상황이었기 때문에 오늘날 성령을 받는 성도들과는 비교하기 힘든 부분이다.

또 하나, 사도행전 19장 1~7절에서 바울이 만났던 열두 명은 그리스도인들이었던 것 같지는 않다. 그들은 "제자들"이었지만, 사실은 세례 요한의 제자들이었던 것으로 드러난다. 바울은 "너희가 믿을 때에 성령을 받았느냐"고 묻는다. 바울도 처음에는 그들이 성도인 줄 알았던 모양이다. 그러나 그들은 성령에 대해 전혀 듣지 못했고 "오시는 이"가 예수님이시라는 것도 몰랐다. 바울은 그들에게 안수했을 뿐 아니라, 그 전에 먼저 주 예수의 이름으로 세례를 주었다. 성령에 대해서 들은 적도 없고, 그리스도의 이름으로 세례도 받지 않았고, 그리스도를 믿은 적도 없는 사람을 그리스도인이라고 부를 수 있을까? 아니다. 요한의 제자들은 오늘날의 그리스도인들과는 다른 경우였다.
우리는 하나님을 나누어 받아들이지 않는다. 하나님은 세 하나님이 아니라, 한 분이시다. 그렇기 때문에 예수님을 영접할 때 하나님을 영접하고 성령님도 영접하는 것이다. 한 번에 한 하나님씩 영접하지 않는다. 하나님은 하나이신 셋이며, 함께 임하신다.
사도행전에 성령이 "임하신" 상황이 각기 다르게 세 번 나오는 것은 유대인, 사마리아인(유대인과 이방인의 혼혈), 이방인들이 모두 하나님의 몸에 속한다는 것을 보여 주시기 위해서다. 기독교는 단순히 유대인의 종교가 아니었다. 그것은 사도행전 1장 8절 말씀대로 복음이 예루살렘과 유대와 사마리아와 땅 끝까지 이른다는 사실을 증거한 사건들이었다.

Q 토의

1. 그리스도인의 성장에 있어서 우리는 얼마만큼 왔나보다, 얼마나 더 가야 하는지에만 신경 쓰기 쉽다. 그러지 않기 위해, 당신의 삶 속에서 만나게 되는 하나님의 역사 한두 가지를 그룹원과 나누어 보자. 21

2. 왜 우리는 성령을 (인격으로 생각하기보다) 차가운 물체처럼 생각하고, 때로는 심지어 삼위일체 중 가장 계급이 낮은 하나님이라고까지 생각할까? 22

3. 요한복음 3장 1~16절을 다시 읽어 보자. 왜 니고데모 같은 종교적인 사람이 영적 거듭남을 이해할 수 없었을까? 예수님께서 그에게 하신 말씀을 들으니 성령으로 거듭난다는 것이 무슨 의미인지 이해가 되는가? 23

소그룹 리더들에게 : 때로는 종교적인 태도가 오히려 영적인 것을 보지 못하게 막는 경우가 있다. 누군가 종교를 "하나님께 도달하려는 인간의 노력"이라고 했다. 하나님과 우리의 관계가 인간이 만든 규칙과 전통으로 가려지면, 성령께서 하시는 일을 보기가 어려워질 것이다. 예수님께서는 니

고데모에게 먼저 거듭나고, 단순한 진리로 돌아가라고 격려하셨다.

4. '세례받다' 라는 단어는 문자적으로 물속에 완전히 잠기는 것을 의미한다. 하나님의 성령에 온전히 잠긴다는 것은 어떤 의미일까? 우리 모두가 하나님의 성령에 완전히 잠겨 있다는 것을 잊지 않는다면, 다른 성도들을 대하는 당신의 태도는 어떻게 달라질 수 있을까? 24

5. 성령이 인치심으로 성도들은 구원에 대해 큰 평안을 누리게 된다. 당신의 삶에서 그 안정감을 정기적으로 공급받아야 할 영역은 무엇인가? 25

소그룹 리더들에게 : 그룹원은 그들의 자녀 양육, 직장 생활, 전도, 두려움 등에 안정감을 주시기 원한다고 말할 수 있다. 그러나 그들에게 우리의 선한 행위로 인해 하나님의 사랑을 얻을 수 있는 것은 아니라는 점을 주지시키라. 하나님께서 이미 우리에게 주신 큰 사랑과 안정감에 감사하여, 하나님이 원하시는 행위를 하려 노력하는 것뿐이다.

6. 고린도후서 3장 3절은 우리의 사명을 늘 상기시킨다. 26

"너희는… 그리스도의 편지니 이는 먹으로 쓴 것이 아니요 오직 살아 계신 하나님의 영으로 쓴 것이며 또 돌판에 쓴 것이 아니요 오직 육의 마음판에 쓴 것이라"(고린도후서 3:3).

하나님께서 그룹원들의 마음의 비, 심비(心碑)에 무엇을 쓰고 계실까? 서로의 마음판에 쓰인 그리스도의 편지를 생각해 보며 격려해 주는 시간을 갖자.
한 사람씩 돌아가며 나누라. "하나님의 성령께서 당신의 삶에 이렇게 일하시는 것 같아요"라고 말하라. 한 사람마다 최소한 두세 명의 다른 사람들이 이야기해 주어야 할 것이다. 처음에는 좀 어색할 수 있지만, 홈런을 친 사람에게 환호하고 승진한 사람도 축하해 주는데, 하물며 개인의 삶에 일어난 하나님의 역사를 송축하는 것은 얼마나 더 중요하겠는가.

8장 성령 II

밭 갈기

- 성령 세례와 성령 충만의 차이를 분명히 이해한다.
- 하나님의 성령이 자신 안에 충만하다는 사실을 깨닫고 성령이 함께하시는 삶을 살기 시작한다.

강의 개요

왜 성령 충만을 받아야 하는가?

성경은 모든 사람이 세 가지 영적 상태 중 하나에 속한다고 말씀한다.
자연인
영에 속한 그리스도인
육신에 속한 그리스도인

성령 충만이란 무엇인가?
에베소서 5장 18~21절에서 볼 수 있는 네 가지 사실
성령 충만의 증거

성령 충만을 어떻게 받을 수 있는가?

1. 성령 충만에 대한 갈증을 인식하고 갈망하라.
2. 죄를 회개하고 하나님께서 깨끗케 하심을 받아들이라.
3. 당신의 전부를 성령의 통치에 내어드리라.
4. 말씀하신 대로 당신을 충만하게 하실 하나님을 신뢰하라.

중요한 것은 '안'에 있는 것이다.

자동차에는 휘발유를 넣어야 한다. 물을 넣을 수도 있지만(그게 훨씬 싸다), 그러면 자동차는 제 역할을 할 수 없을 것이다.
수영장은 물로 채워야 한다. 만일 모래로 채운다면, 상쾌한 느낌을 맛볼 수 없을 것이다. 만일 내가 비싼 크리스털 꽃병에 잡초를 꽂아 놓는다면, 모두들 꽃병이 아깝다고 생각할 것이다. 성경에서 우리를 비유하여 일컫는 사물 중 하나는 그릇이다. 우리는 무엇인가로 채워져야 한다.
여러분은 무엇으로 여러분의 삶을 채우는가? 많은 선택 사항들이 있다. 일, 취미, 가족, 교회 활

동, 여가 활동, 그 외에도 수천 가지의 것들로 여러분의 삶은 쉽게 채울 수 있다. 그러나 이렇게 중요한 것들로 여러분의 스케줄을 꽉 채운다 해도, 여전히 여러분의 삶은 공허할 것이다. 달력에 빽빽하게 표시해 놓은 일정이 우리의 삶을 채워 줄 수는 없다. 우리는 하나님의 임재로 채워지도록 창조되었다.

찰스 스윈돌은 이렇게 말한다.

> 성령은 성도들에게 자동차의 연료와 같다. 그분은 우리가 올바른 길을 갈 수 있도록 에너지를 공급하신다. 그분은 우리가 장애물들을 뚫고 나갈 수 있는 동기를 부여하신다. 그분은 길이 험할 때도 우리가 계속 나아가도록 격려하신다. 성령은 우리가 고민할 때 위로하시고, 재난을 당했을 때 평안케 하시고, 외롭고 슬플 때 우리의 동반자가 되시고, 지혜롭게 행동하게 하시고, 어떤 결정을 내리기에 앞서 불안해 할 때 분별력을 주신다. 간단히 말해, 그는 우리의 영적 연료이시다.[1)]

성령 충만에 대해 살펴보기 전에, 지난 시간에 배웠던 내용을 잠시 되새겨 보자.

지난 시간에 배운 내용

예수님이 부활하고 승천하시기 전까지는, 성령께서 특정 개인에게 특별한 때에 특별한 이유로 임하시곤 하셨다. 그러나 결코 사람 안에 영원히 거하지는 않으셨다. 오순절에 예수 그리스도를 믿는 자들에게 성령께서 임하셨을 때에야, 구약 요엘서 2장 28절의 예언이 성취된 것이다. 그때 이후로, 모든 그리스도인들은 구원받는 순간에 성령으로 세례를 받는다.

지난 시간에 우리 안에서 일어나는 성령의 역사의 네 가지 측면을 보았는데, 그것은 중생, 세례, 내주, 인치심이다.

1. 중생은 "새로운 탄생"을 의미한다. 그리스도를 영접하면서, 나는 새로 태어났다. 거듭난 것이다.

2. 성령 세례는

a. 하나님께서 나를 그리스도의 몸(교회)과 그리스도 안에 거하게 하시는 것이다.

b. 구원받는 순간에 단 한 번 일어나는 사건이다.

c. 성도들이 당연하게 경험하는 사건이다(고린도전서 12:13).

d. 하나님의 모든 것을 한 번에 영접하는 것이다. 하루는 하나님을 영접하고, 나중에 예수

1) 찰스 스윈돌, 『성령의 불꽃에로 더 가까이』(서로사랑 역간)

님을, 또 좀 더 후에 성령을 영접하는 것이 아니다. 하나님께서는 세 분이 하나가 되신, 삼위일체시다.

3. 성령의 내주는 하나님께서 인격적으로 내 안에 거하신다는 의미다.

4. 성령으로 인치신다는 것은 하나님이 소유하고 보호한다는 징표를 내 삶에 두신다는 것이다.

5. 성령은 하나님께서 내게 약속하신 모든 것들이 언젠가 내게 이루어질 것임을 보장하신다.

이번 장에서는 성령 충만에 대해 함께 살펴보자.

성령 충만을 왜 받아야 하는가?

오늘 공부를 시작하면서, 한 가지 중요한 질문을 하겠다. 지금보다 하나님과 더 가까웠던 적이 있는가?

만일 있다면, 그때 어떠했는지 기억나는가? 무슨 일을 통해 하나님과 그런 친밀함을 갖게 되었는가? 만일 없다면, 여러분이 지금 경험하고 있는 하나님과의 친밀함은 어떤 계기에서 시작되었는가?

슬픈 사실은, 많은 그리스도인들이 과거와 미래가 해결되었지만(죄 사함을 받았고 천국에 집이 있다), 현재의 삶이 다음과 같다는 것이다.

- 심한 영적 기복
- 취약한 기도 생활(전혀 기도하지 않거나 기도 응답이 전혀 없다.)
- 규칙적으로 말씀을 공부하지 않음
- 의무적인 교회 생활
- 자신이 그리스도인이라고 남들에게 말하기 두려워함
- 진정한 기쁨이나 평화의 부재
- 마지못해 시늉만 하고, 하는 체 하는 것. 그리스도인처럼 행동하고 그리스도인처럼 찬양하고 그리스도인처럼 미소 짓지만, 마음속에서는 그리스도인이라는 사실이 삶을 달라지게 하지는 않는다고 느낀다.
- 나쁜 태도 - 비판, 시기, 자랑, 원망
- 하나님이나 하나님의 선하심에 대한 의심
- 반복적인 똑같은 죄

만일 이 설명이 여러분에게 해당한다면, 솔직히 말해서 그것은 여러분이 아직 그리스도인이 아니기 때문일 수도 있다. 착한 일을 행함으로써 천국에 가려고 하거나, 교회에 출석함으로써 천국에 가려고 하거나, 다른 그리스도인들이 하는 것을 따라함으로써 천국행에 편승하려는 것일 수 있다. 그런 행위는 아무 의미가 없다. 여러분에게는 오직 예수님만이 주실 수 있는 용서와 생명이 필요하다.

한편, 참된 그리스도인이면서도 이렇게 살아가는 사람들이 많다. 그들은 자신의 삶을 그리스도께 내어드렸고, 그분의 용서를 신뢰하며 그분이 자신의 주님 되신다고 믿는다.
그리스도인이 이런 삶을 살고 있다면, 이것은 계기판에 들어온 커다란 적색경보와 같다. 경보는 점점 더 빨라지고 더욱 더 선명한 빛을 내면서 그리스도인으로서 여러분의 삶에 무엇인가 크게 잘못되었다고 알려 주는 것이다. 경고등을 무시하지 말라! 그 경고등에는 아마 이런 문구가 씌어 있을 것이다. "경고! 자신의 힘으로 살려 하고 있음!"

성경은 모든 사람이 세 가지 영적 상태 중 하나에 속한다고 말씀한다.[2]

<u>자연인</u>

> **"그는 허물과 죄로 죽었던 너희를 살리셨도다 그때에 너희가 그 가운데서 행하여 이 세상 풍조를 따르고 공중의 권세 잡은 자를 따랐으니 곧 지금 불순종의 아들들 가운데서 역사하는 영이라"(에베소서 2:1, 2).**

> **"육에 속한 사람은 하나님의 성령의 일들을 받지 아니하나니 이는 그것들이 그에게는 어리석게 보임이요, 또 그는 그것들을 알 수도 없나니 그러한 일은 영적으로 분별되기 때문이라"(고린도전서 2:14).**

불신자에게 성경의 진리를 설명하려고 했다가 영적 주파수가 완전히 다르다는 것만 느끼고 이야기를 끝낸 적이 있는가? 분명히 있을 것이다. 에베소서 2장 1, 2절은 우리 모두가 "본질상" 한때 하나님과 분리되었다는 사실을 일깨워 준다. 고린도전서 2장 14절은 하나님의 성령이 없으면, 우리가 하나님을 이해할 수 없다고 말씀한다.

C.C.C.의 설립자인 빌 브라이트는 성도들에게 성령 충만의 개념을 가르치는 데 하나님의 큰 도구로 쓰임 받았다. 그가 개발한 그림으로 수백만의 사람들이 세 가지 영적 상태의 차이를 이해하는 데 도움을 받게 되었다.[3] 자연인의 "S"는 자신의 인생의 보좌에 앉아 있는 자아(Self)를 나타

2) 한국대학생선교회, 『성령 충만한 생활의 비결을 발견하셨습니까?』(순출판사 역간)에서 삽화 인용.
3) 한국대학생선교회, 『성령 충만한 생활의 비결을 발견하셨습니까?』(순출판사 역간), 미국 C.C.C.의 허락 하에 게재.

낸다. 자신이 자신에게 명령하고 있다. 예수님을 초청하여 들이지 않았기 때문에 십자가는 그의 삶 바깥에 있다. 점들은 삶 속에서 그가 도저히 통제할 수 없는 영역들을 나타낸다. 우리는 우리 자신의 힘과 지혜로 살아가도록 만들어지지 않았기 때문에 통제할 수 없는 영역이 있는 것은 당연하다. 삶에 하나님이 없다면, 최고의 성공을 거둔 사람들일지라도 통제 불능의 좌절감과 공허감을 느끼게 된다.

영에 속한 그리스도인

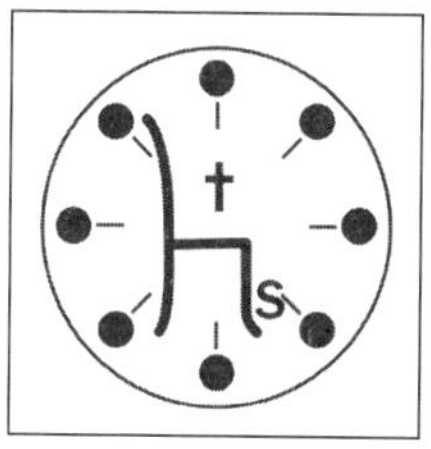

"신령한 자는 모든 것을 판단하나 자기는 아무에게도 판단을 받지 아니하느니라"(고린도전서 2:15).

"육신의 생각은 사망이요 영의 생각은 생명과 평안이니라"(로마서 8:6).

영에 속한 그리스도인은 자연인과 정반대다. 그는 완전하지 않지만, 하나님께서 그의 내면과 세상에서 행하시는 일들을 목도한다(고전 2:15). 자아가 보좌에 앉는 대신, 그리스도께서 그의 인생의 보좌에 앉아 계신다. 삶의 우선순위들이 분명하고, 모든 삶의 영역이 잘 정돈되어 있다. 더 큰 만족을 누리기 위해 또 다른 무엇인가를 찾아 나설 필요가 없다. 이제 그는 자신에 대한 하나님의 놀라운 사랑에 감사하여, 하나님이 원하시는 대로 살아간다. 로마서 8장 6절의 "영의 생각은 생명과 평안"이라는 사실을 경험하기 시작한다.

다음은 세 번째 사람으로서, 아까 내가 열거했던 삶의 문제들과 씨름하는 그리스도인이다.

육신에 속한 그리스도인

"형제들아 내가 신령한 자들을 대함과 같이 너희에게 말할 수 없어서 육신에 속한 자 곧 그리스도 안에서 어린아이들을 대함과 같이 하노라 내가 너희를 젖으로 먹이고 밥으로 아니하였노니 이는 너희가 감당하지 못하였음이거니와 지금도 못하리라 너희는 아직도 육신에 속한 자로다 너희 가운데 시기와 분쟁이 있으니 어찌 육신에 속하여 사람을 따라 행함이 아니리요"(고린도전서 3:1~3).

고린도전서 3장 1~3절을 함께 읽어 보자. 성경은 영적인 사람들이 "사람을 따라" 세상적인 사람들처럼 행동할 수 있다고 말씀한다. 무슨 뜻일까?
옆의 그림을 보자. 그리스도께서 우리 삶 속에 계시지만, 자아가 다시 보좌에 앉아 있다. 꼭 악한 의도가 있어서가 아니라, 오히려 잘해보려는 생각에 슬그머니 일어나게 되는 광경이다. '하나님을 도와드려야겠다' 거나, 내가 더 열심히 '노력' 하기를 하나님이 원하실 것이라는 생각 등이다. 내가 내 삶을 통제하는 것은 기분 좋은 일이다. 때로 우리는 그리스도께서 다스리실 때보다 우리 자신이 보좌에 앉을 때 더 많은 것을 이루어낼 수 있다는 생각에 스스로 속곤 한다.

그러나 분명히 그렇지 않다. 그러는 사이 삶의 영역과 우선순위들은 뒤죽박죽이 되고, 우리는 더 열심히 노력한다. 그러나 스스로의 힘으로 노력하면 할수록, 내면의 혼란은 더욱 커진다.

찰스 스윈돌은 이렇게 말했다.

> 그리스도인이 되는 것과 성령 충만한 그리스도인이 되는 것은 별개의 문제다. 슬픈 일은 회심하는 사람들은 너무나도 많지만 성령으로 충만한 사람들은 극소수라는 것이다. 성령 충만하지 못하면 하나님께서 우리에게 예비하신 최선을 놓칠 수밖에 없다.[4]

"하나님을 위해 더 노력하기"라는 이름의 쳇바퀴에 붙잡혀 계속 돌고 있는 그리스도인들이 많다. 어떻게 하면 거기서 빠져나올 수 있을까?

하나님의 능력을 떠나 살아가려 애쓰다가 좌절한 한 그리스도인의 글을 읽어 주겠다.

> 나 자신에 대해 이해할 수 없는 점은, 이렇게 결정하고 반대로 행동하며, 내가 너무나 싫어하는 일들을 또 다시 하고 있다는 것이다.
> 무엇인가 더 필요하다! …내 안의 죄의 힘이 선을 행하고자 하는 나의 마음을 계속 파괴한다면, 내게는 분명 외부의 도움이 필요하다! 그러나 내가 필요로 하는 것이 내게 없음을 깨닫는다. 하려는 의지는 있지만, 할 수가 없다. 나는 선을 행하겠다고 결심하지만, 정말로 하지는 못한다. 나는 죄를 짓지 않겠다고 결심하지만, 결국 죄를 범한다. 나의 결심은 행동으로 이어지지 못한다. 내 안 깊은 곳의 무엇인가 악한 것이 매번 나의 선한 의지를 이긴다.
> 이런 일이 너무나도 주기적으로 일어나서 이제는 예측이 가능하다. 내가 선을 행하기로 결정하는 순간, 죄가 나타나 나를 걸어 넘어뜨린다. 나는 진실로 하나님의 계명을 즐거워하지만, 나의 전부가 그 기쁨에 참여하지 못하는 것이 분명하다. 나의 일부분이 은밀히 반역하여 내가 전혀 예상치 못했을 때 나를 장악하고 나선다.
> 나는 모든 것을 시도해 보았지만, 아무 도움이 되지 않는다. 나는 밧줄 끝에 아슬아슬하게 매달려서 떨어지기 직전이다.

우리 모두가 직면하고 있는 고투에 대해 장황하게 묘사한 글이다. 우리 모두가 이 전투를 하고 있으므로 너무 낙심하지 말라. 내가 방금 읽은 이 글은 유진 피터슨이 의역한 영어 성경인 『메시

4) 찰스 스윈돌, 『성령의 불꽃에로 더 가까이』(서로사랑 역간)

지』 역 중 사도 바울의 고백을 담은 로마서의 한 부분이었다(롬 7:15, 17~24).

바울은 로마서 7장에서 이런 굉장한 좌절감을 표현했지만, 바로 뒤이어 나오는 로마서 8장은 성경에서 가장 확신이 넘치고, 영적으로 강력한 장의 하나이다. 무엇이 그런 차이를 만들어냈는지 알아 보자.

로마서 7장에서는 "나"라는 단어가 27회 사용된다. 로마서 8장에서는 "영"(Spirit)이라는 단어가 19회 사용된다. 로마서 7장에서 패했던 우리가 어떻게 로마서 8장에서 승리할 수 있는가? 그 열쇠는 하나, 성령의 충만이다.

토의 1번과 2번의 내용을 여기서 나눌 수 있다.

성령 충만이란 무엇인가?

성령 충만에 관한 교리를 담은 핵심 구절은 에베소서 5장 18~21절이다.

> **"술 취하지 말라 이는 방탕한 것이니 오직 성령으로 충만함을 받으라 시와 찬송과 신령한 노래들로 서로 화답하며 너희의 마음으로 주께 노래하며 찬송하며 범사에 우리 주 예수 그리스도의 이름으로 항상 아버지 하나님께 감사하며 그리스도를 경외함으로 피차 복종하라"(에베소서 5:18~21).** 6

신약 성경에 기록된 헬라어가 매우 정교한 언어라는 점을 기억하라. 헬라어는 영어 같은 언어와는 비교도 안될 정도로 정확하다. 이 구절에서는 헬라어 문법이 본문의 의미를 더 명확하게 해주고 있다.

7

에베소서 5장 18~21절에서 볼 수 있는 네 가지 사실

이 성경 구절의 문법 구조를 통해 네 가지 진리를 알 수 있다.

1. "충만함을 받으라"에 사용된 동사는 복수형이다. 따라서 모두가 충만을 받아야 한다.

이것은 모든 그리스도인들에게 해당되는 진리이다. 나는 성령의 충만을 받아야 한다. 여러분도 성령의 충만을 받아야 한다. 우리 모두가 성령의 충만을 받아야 한다.

2. "충만함을 받으라"에 사용된 동사는 현재 시제이다. 따라서 반복적 행동이다.

반복적 행동이다. 하루 종일 거듭하는 것이다. 호흡과 같다.
살기 위해서는 공기가 필요한데, 우리의 폐에 공기를 넣는 유일한 방법은 계속 호흡하는 것이다. 우리는 숨을 들이쉬고, 또 내쉰다. 평균적으로 사람은 하루에 2만 1,600회의 호흡을 한다고 한다. 빌 브라이트는 성령 충만을 영적 호흡에 비유한다.[5] 하나님께서 당신의 죄를 용서하셨다는 사실을 인식하며 (영적) 숨을 내쉰다. 하나님의 성령께서 이제 당신의 삶을 통치하고 지시하신다는 진리를 인식하며 (영적) 숨을 들이쉰다.

내쉬기 : "하나님, 저의 죄를 용서하여 주시니 감사합니다."

들이쉬기 : "하나님, 당신의 성령으로 나를 채우소서."

내쉬기…들이쉬기…내쉬기…들이쉬기… 이런 호흡이 하루 종일 이어져야 한다.
지금 나와 함께 해 보자. 내쉬기, "하나님, 제 삶 속의 죄들, 지금 생각나는 죄들을 용서해 주셔서 감사합니다." 들이쉬기, "저를 성령으로 충만하게 하소서. 당신께서 다스리소서."

호흡 비유는 두 가지 관점에서 유용하다. 첫째로, 우리가 어디에 있든 호흡을 해야 하는 것처럼, 하루 종일 어디 있든지 성령 충만을 받아야 한다는 것을 알려 준다. 또한 하나님께 성령 충만을 구하게 함으로써 개인이 자랑할 수 없게 한다. "세상이여, 나를 보라. 나는 공기를 호흡한다! 내가 얼마나 훌륭한 호흡가인지 주목하라!"고 하는 사람은 없을 것이다. 모두가 어떻게 호흡하는지 알고 있으며, 하나님의 은혜로 다음 호흡을 할 수 있음을 우리는 안다. 마찬가지로, 하나님을 믿는 신자라면 누구든 성령께서 충만히 채워 주신다. 성령께서 우리를 채워 주실 것을 믿는 것은 공기를 호흡하는 것만큼이나 자연스러운 것이다.

3. "충만함을 받으라"에 사용된 동사는 수동형이다. 따라서 충만은 우리에게 되어지는 일이다.

헬라어의 수동태는 보통 주격이 하는 것보다 주격에게 되어지는 것을 나타낸다. 여러분의 생명을 성령으로 충만하게 하는 것은 하나님께서 여러분 안에서 하시는 일이다.
성령 충만을 받는 것에서 여러분의 역할과 하나님의 역할은 어떻게 나누어질까? 이 스펀지와 물

5) 빌 브라이트, 『능력 있는 삶과 성령』(순출판사 역간)

그리고 대야를 보며 생각해 보자. 내가 스펀지를 대야에 넣는다. 이것은 잠기는 것, 성령의 세례를 받는 것이다. 스펀지는 여러분을, 물은 성령을 나타낸다. 내가 스펀지를 물에 넣을 때, 물이 스펀지를 "채운다." 이제 스펀지가 물의 "세례를 받았다"고 할 수 있다. 세례는 "잠긴다"는 뜻을 가지고 있음을 기억하라. 그런데 만일 내가 스펀지를 물 속에서 꼭 짜면 어떻게 될까? 스펀지는 여전히 물 속에 있지만, 내가 누르기 때문에 물이 스펀지를 채우지 못한다. 스펀지가 다시 물로 채워지려면 내가 어떻게 해야 하는가? 맞다. 스펀지를 놓기만 하면 된다.

성령 충만의 경험은 바로 이런것이다. 통제권을 하나님께 넘겨드리면 된다. 여러분의 인생, 계획, 생각을 꼭 붙잡을수록, 하나님께서 여러분의 삶 속에서, 그리고 여러분의 삶을 통해 하시려는 것들을 짜내는 것이다. 그러나 여러분이 통제권을 내려놓는 순간, 성령의 통제가 여러분의 삶 속으로 물밀 듯이 다시 밀려들어올 것이다. 성령 충만을 이상하고 신비한 경험으로 생각하지 말라. 신자로서 당연히 살아야 할 삶으로 생각하라.

4. "충만함을 받으라"에 사용된 동사는 명령형이다. 따라서 이것은 명령이다.

하나님은 우리에게 성령의 충만을 받으라고 명령하셨다. 가끔이 아니라, 언제나 성령으로 충만해야 한다는 것이 하나님의 명령이다. 성령 세례는 우리에게 능력을 받을 수 있는 자격을 주고, 성령 충만은 우리가 매일 하나님의 능력 안에 행할 수 있게 한다.

성령 세례	성령 충만
신분적* 사실	경험적* 사실
명령이 아님	명령
일회성 사건	지속적 사건
능력을 받을 수 있는 자격을 준다.	능력 그 자체

* 신분적 사실은 그리스도 안의 믿음으로 우리가 누구인가에 관한 것이다. 그리고 경험적 사실은 그 신분에 근거하여 우리가 어떻게 살아야 할 것인가에 관한 것이다. 하나는 뿌리이고 다른 하나는 열매인 셈이다.

성령 충만의 증거

8

성령 충만한 상태인지 어떻게 알 수 있을까? 성령 충만의 증거에 대해 세 가지로 나누어서 살펴보자. 성령 충만에 수반될 수도 있고 수반되지 않을 수도 있는 경험들, 성령 충만에 대한 오해들, 그리고 성령 충만의 참된 증거들.

성령 충만은 궁극적으로 하나님을 신뢰하는 자세지만, 성령 충만한 상태를 보여 주는 증상은 분명히 있다. 문제는 우리가 잘못된 증상들을 찾아다니기도 한다는 것이다. 성령 충만의 증상에 관한 오해를 풀어 보자.

개인적 경험은 성령 충만에 수반될 수도 있고 수반되지 않을 수도 있다

감정 중심 : 감정이나 느낌은 성령 충만의 필수적인 부분이 아니다.
어떤 사람들은 성령 충만한 사람은 기뻐서 뛰고, 눈물을 뚝뚝 흘리고, 외치고 함성을 지른다고 말한다. 그러나 사람들이 기쁨에 반응하는 방법은 각양각색이다. 결혼식에 몇 번만 참석해 봐도 그것을 알 수 있다. 어떤 가족들은 매우 격식을 차리고, 다른 가족들은 계속 울고, 또 어떤 가족들은 웃고, 어떤 가족들은 말을 멈출 줄 모른다. "당신은 이런 감정을 가져야 합니다"라고 말하는 것은 그 사람과 하나님의 관계에 자신의 스타일을 강요하는 것이다.

특별한 능력 : 하나님께서는 우리의 한계와 자연 질서 안에서 역사하신다.
성령 충만한 사람의 가슴에는 커다란 S자가 새겨진다. '슈퍼 성도'가 된 것이다. 하루 만에 직장 동료들을 전부 다 그리스도께로 인도한다. 글쎄, 그럴까? 전혀 그렇지 않다.

성령 충만이 우리 삶의 일부가 되려면, 우리의 하루 일과의 일부가 되어야 한다. 나는 설거지를 하며 성령 충만할 수 있다. (나의 아내는 그때가 내가 가장 성령 충만해 보이는 때라고 말한다.) 성령 충만하다고 해서 집에서 자녀들과 놀아 줄 수 없다거나 사랑스런 남편이나 아내가 될 수 없다거나 사소한 집안일을 할 수 없다는 생각은 사탄이 좋아할 거짓말이다.

개인적 카리스마 : 성령 충만으로 오해하기 쉽다.
자기 표현을 잘하거나 대중을 압도하는 힘을 가진 사람들이 있다. 그러나 그러한 능력은 성령 충만과 아무 상관이 없다.

마음의 안정과 평온 : 성령 충만했던 위대한 성도들도 좌절, 낙심, 실망을 경험했다.
성령 충만한 사람들도 좌절하거나 낙심할 수 있을까? 고린도후서에서의 바울이나 시편에 나타난 다윗을 보라. 그들은 성령의 감동을 받아 성경을 기록하면서도, 자신의 두려움, 좌절, 실망에 대해 말했다. 우리가 좌절과 낙심을 잘 이겨내도록 성령께서 도와주시지만, 여전히 그것들은 우리의 삶의 일부일 것이다.

방언 : 역사적으로, 성령 충만할 때 방언으로 말하는 성도들도 있었지만, 대부분은 그렇지 않았다.
성령 충만할 때 방언으로 말하는 사람이 있을까? 물론 그렇다. 사도행전 2장을 읽어 보라. 그렇

다면 성령 충만한 사람이라면 누구나 방언으로 말해야 할까? 물론 아니다. 사도행전 9장을 읽어보라(바울이 성령 충만한 장면). 방언은 성령께서 주시는 여러 다양한 은사 중 하나다. 은사에 귀천이 있다면 은사를 받아 교만해지는 사람도 있을 것이고, 또 어떤 사람들은 은사가 없어서 좌절할 수도 있을 것이다.

성령 충만에 관한 오해들

성령 충만하면 문제가 해결된다 : 성령 충만이 모든 문제를 사라지게 하지는 않는다. 그러나 문제 앞에 대처하는 힘과 지혜를 준다. 사도 바울이 그 예이다(고린도후서 6:3~10).
예수님은 평생 성령 충만하셨다. 그런 그분에게도 문제가 있으셨을까? 물론이다. 그분은 비난당하셨다. 머리 두실 곳이 없으셨다. 핍박당하셨다. 십자가에 못 박히셨다.

성령 충만하면 시험을 만나지 않는다 : 예수님은 세례를 받으시고 성령께서 임하신 직후 역사상 최대의 시험에 직면하셨다. 성령 충만할 때, 그렇지 않을 때보다 더 많은 시험을 당하기도 한다.
"내가 성령 충만하면, 영적 보호막을 쳐서 사탄이 더 이상 나를 시험하지 못하게 막을 거야"라고 생각할 수도 있다. 틀린 생각이다. 여러분은 성령 충만해도 여전히 시험을 당할 것이다(예수님처럼). 그러나 그 시험을 이길 수 있는 새 힘을 얻는다.

성령 충만하면 죄를 짓지 않고 완전해진다 : 사실과 전혀 다르다. 모든 그리스도인은 죄를 짓는다. 그리고 하나님이 용서하셨음을 믿어야 하고 매일 새롭게 성령으로 채워 주시기를 간구해야 한다.

성령 충만의 성경적 · 일반적 증거

- 성령의 은사

"각 사람에게 성령을 나타내심은 유익하게 하려 하심이라"(고린도전서 12:7).

이 은사들은 서로를 더 잘 섬길 수 있도록 우리에게 주어진 것이다. 성령 충만의 가장 큰 증거 중 하나는 남들을 기꺼이 섬기려는 자세이다.

- 성령의 열매

"오직 성령의 열매는 사랑과 희락과 화평과 오래 참음과 자비와 양선과 충성과 온유와 절제니 이 같은 것을 금지할 법이 없느니라"(갈라디아서 5:22, 23).

사랑할 수 있는 능력, 기쁨을 경험하는 것, 친절을 베푸는 것 등에서 성장하고 있다면, 여러분의 삶에 성령께서 역사하신 결과다. 열매는 갑자기 다 자란 상태로 나뭇가지에 튀어나오지 않는다. 열매는 자란다. 인격적 자질 면에서 성장하고 있다면, 그것은 여러분의 삶에 성령께서 임재하신 증거다. 갈라디아서 5장에서는 성령 충만한 삶을 이기적이고 죄악 된 삶과 반대된 모습으로 묘사한다. 여러분이 성령으로 충만할 때, 여러분의 인격은 변화될 것이다.

–성령의 능력

성령께서 전도의 능력을 주신다(사도행전 1:8; 에베소서 3:20).

사도들은 완전하지 못했으나, 성령 충만함으로 확신과 담대함을 가졌다(사도행전 4:29).

우리는 강하지 않을지라도, 우리 삶을 통해 하나님께서 강력히 역사하실 수 있다. 바울은 고린도후서 12장에서 우리가 가장 약하다고 느끼면서 하나님께 순종할 때, 하나님은 가장 큰 역사를 행하신다고 말했다. "이는 내 능력이 약한 데서 온전하여짐이라"(고후 12:9).

계속 진도를 나가기 전에, 깨달은 내용을 개인적으로 적용해 보는 시간을 잠시 갖자. 성령은 인격이시다. 인격이신 하나님께서 우리 안에 사시는 것이다(이것보다 더 친밀한 관계는 없다). 우리 삶에 성령께서 임재하실 때 나타나는 이러한 증거들을 우리는 다 경험하지 못하고 있거나, 만족할 만큼 경험하지 못하고 있을 수 있다. 그렇다면 성령께서 우리 안에 계시지 않는 것일까? 그렇지 않다. 만일 여러분이 예수님을 영접했다면, 성령께서 이미 여러분의 생명 속에 계신다. 그것은 의심의 여지가 없다. 그러나 우리는 작업 진행 중인 작품이며, 아직 이젤에 놓여 있는 걸작이다.

하나님께서 여러분의 삶에 행하고 싶어 하시는 일에 잠시 집중해 보자. 하나님께서 여러분의 삶 속에서 역사하시도록 내어드릴 때, 여러분은 상상을 초월하는 영향력을 이 세상에 끼치게 되는 것이다. 그것은 바로 성령의 은사를 통해 나타나는 영향력이다.

자신의 인격이 변화되는 것을 보면서 느끼게 될 성취감을 생각해 보라. 예전처럼 화도 잘 내지 않고, 전에 없던 평화를 느끼고, 전에 없이 사람들을 아끼고 돌본다. 그것이 성령의 열매이다.
여러 해 동안 반복해서 짓던 죄와 싸워 이긴 자신을 보라. 성령께서 죄를 인정할 힘과 도움을 구할 용기와 변화를 보는 기쁨을 주셨기 때문이다. 참, 이것은 여러분이 다시는 동일한 유혹을 받지 않을 것이라는 말이 아니고, 하나님께 순종하며 유혹을 거절할 수 있는 새로운 힘을 얻었다는 것이다. 성령은 여러분의 삶 속에 역사하셔서 죄에 대한 진정한 승리를 주신다.

성령께서 원하시는 겸손의 모습을 생각해 보라. 이전까지 여러분은 누가 나를 주목하는지, 혹은 내가 정당한 대접을 받고 있는 것인지 염려하느라 늘 매여 있었으나, 이제 자유로워져서 여러분이 사랑하는 사람들, 그리고 심지어는 한 번도 만나 본 적 없는 사람들까지도 섬기게 된다.

하나님은 우리 삶에 이 모든 것들을 행하시기 위해 지금도 역사하고 계신다.

토의 3번과 4번의 내용을 여기서 나눌 수 있다.

인생에서 가장 중요한 질문 중 하나는 "어떻게?"이다. 만일 내가 세계에서 가장 맛있는 초콜릿 케이크를 만들 수 있다고 말한다면, 분명히 여러분은 "어떻게?"라고 질문할 것이다. 만일 내가 여러분에게 이번 여름에 여러분이 가족을 데리고 무료로 유럽 여행을 갈 수 있다고 하면, 여러분은 "어떻게?"라고 질문할 것이다. 만일 5일 만에 10kg을 뺄 수 있는 방법이 있다고 하면, 다시 한 번 여러분은 "어떻게?"라고 물을 것이다.

Teaching TIP

이 부분에서 당신의 강의에 사람들을 참여시키라. 위의 문장들을 이야기하는 중에 "어떻게?"의 부분에서 잠시 쉬어서, 사람들이 "어떻게?"라고 말하게 하라. 성경을 가르치는 당신의 목표는 사람들이 "적극적인 경청자"가 되게 하는 것이어야 한다. 적극적으로 경청하는 사람들은 당신의 말에 참여하며, 그 말이 그들의 삶에 어떤 가치가 있는지 생각한다. "어떻게?"라고 말하게 하는 간단한 것으로도 사람들은 수동적 듣기 상태에서 빠져나올 수 있다.

하나님은 우리에게 성령 충만하라고 명령하신다. 그렇다면, "어떻게?"

성령 충만을 어떻게 받을 수 있는가?

9

지금부터 내가 하려는 말을 듣고 실망하는 사람들도 있을지 모르겠다. 왜냐하면 성령 충만을 받는 방법이 생각보다 너무 쉬워 보이기 때문이다. 하나님은 능력을 주시지 않으시면서 어떤 것을 하라고 명령하시는 일은 절대 없다. 성령 충만하라고 명령하실 때에는, 명령에 따를 수 있는 방법과 자원을 이미 주셨다는 사실을 믿어도 좋다.

성령 충만은 우리가 깨달은 모든 죄를 사함받고 우리 삶의 모든 영역에서 예수 그리스도께 복종할 때 받게 된다.

여러분의 집에 손님이 찾아왔다고 생각해 보자. 여러분은 손님을 즐겁게 해 주기 위해 최선을 다한다. 풍성한 식탁을 차리고, 손님을 여러분의 침대에 재우기 위해 여러분은 바닥에서 자기도 한다. (사실은 주로 아이들을 바닥에서 재운다.) 그러나 손님을 아무리 편안하게 해 주려 노력한다 해도, 그곳은 여러분의 집이고 궁극적으로 여러분이 통제하는 곳이다.

성령께서는 여러분의 삶의 손님이 되기를 원하지 않으신다. 그분은 여러분의 집문서를 넘겨받기 원하신다. 그는 여러분이 모든 잘못, 상처, 죄를 솔직히 인정하기를 원하신다. 물론 그는 이미 모든 것을 다 알고 계신다. 그는 우리 삶의 모든 영역을 그분의 통제에 복종시키기를 원하신다. 요한복음 14장에서 예수님은 성령을 보내셔서 우리와 함께 거하게 하시고, 우리 안에 계시게 할 것이라고 말씀하셨다.

> **"내가 아버지께 구하겠으니 그가 또 다른 보혜사를 너희에게 주사 영원토록 너희와 함께 있게 하리니 그는 진리의 영이라 세상은 능히 저를 받지 못하나니 이는 그를 보지도 못하고 알지도 못함이라 그러나 너희는 저를 아나니 저는 너희와 함께 거하심이요 또 너희 속에 계시겠음이라"(요한복음 14:16, 17).**

어떻게 우리의 삶을 성령께 내어드릴 수 있을까?

1. 성령 충만에 대한 갈증을 인식하고 갈망하라. 10

성경책을 펴서 요한복음 7장을 함께 보자.

> **"명절 끝날 곧 큰 날에 예수께서 서서 외쳐 이르시되 누구든지 목마르거든 내게로 와서 마시라 나를 믿는 자는 성경에 이름과 같이 그 배에서 생수의 강이 흘러나오리라 하시니 이는 그를 믿는 자들이 받을 성령을 가리켜 말씀하신 것이라 (예수께서 아직 영광을 받지 않으셨으므로 성령이 아직 그들에게 계시지 아니하시더라)"(요한복음 7:37~39).**

Teaching TIP

예수님께서 장막절에 목마른 자들을 부르시는 이야기는 오늘 공부의 핵심이 되는 내용이다. 우리 모두가 성령으로 충만을 받아야 한다는 깊은 필요와 갈망에 대해 가르치는 것이므로, 열정을 가지고 전해야 한다. 속도를 늦추어 이야기하며, 극적으로 표현하라. 예수님께서 군중에게 외치시는 장면에서는, '무대에서 외치듯이' 말하는 것이 좋다. 사람들이 마치 그날 그 자리에서 예수님의 메시지를 듣는 것처럼 느끼게 하라. 이 이야기를 전하는 방법에 따라 사람들의 심령이 변화될 수 있다.

요한복음 7장의 이 본문은 유대인의 축제인 장막절 동안에 예루살렘에서 일어난 일이다.

축제 동안 매일 여명 직후에, 대제사장이 예배자들의 축하 행렬을 이끌고 성전 근처의 실로암 못으로 내려갔다. 거기서 그는 황금 주전자에 물을 가득 채웠다.
그는 그 황금 주전자를 가지고 다시 성전 남문(수문[水門]으로도 불렸다)으로 들어갔고 사람들은 이사야서 12장 3절의 "너희가 기쁨으로 구원의 우물들에서 물을 길으리로다"를 낭송했다.
그리고 제사장은 하나님께 드리는 제물로 그 물을 제단에 부었다. 그 예식은 풍년을 위해 비를 내려 달라는 기도이기도 했지만, 한편으로 요엘서 2장 28, 29절의, 하나님의 신을 만민에게 부어 주신다는 약속을 기억하는 시간이기도 했다.

요한복음 7장의 현장을 상상해 보라. 이 축제에 참석하기 위해 도시를 꽉 메운 예배자들로 예루살렘은 붐볐다. 물을 붓는 이 의식은 축제 기간의 하이라이트였고, 어쩌면 주전자의 물이 제단에 막 부어지려는 극적인 순간, 예수님은 목소리를 높여 군중들에게 외치셨다. "누구든지 목마르거든 내게로 와서 마시라!" 충격적이다! 그분은 사람들의 모든 소망과 꿈이 바로 자신에게서 이루어질 것이라고 주장하고 계셨다. 이것은 마치 어떤 사람이 TV에 생중계되는 광복절 행사장에 우뚝 서서 "누구든지 참된 자유를 원하는 사람은 내게로 오라!"고 외치는 상황과 비슷할 것이다. 예수님께서는 다른 누구도 줄 수 없는 것으로 우리를 만족시켜 주시겠다고 주장하셨다. 예수님께서 외치신 것은 그 군중이 예수님께서 주실 것에 목말라 있다는 것을 아셨기 때문이다. 하나님, 바른 관계, 영적 생활에 대해 목마르지 않은 사람은 거기 하나도 없었다.

예수님께서 "누구든지 목마르거든 내게로 와서 마시라"고 외치신 순간에 대해 래리 크랩은 이렇게 썼다.

> 아마 몇몇 용감한 사람들이 자신들의 목마름을 비로소 자각하고 예수님께로 달려갔을 것이다. "예, 주님. 저는 목마릅니다. 인정합니다. 제가 갖지 못한 그것을 깊이 갈구합니다." "누구든지 목마르거든…" 그 다음에 뭐라고 하셨는가? "오라!"고 하셨다. 당신의 목마름을 부인하지도, 그것에만 집중

하지도 말라. 목마르다는 사실을 인정하고 오라는 그리스도의 초청은 우리 영혼의 갈망을 받아 주신다.[6)]

여러분은 하나님을 갈구하도록 창조되었다. 여러분과 나는 목마르다. 우리가 매일 직면하는 가장 중요한 질문의 하나는 "나의 영적 목마름을 해소하기 위해 어디로 가야 할 것인가?"이다. 사탄은 "돈, 성적 범죄, 권력이 내면의 목마름을 해소해 줄 거야"라는 대답을 가지고 와서 우리를 유혹한다. 그것은 거짓말이다! 여러분도 그것이 거짓말이라는 것을 알 테지만, 사탄은 우리에게 거짓말하기를 멈추지 않는다.

우리의 긍정적인 부분조차도 이 목마름을 해소시키지 못한다. 중요한 관계, 즐거운 휴식 순간, 의미 있는 사역의 목표를 성취하는 것으로도 하나님과 연결되고 싶은 갈증을 해소시키지 못한다. 오직 예수님께서만 해소하실 수 있다.

그러므로 여러분이 이후에 다시 깊은 내면의 목마름을 느끼게 된다면, '친구를 불러야지… 영화를 보러 가야지… 쇼핑을 가야지… 더 열심히 사역해야지… 올해의 목표를 다시 세워 봐야지' 등의 생각은 과감하게 그만두라. 다 좋은 것들이지만, 이 갈증이 원하는 음료수는 아니다. 대신, 조용히 앉아서 예수님께 말씀드리라. "다른 어느 때보다 제겐 주님이 필요합니다. 바로 지금 필요합니다. 이 빈 공간을 채우기 위해 다른 것들과 다른 사람들을 찾았던 것을 용서해 주십시오. 주님의 성령으로 저를 채워 주옵소서. 주님께서 저의 목마름을 씻어 주실 것을 믿습니다."

11

2. 죄를 회개하고 하나님께서 깨끗케 하심을 받아들여라.

회개하라! 많은 사람들이 "회개"라는 단어를 들으면, 길거리에서 붉은 피켓을 들고 다니는 사람들이 마이크에 대고 외치는 "회개하라!"를 연상한다.
그러나 사실 '회개'는 사전에서 가장 긍정적인 단어 중 하나다. 이 단어는 '돌아서다', '다시 시작하다', '생각을 변화시키다' 등의 뜻을 담고 있다. 누가 이런 것을 원하지 않겠는가?
회개는 나의 죄에 대해 하나님께 동의하고, 하나님께 불순종한 것에 대한 변명을 늘어놓거나 남탓하기를 그만두는 것이다. 요한일서 1장 9절을 보라.

> **"만일 우리가 우리 죄를 자백하면 그는 미쁘시고 의로우사 우리 죄를 사하시며 모든 불의에서 깨끗하게 하실 것이요"(요한일서 1:9).**

6) 래리 크랩, 『영적 가면을 벗어라』(나침반 역간)

우리 대부분이 가장 하기 힘들어하는 것은 우리의 '죄'를 회개하는 것이다. "하나님, 저의 마음과 행동 속에서 범했던 죄를 회개합니다"라고 고백하는 것은, 오늘 힘든 하루였다거나, 사람들에게 안 좋은 태도를 보였다거나, 길에서 추돌 사고가 있었다고 인정하는 것보다 훨씬 어렵다.
나의 경우도, 죄를 죄라고 부르기 싫어하는 성질이 성령보다 나 자신으로 내 안을 채우는 주범이라는 사실을 인정한다.

Teaching TIP

위의 문장은 개인적인 고백이다. 인도자에게도 동일한 사항이라면 사용할 수 있다. (물론 이것은 우리 대부분이 힘들어하는 영역이기는 하다.) 당신 자신이 겪고 있는 죄와의 전투를 고백하는 식으로 나누면, 분위기는 완전히 바뀔 것이다. 사람들은 그 자리에 앉아 있는 다른 사람들과 마찬가지로 당신이 죄와 고투하고 있으며 은혜가 필요한 동료라는 것을 알게 된다.

"내 백성이 두 가지 악을 행하였나니 곧 그들이 생수의 근원되는 나를 버린 것과 스스로 웅덩이를 판 것인데 그것은 그 물을 가두지 못할 터진 웅덩이들이니라"(예레미야 2:13).

예레미야서 2장 13절은 우리가 회개해야 하는 두 가지 이유를 분명히 보여 준다. "나를 버린 것"과 "스스로 웅덩이를 판 것"에 밑줄을 그어 보자. 우리는 하나님의 힘을 신뢰하지 않은 것, 그리고 그 대신 우리가 할 수 있는 것을 신뢰한 것을 회개해야 한다.

상상해 보라. 거대한 네온사인이 예수님을 가리켜 "생수의 샘물… 생수의 샘물"이라고 번쩍거리며 메시지를 보내는 그 곁을 우리는 매일 걸어 지나간다. 우리는 그 네온사인의 아름다움에 감탄하지만, 삽을 잡고 자기의 우물을 파서 물을 얻으려 한다. 물이 나오지 않는데도 불구하고 계속해서 '우리 자신의' 웅덩이를 파는 모습은, 슬프지만 솔직한 우리의 마음이다.

케이 워렌은 우리 자신의 우물을 파는 것에 대해 이런 이야기를 한다.

> 나는 어떤 상황에 대해 슬퍼하고 있는 나 자신을 발견했다. 생수의 샘으로 가면 하나님께 위로받을 수 있고, "내가 너를 결코 떠나지도, 버리지도 않으리라" "나를 생각하는 자들에게 내가 평화를 주노라"라고 말씀하시는 하나님의 음성을 들을 수 있는데도, 나는 나 자신의 우물을 파려고 했다. 생수의 샘으로 가는 대신, 나는 하나님을 지나치며 인사하고, 삽을 잡고 땅을 파기 시작했다. 기분을 전환시킬 방법을 찾아, '배 고파. 뭘 좀 먹으면 좋아질 거야'라고 생각했다. 나는 부엌으로 들어가서 우리 아이들이 먹던 사탕 봉지를 발견했다. '이거면 되겠다. 이거면 기분이 훨씬 더 좋아질 거야!' 그래서 나는 봉지에서 사탕을 하나씩 꺼내서 먹었다. 그러나 초콜릿까지 다 먹어도 기분은 전혀 나아지지 않았다. 그래서 나는 그 삽으로 조금 더 깊이 팠다. 나는 찬장을 열고 과자를 꺼냈다.

곧 배가 불렀지만, 나는 여전히 슬프고 여전히 우울했다. 그 다음에 나는 생각했다. '아, 친구에게 전화해야겠다. 나를 토닥여 주며 내가 얼마나 좋은 사람인지 말해 줄 사람을 찾아야겠다. 그게 필요한 거였어.' 그래서 거실로 나가 전화기를 들려는 순간, 하나님은 내게 말씀하셨다. "케이, 너는 너의 우물을 파고 있어. 생수의 샘인 내가 바로 여기에 있어! 나는 너의 목마름을 씻어 줄 수 있어."

성령으로 충만하기 위해, 여러분은 수도 없이 하나님을 그냥 지나쳐 갔고, 목마름을 씻어 줄 여러분의 우물을 파려 했던 것을 자백해야 한다. 그러나 우리는 설상가상으로, 하나님께 우리가 우물을 잘 팔 수 있게 도와달라고 기도까지 한다. 그리고 하나님께서 우물 파는 것을 도와주지 않으셨다고 화를 내기도 한다. 여러분에게 응답되지 않은 기도들을 살펴보면, 많은 경우 여러분 자신의 우물을 파도록 도와달라고 하나님께 구했던 것을 발견할 것이라고 나는 장담한다. 그리고 하나님께서 도와주지 않으셨을 때, 여러분은 하나님께 화를 냈던 것이다.

여러분을 사랑하시는 주님께 말씀드리라. "저 자신을 신뢰하는 죄를 범하고, 주님의 방법을 신뢰하는 대신 나의 방법으로 만족을 얻으려 했던 적이 많았음을 용서해 주옵소서. 하나님, 변명하고 남을 탓했던 것을 용서해 주옵소서. 저의 죄를 회개하며 바로 지금 저를 채워 주시기를 간구합니다."

3. 성령의 통치에 당신의 전부를 내어 드리라. 12

성령 충만은 많고 적음의 문제가 아니라, 있고 없음의 문제다.

때로 "오늘 저녁에 그 사람 정말 성령 충만했어"와 같은 말을 듣게 된다. 그러나 성령 충만은 양이나 정도의 문제가 아니다. 더 충만하냐, 덜 충만하냐가 아니라, 충만하든지, 충만하지 않든지이다. 성령께서 여러분의 태도를 다스리시고 여러분의 행동을 인도하시도록 허용하느냐, 하지 않느냐 둘 중의 하나이다. 우리가 그리스도인으로서 성장함에 따라, 우리 삶의 새로운 영역들을 하나님의 인도에 더 내어드리게 되는 것은 분명하다. 그러나 성령 충만은 내 삶의 지금 이 시점에서, 나 자신에 대한 모든 지식을 예수님에 대한 모든 지식에 굴복시키는 것이다.
여러분은 두 가지 선택을 할 수 있다.

• 매일 예수님께서 나의 주인이 되시게 하라.

그리스도께 "예"라고 말하라.

"내가 그리스도와 함께 십자가에 못 박혔나니 그런즉 이제는 내가 사는 것이 아니요 오직 내 안

에 그리스도께서 사시는 것이라 이제 내가 육체 가운데 사는 것은 나를 사랑하사 나를 위하여 자기 자신을 버리신 하나님의 아들을 믿는 믿음 안에서 사는 것이라"(갈라디아서 2:20).

- **매일 자기를 부인하라.**

나 자신에게 말하라.

"무리와 제자들을 불러 이르시되 아무든지 나를 따라 오려거든 자기를 부인하고 자기 십자가를 지고 나를 따를 것이니라 누구든지 제 목숨을 구원하고자 하면 잃을 것이요 누구든지 나와 복음을 위하여 자기 목숨을 잃으면 구원하리라"(마가복음 8:34, 35).

'통제'는 우리 대부분이 거슬려하는 말이다. 우리는 다른 누가 우리의 삶을 통제하는 것을 원하지 않는다. 또 사람들이 가장 두려워하는 것은 '통제 불능' 상태가 되는 것이다.

스릴을 즐기려면, 항상 포기하는 순간이 있어야 한다. 롤러코스터를 타거나, 수영장에서 미끄럼틀을 타거나, 번지점프를 할 때, 여러분의 몸을 상황에 맡겨야 한다. 성령 충만은 여러분의 삶을 하나님의 위대한 계획에 맡기려는 결정이다. 그리고 그것은 최고로 스릴넘치는 순간이 될 것이다.

(여러분에게 알려 줄 작은 비밀이 있다. 우리는 결국은 통제할 수 없다. 익숙한 환경과 반복적인 습관과 제한된 관점으로 우리가 우리 자신을 통제하고 있다고 생각하는 경향이 있다. 그러나 하나님의 영원과 광대하심에 비춰 보면, 우리는 그런 생각에 속고 있을 뿐이다.)

통제는 우리가 인정하고 싶은 것 이상으로 중요한 문제다. 사실, 우리는 우리의 삶을 누가 통제할 것이냐의 문제를 두고 하나님과 싸우고 있다. 우리 중에는 지금 내 이야기를 듣는 중에도 매우 불편하게 느끼는 분들이 있을 것이다. 여러분의 마음 깊은 곳에는 하나님께서 간섭하시지 않기를 바라는 삶의 영역들이 있다. 교회에서 보내는 시간은 하나님의 것이지만, 사업을 운영하는 방식이나, 취미를 선택하는 문제나, 인간관계 등에서는 내 뜻대로 하겠다고 생각한다. 여러분은 하나님과 전투 중에 있으며, 여러분이 통제권을 내어놓기 전까지 그 전투는 계속될 것이다. 그리고 그것은 일회성 항복으로 끝나지 않는다. 그것은 매일, 심지어 매 순간의 항복이다.

토의 5번의 내용을 여기서 나눌 수 있다.

13

4. 말씀대로 당신을 충만하게 하실 하나님을 신뢰하라.

이제 여러분은 신뢰해야 한다. 하나님은 하겠다고 말씀하신 것을 하실 것이다. 하나님은 항상 그분의 약속을 지키신다. 여러분은 애걸복걸 매달릴 필요가 없고, 의심할 필요도 없다. 다만 믿으라. 성령께서 여러분을 채우시도록 내어드리라 하신 하나님께서는 여러분이 하나님을 신뢰할 때 분명히 그렇게 하실 것이다.

빌 브라이트는 이 신뢰에 대해 간단하게 설명했다.

> 그리스도인은 이미 받은 것을 달라고 하나님께 애걸할 필요가 없다. 당신이 100달러짜리 수표를 현금으로 바꾸러 갔다고 가정해 보자. 수천 달러를 예금해 둔 은행에 가서 수표를 카운터에 놓고 무릎 꿇고 앉아서 "제발, 은행원 님, 제 수표를 현금으로 바꿔 주세요"라고 하겠는가?
> 아니다. 확신이 있기 때문에, 수표를 카운터에 놓고 이미 여러분의 것인 돈이 나오기를 기다린다. 그 다음에 은행원에게 고맙다고 말하고 다시 갈 길을 갈 것이다.
> 수백만의 그리스도인들이 하나님께 애걸하고 있다. …이미 그들의 것인 승리와 능력의 삶을 달라고. 그러나 사실 풍성한 삶은 여러분이 믿음으로 와서 취하기만을 기다리고 있다.[7)]

성령 충만한지 어떻게 알 수 있을까? 하나님께서 하라고 하신 것을 하고 있는지 보면 된다.

지금 이 순간 여러분은 이렇게 느낄지도 모른다.
"나는 절대로 그렇게 못해요! 나는 보통 사람일뿐이에요." 그러나 여러분에 대해 하나님께서 무엇이라 말씀하셨는지 기억해야 한다.
"너는 나의 성령으로 새롭게 되었고, 나의 성령으로 세례를 받았고, 나의 성령이 내주하고, 나의 성령을 통해 인 침과 보증을 받았다. 너는 나의 성령의 전이다." 그 성령께서 지금 여러분을 충만히 채우시게 하라.

레이 스테드먼은 40년 간 미국 페닌슐라 바이블 교회의 목사로 섬겼다. 그는 교회에서 영향력 있는 사역을 했을 뿐 아니라, 미국 전역에 알려진 성경 강사였다. 하나님은 그를 크게 들어 사용하셨다. 그가 죽음을 앞두고, 그렇게 오랜 세월 동안 섬긴 교회에 남긴 마지막 메시지를 들어 보자. 이것은 한 지혜로운 성도가 하나님의 능력이 우리의 삶에 어떻게 역사하는지에 대해 우리에게 남긴 말이다.

> 내가 하고 싶은 말은 하나님의 능력, 하나님의 부활의 능력이 대단하게 드러나는 능력이 아니라는

---

7) 빌 브라이트, 『능력 있는 삶과 성령』(순출판사 역간)

것이다. 그것은 조용하다. 우리는 큰 소리를 내는 능력에 너무나 익숙해져서 큰 소리를 내지 않으면 능력이 없다고 생각한다. 떠들썩한 분위기, 웅성거리고 들썩이고 쿵쾅거리는 분위기, 폭발하는 소리 등이 능력으로 보인다. 그러나 사실 하나님의 능력은 여러분이 느끼지 못하는 능력이다. 우리가 그 능력을 전혀 감지하지 못하더라도, 그 능력은 일어나고 있다.

이 능력에는 독특한 특징이 있다. 즉 이것은 여러분이 행동하기 시작할 때에만 일어난다. 하나님께서 주신 은사들을 여러분이 사용하기 시작할 때 그 능력이 흐르기 시작하며, 그 전에는 나오지 않는다. 하나님은 여러분을 통해 일하기 시작하실 것이고, 언젠가는 여러분이 자기가 해 놓은 일을 보고 숨이 멎을 정도의 일들을 성취하실 것이다. 그러나 여러분은 이 능력을 느끼지 못한다. 갑자기 강해지거나 능력이 넘치거나 힘이 생기는 것을 느끼지 못하기 때문이다. 아니, 오히려 여러분은 연약함을 느낀다. 바울은 약한 곳에서 하나님의 능력이 온전해진다고 말했지만, 우리는 그 말에 별 관심이 없다. 여러분이 약하다고 느낀다면, 부족하다고 느낀다면, 무력하다고 느낀다면, 그런 여러분은 하나님께 사용되고 하나님의 능력을 실행하는 데 부족함이 없다. 오히려 그것이 이 성경 본문이 우리에게 가르치는 바이다.

많은 사람들이 그들의 삶에 하나님께서 어떤 일을 행하실 수 있는지 결코 알지 못한다. 왜냐하면 능력을 받고나서 행동하겠다고 기다리기만 하기 때문이다. 아니, 여러분은 절대 자신에게서 능력을 느끼지 못할 것이다. 주변의 필요를 돌아보고 채워 주기 시작하라. 그러면 비범한 능력이 거기 역사하고 있는 것을 돌연 발견하게 될 것이다.

나에게는 전동 칫솔이 하나 있다. 그 칫솔에는 특징이 있다. 칫솔에 치약을 바르고 이를 닦을 준비가 되면 버튼을 찾아서 누를 필요가 없다. 칫솔을 들어 치아에 대고 누르면 작동하기 때문이다. 난 솔직히 처음에는 그것을 믿지 못했지만, 놀랍게도 정말 그렇게 작동했다. 내가 칫솔을 들어 치아에 대고 누르기 시작하자 갑자기 칫솔이 위아래로 움직이기 시작했다. 작동이 되었다.

이것은 하나님의 능력이 어떤 것인가에 대한 사소한 (어줍잖기까지 한) 예이지만, 부활의 능력은 이와 똑같이 역사한다. 여러분이 어떤 사람을 도우려고 다가갈 때 그 능력이 역사한다. 여러분이 가르침의 은사를 사용하려고, 어려움에 빠진 사람을 위로하려고, 잘못된 길을 가려는 사람에게 직언하려고 자리에 앉을 때, 그 능력이 역사한다. 행동할 때 그 능력은 역사한다. 그 능력은 그렇게 믿음으로 역사한다.[8)]

오늘 배운 하나님의 말씀을 삶 속에 행하겠는가?

8) Ray Stedman, "The Power You Already Have," 29 September 1991, sermon preached at Peninsula Bible Church, Palo Alto, Calif. (인터넷 사이트 www.pbc.org/dp/stedman/misc/4308.html에서 발췌.)

말씀을 삶 속으로

1. 어느 그림이 지금 이 순간 당신의 삶을 잘 나타내는가? 자연인? 영적, 혹은 육적인 그리스도인? 아마 대부분의 사람들은 얼버무리면서 "글쎄요, 저는 주님이 제 안에 계신 것을 믿어요. 물론 모든 것의 주인은 아니시지만, 이런 부분과 저런 부분은 주님께 온전히 맡기는 편이에요"라는 식으로 말할 것이다. 그러나 성경은 네 번째 선택권을 우리에게 주지 않는다. 우리는 부분적으로 육적이거나 부분적으로 영적일 수 없다. 이 순간, 모든 면에서 예수님이 주인이시거나, 아니거나 둘 중 하나다. 만일 예수님이 지금 당신의 주인이 아니시라면, 당신의 삶의 보좌를 그분께 다시 내어 드리겠는가?

2. 하나님과 맺어야 할 관계에 대해 무관심하거나 거절해 왔는가? 오늘 당신의 깊은 갈증을 주님 앞에 인정하고 그 갈증을 씻어 달라고 나아가겠는가? 혹시 당신의 갈증을 채우기 위해 당신 자신의 우물을 파려고 애써 오진 않았는가?

3. 하나님과 당신의 교제를 단절시킨 죄는 무엇인가? 하나님께 어떤 죄를 고백하고 회개해야 할까? 하나님과 긴 시간을 함께 보내면서, 당신의 어떤 부분이 잘못되었는지 보여 달라고 성령께 구하고, 하나님의 용서를 힘입어 다시 충만하게 해 달라고 간구하자.

4. 하나님이 원하시는 삶을 살기 위해 하나님의 능력을 구해야 할 삶의 영역은 어디인가? 어느 부분에서 당신은 믿음을 힘입어 나아가야 하는가? 당신이 섬겨야 할 사람은 누구인가? 하나님께 받은 은사를 어떻게 사용해야 하는가?

토의 6번과 7번의 내용을 여기서 나눌 수 있다.

암송 카드 4번, '성령'을 암송하라.

이 말씀에 담긴 진리를 마음에 담고, 주님께서 그것을 통해 당신을 세우시고, 더 나아가 당신을 통해 다른 사람들까지 세우실 것을 기대하라.

Q 토의

1. 불완전하지만 성령 충만한 삶을 사는 그리스도인과 자기중심적인 방식으로 살아가는 육적 인 그리스도인 사이의 경계선은 무엇일까? 14

소그룹 리더들에게 : 이 질문은 좀 까다로운데, 정답은 없다. 이 질문의 목적은 어디까지 죄를 지어도 괜찮은지 알아보는 것이 아니다. 오히려, 죄악 된 행동 하나에서 죄악 된 생활방식으로 자신도 모르게 발전해버리기가 얼마나 쉬운지에 대해 정직한 대화를 나누려는 것이다.

2. 어떤 기독교 지도자들은 성도들의 95%가 세상이 주는 즐거움을 버리지 못하고 있다고 말 15
한다. 우리가 생각해 보아야 할 질문은 "왜?"다. 하나님이 원하시는 최선에 미치지 못하는 영적 생활에 안주해버리기가 왜 그렇게 쉬운지 그룹에서 토론해 보자.

소그룹 리더들에게 : 세상의 영향, (하나님의 말씀을 읽을) 시간 부족, 남들과 비교하는 것, 물질적인 필요, 남과 다르게 보일까 봐 두려운 마음 등이 이유가 될 수 있다.

3. 당신의 삶에서 하나님의 크신 능력이 가장 필요한 영역을 꼽으라면 어디라고 말하겠는 16
가?

4. 당신의 성격 중 하나님께서 계발해 주셨으면 하는 부분은 무엇인가? 17

5. 성령 충만은 어떤 느낌인가? 당신은 성령 충만할 때 주로 어떤 생각을 하게 되는가? 18

소그룹 리더들에게 : 성령 충만한 삶의 실체에 대해 이야기할 수 있는 기회다. 언뜻 생각하기에는, 성령 충만하면 항상 기쁨으로 들떠 있고, 항상 예수님에 대해 생각할 것 같다. 그러나 성령 충만한 삶은 그것보다 더 깊은 의미를 담고 있다. 침체된 상황이나 분노에 직면했을 때에도 성령 충만할 수 있다. 일이나 자녀들이나 로맨스나 휴식에 대해 생각할 때에도 성령 충만할 수 있다.

6. 성령 충만은 하나님께서 당신에게 행하시는 것이라고 배웠다. 그렇다면 성령 충만을 받는 19
데 있어 당신이 할 일은 무엇인가? 끊임없이 성령 충만하기 위해 당장 내일 할 수 있는 간단한 일을 하나 계획해 보자.

7. 예수를 믿는 우리는 우리 자신의 힘으로 하나님이 바라시는 삶을 살 수 없다. 우리는 매일 20

성령의 능력과 충만을 받아야 한다. 따라서 다른 형제들의 동일한 필요를 알고 서로를 위해 기도해 주는 것도 그들을 섬기는 좋은 방법이 될 것이다. 모임을 마치기 전에 성령 충만을 위해 각 사람이 결심한 일을 목록으로 만들어 보자. 그리고 작은 카드에 적어 서로를 위해 기도해 주자.

기도 카드의 예:

지속적인 성령 충만을 위한 우리의 결심

- 김준권: 매일 경건의 시간을 갖는다.
- 서충석: 하나님이 이미 모든 죄를 용서하셨음을 기억한다.
- 한하은: 어떤 일이든 시작하기 전에 하나님을 생각한다.
- 김회근: 가족을 위해 기도하는 시간을 갖는다.
- 이득진: 하나님이 원하시는 일에 순종한다.
- 이채홍: 직장 동료들을 예수님이 사랑하신 사랑으로 품는다.

소그룹 리더들에게: 성부 하나님, 성자 하나님, 성령 하나님께서 매일의 삶에 인격적이고 강력하게 역사하시도록 서로를 위해 기도하며 마쳐라.

참고 도서

빌 브라이트, 『능력 있는 삶과 성령』(순출판사 역간)
빌리 그레이엄, 『성령』(보이스 역간)
존 스토트, 『성령 세례와 충만』(IVP 역간)
찰스 R. 스윈돌, 『성령의 불꽃에로 더 가까이』(서로사랑 역간)

9장 창조 I

밭 갈기

세상과 그 속의 모든 것이 인격적 하나님의 인격적 손길에 의해 창조되었음을 확신한다.

강의 개요

하나님은 왜 창조하셨는가?

1. 하나님 자신을 위해 창조하셨다.
2. 하나님의 주권을 표현하기 위해 창조하셨다.
3. 하나님의 성품을 반영하기 위해 창조하셨다.
4. 하나님의 지혜를 보여 주기 위해 창조하셨다.

하나님은 어떻게 창조하셨는가?

생명의 기원에 대한 세 가지 견해들

진화

유신론적 진화

초자연적 창조

하나님은 언제 창조하셨는가?

<내 이름 아시죠> 찬양을 함께 불러 보자.

나를 지으신 주님 내 안에 계셔
처음부터 내 삶은 그의 손에 있었죠.

내 이름 아시죠 내 모든 생각도
내 흐르는 눈물 그가 닦아 주셨죠.[1]

바로 이 찬양의 내용이 하나님의 창조를 공부할 때 얻게 되는 확신이다. 창조는 과학적, 신학적으로 큰 논쟁거리가 되어 왔다. 그러나 이 책에서는 이 주제를 피하지 않을 것이다. 창조를 공부

1) Tommy Walker, <내 이름 아시죠>(He Knows My Name)

할 때에는 집중해야 할 주제를 놓치지 말길 바란다. 그것은 여러분이 사랑의 하나님의 손으로 인격적으로 창조되었다는 것이다.
창조에 대한 공부를 시작하면서 말하고 싶은 것은 이것이 아주 오래 전에 일어난 한 사건에 대한 이야기가 아니라는 것이다. 이것은 바로 지금 여러분의 심령 속에 일어나고 있는 일과 관련이 있다.

생명이 어디에서 시작되었는지 아는 것은 우리의 정체성과 인생관에 매우 깊게 관련되어 있다. 당신이 어디로부터 왔는지 확신을 갖는 것은 다음 사항들에 영향을 미치게 된다. 3

자아상
다른 사람들과의 관계
하나님을 보는 관점

자아상: 다음 중 어떤 것이 여러분의 자아상을 더 튼튼하게 세워 줄 수 있을까?
나는 사랑의 하나님의 인격적인 창조물이다.
나는 무작위적 화학 반응의 결과물이다.

"생명이 어디에서 시작되었고 우리는 어디에서 왔는가?"라는 질문에 많은 사람이 관심을 갖는 한 가지 이유는 이 질문에 대한 답이 자기 자아상의 기반이 되기 때문이다.

다른 사람들과의 관계: 창조에 관한 각자의 관점이 어떻게 일상생활과 인간관계에 영향을 미치게 될까? 한 가지 예를 들겠다. 많은 남자들이 자기 아내 외에 다른 여자들에게 관심을 갖게 되는 것에 대한 변명으로, 구석기 시대부터 사람들은 종족 번식을 위해 많은 여자들과 짝짓기를 해야 했으므로 남자들의 그러한 습성은 "지극히 자연스러운" 것이라고들 말한다.
이런 생각은 첫 번째 남자와 여자에 대해 성경이 우리에게 말해 주는 사실과 매우 다르다. 하나님은 평생 서로 하나가 되라고 아담과 하와를 서로에게 주셨다. 아내들이여, 여러분의 남편이 다음 두 가지 중에 어떻게 생각하기를 원하는가? "나는 많은 여자들과 짝짓기하려는 생태적이고 자연적인 욕구가 있지만, 남은 평생 그것을 억눌러야 해" 혹은 "나는 남은 평생 동안 한 여자와 신실하게 연합함으로써 완성되도록 하나님께 창조되었어."

하나님을 보는 관점: 우리가 창조의 진리를 이해하는 관점은 하나님에 대한 우리의 믿음에 큰 영향을 미친다. 하나님께서 창조 행위와 거리가 머시다고 느낄수록, 하나님을 더 멀리 느끼게 된다. 하나님께서 여러분을 친히 창조하셨다고 인식할 때, 하나님과 인격적인 관계를 형성하기가 훨씬 더 쉬워진다.

토의 1번의 내용을 여기서 나눌 수 있다.

오늘 이 시간에 배울 내용은 지금까지 배웠던 부분들과는 좀 다를 것이다. 지금까지는 주로 성경을 인용했다. 그러나 오늘은 창조에 대해 연구한 과학자들의 말을 많이 인용할 것이다. 성경과 매우 직결된 이 주제는 과학 수업 시간, 대학교, 연구실에서도 많이 토론되므로, 여러분도 전문가들의 의견을 잘 들어 두기를 바란다. 그러나 우리가 이 주제에 대해 결국 알 수 있는 것은 정말 너무나도 작은 부분일 뿐이며, 오늘 이 시간을 통해 창조에 관해 좀더 공부해 보아야겠다는 생각이 든다면 그것으로도 성공한 것이다.

이번 장에서는 세 가지 질문의 답을 찾아볼 것이다. 질문 자체는 간단하지만, 그 질문에 답하면서 하나님이 누구신지, 우리가 누구인지, 우리가 왜 여기 있는지에 대해 알게 될 것이다. 세 가지 질문은 다음과 같다.

1. **하나님은 왜 창조하셨는가?**
2. **하나님은 어떻게 창조하셨는가?**
3. **하나님은 언제 창조하셨는가?**

하나님은 왜 창조하셨는가? 4

1. 하나님 자신을 위해 창조하셨다. 5

하나님께서 창조하신 것은 창조하는 것을 즐거워하셨기 때문이다. 함께 시편 104편 31절을 읽어 보자.

> **"여호와의 영광이 영원히 계속할지며 여호와는 자신께서 행하시는 일들로 말미암아 즐거워하시리로다"(시편 104:31).** 6

하나님은 꼭 창조하셔야 했던 것이 아니다. 그저 창조하기를 원하셨다. 그것은 하나님을 즐겁게 했다. 골로새서 1장 16절을 보고 "그를 위하여"라는 말에 밑줄을 그어 보자.

> **"…만물이 다 그로 말미암고 그를 위하여 창조되었고"(골로새서 1:16).** 7

궁극적으로 창조는 하나님을 위한 것이지, 여러분을 위한 것이 아니다. 하나님께서는 우리가 그분의 창조를 누리고 하나님을 누리기를 원하시지만, 창조는 "그를 위한" 것이다.

인간의 관점에서는 그것이 이기적으로 들릴 수도 있다. 그러나 하나님은 이기적이지 않으시다. 하나님께서는 순수한 창조의 기쁨을 위해 창조하셨다. 여러분도 그런 적이 있는가? 누가 봐 줄지 얼마에 팔릴지 생각하지 않고, 단순히 뭔가를 만드는 즐거움 때문에 만들어 본 적이 있는가? 그것은 목공 작품이나 여러분이 쓴 시나 여러분이 가꾼 정원이나 여러분이 만든 옷이나 여러분이 작곡한 노래였을 수 있다. 무엇인가를 만드는 기쁨을 느껴 보았다면, 하나님께서 자신을 위해 창조하셨다는 의미의 단서를 잡을 수 있을 것이다.

2. 하나님의 주권을 드러내기 위해 창조하셨다. 8

하나님에 대해 공부했던 내용을 기억해 보자. 주권이란 하나님께서 궁극적 통치자시라는 의미였다. 하나님께서 다스리신다. 하나님의 피조물은 하나님의 통치를 받는다. 다음 구절들에 귀 기울여 보자.

> **"하늘이 주의 것이요 땅도 주의 것이라 세계와 그 중에 충만한 것을 주께서 건설하셨나이다"(시편 89:11).**

> **"땅과 거기에 충만한 것과 세계와 그 가운데에 사는 자들은 다 여호와의 것이로다"(시편 24:1).** 9

땅은 주님의 것이다. 여러분이 보는 모든 것을 하나님께서 소유하시며, 거기에는 여러분도 포함된다. 우리는 잠시 이 땅에 있는 동안 하나님의 여러 소유물들을 빌린 것이다. 동일한 하나님의 창조 세계에 살아도 어떤 사람들은 하나님의 주권을 깨닫고, 어떤 사람들은 그러지 못하는 것이 사실이다. 그러나 주인이 결코 돌아오지 않을 것처럼 행동했던 사람들이 결국에는 하나님의 주권을 무시할 수 없게 될 것도 사실이다. 하나님은 자비로운 주인이시지만, 어쨌든 주인이시다. 하나님은 오래 참으시는 주인이시지만, 어쨌든 주인이시다. 하나님은 사랑의 주인이시지만, 어쨌든 주인이시다.

Teaching TIP

반복은 커뮤니케이션의 최고의 친구이다. 바로 위 문단의 마지막 문장들이 반복되는데, 그것은 듣는 사람들이 당신의 말을 완전히 이해할 수 있게 도와 준다.
반복해서 말하는 것을 두려워하지 말라. 한 번 듣고 다 알아듣는 사람은 아무도 없다. 설령 한 번에 알아들었다 하더라도, 두 번 이상 들어야 삶 속에 행할 수 있다. 때로 우리는 '지난 시간에 한 이야기니까 다시 말하지 않는 게 좋겠다' 고 생각하기도 한다. 그러나 두 번 이상 말할 필요가 있다. 다른 곳을 강조하여 말하되, 다시 말하라.
효과적으로 반복하여 말하는 방법으로는 다음과 같은 것들이 있다.

- 문장의 한 부분을 반복하여 강조한다(위의 "주인이시다" 처럼).
- 강의를 시작하기 전에 전 시간의 내용을 훑어 본다.
- <강의 개요>의 내용을 여러 가지 방법으로 말한다. 가령 '창조' 에 관한 장에서라면, 하나님께서 그분의 본질을 보여 주시기 위해 창조하셨다는 것에 중점을 두어 말할 수 있다. 하나님의 성품과 지혜와 주권을 살펴봄으로써 진리가 마음 깊이 새겨지는 기회를 줄 수 있다. 다이아몬드처럼 보는 각도에 따라 아름다움은 더 분명하게 빛날 수 있다.
- 참가자들이 그 시간에 반드시 배우고 실행해야 할 진리를 강조한다(예를 들어, 이 교재의 주제 중 하나는 하나님을 믿는 믿음이 살아가는 방식에 영향을 미친다는 것이다).

3. 하나님의 성품을 보이기 위해 창조하셨다. 10

"하늘이 하나님의 영광을 선포하고 궁창이 그의 손으로 하신 일을 나타내는도다 날은 날에게 말하고 밤은 밤에게 지식을 전하니"(시편 19:1, 2).

"창세로부터 그의 보이지 아니하는 것들 곧 그의 영원하신 능력과 신성이 그가 만드신 만물에 분명히 보여 알려졌나니 그러므로 그들이 핑계하지 못할지니라"(로마서 1:20). 11

시편 19편 1, 2절은 하늘이 하나님의 영광을 선포한다고 말씀한다. 날마다, 밤마다, 매년마다 하늘에 아름답게 펼쳐진 태양과 별들이 "하나님은 위대하시고 놀라우신 하나님이시다!"라고 외치는 것이다.

로마서 1장 20절에서 말씀하는 것과 같이, 우리는 하나님께서 만드신 것들에서 하나님의 성품을 볼 수 있다.
만일 이 수업이 도예 교실이었다면, 각 사람이 만든 도자기에서 그 사람의 성품을 분명히 볼 수 있었을 것이다. 도자기에 시간과 노력을 쏟는 것을 보면 그 사람이 얼마나 꼼꼼한지 알 수 있다. 꼼꼼한 사람은 진흙을 매우 조심스럽게 다듬고, 표면도 아주 매끄럽게 빚어낼 것이다. 만일 도구가 있으면 도자기에 정교한 무늬도 새길 것이다. 그리고 다른 사람들은… 아마 좀 덜 꼼꼼할 것이다. 이 사람들의 기본 목표는 도자기를 빨리 만드는 것이다. 혹은 교실에서 가장 많은 도자기를 만들고 싶어 할지도 모르겠다. 만든 작품을 통해 성품을 알 수 있다. 어떤 사람들은 옆 사람에게 진흙 덩어리를 던질 것이다. 그런 사람들의 성격에 대해서는 말하지 않겠다.

집중 탐구

하나님의 창조물들이 하나님의 성품을 표현하고 있다는 구절들은 성경에 가득하다. 이번 주 중에 시간을 내서 아래 구절들을 읽어 보자.
느헤미야 9:5, 6; 이사야 43:7; 51:12, 13, 16; 로마서 1:20; 고린도후서 4:6; 아모스 4:13; 시편 8:1, 3; 19:1~4; 104:24, 30~32

4. 하나님의 지혜를 보여 주기 위해 창조하셨다. 12 13

"여호와여 주께서 하신 일이 어찌 그리 많은지요 주께서 지혜로 그들을 다 지으셨으니 주께서 지으신 것들이 땅에 가득하니이다"(시편 104:24).

"여호와께서는 지혜로 땅에 터를 놓으셨으며 명철로 하늘을 견고히 세우셨고"(잠언 3:19).

창조물이 하나님의 지혜를 보여 주는 예를 함께 찾아보자. 예를 들어, 나는 지구가 태양 주위를 완벽하게 도는 것, 하나님께서 새를 날게 하신 것, 심지어 하나님께서 개미에게 주신 끈기에서 하나님의 지혜를 본다. (아, 여러분은 부엌 찬장에서 개미들이 들끓는 것을 볼 때, '정말 지혜롭고 놀라우신 하나님이시구나' 라는 생각이 제일 먼저 들지 않는가?) 하나님께서 만드신 우주와 여러분 자신을 볼 때, 어디서 하나님의 지혜를 느끼게 되는가?
하나님께서 왜 창조하셨는가에 대한 답은 하나님이 지으신 창조 세계를 이해하는 기초가 된다. 이 답을 먼저 알아야, 하나님께서 어떻게 창조하셨고 언제 창조하셨는지에 대한 질문과 씨름할 수 있을 것이다.

Teaching TIP

하나님의 창조 세계에서 하나님의 지혜를 느끼게 되는 순간에 대해 이야기할 때, 사람들에게 대답할 수 있는 시간을 잠깐 주라. 사람들이 말을 시작하게 하는 것은 쉽지 않다. 아무도 말하지 않으면, 간단하게 "이 부분은 우리가 함께 하는 부분이에요"라거나 "좀 도와주세요"라고 말하여 분위기를 풀어라.

토의 2번의 내용을 여기서 나눌 수 있다.

하나님은 어떻게 창조하셨는가? 14

"하나님이 이르시되 빛이 있으라 하시매 빛이 있었고"(창세기 1:3). 15

창세기 1장 3절을 함께 읽어 보자. 여기서 분명히 답하고 있다. 하나님께서 빛이 있으라고 하시자 빛이 있었다. 하나님은 그렇게 창조하셨다.

그러나 우리는 "어떻게"를 더 이해하고 싶은 강렬한 욕구를 가지고 있다.

생명의 기원에 대한 견해는 다음과 같이 크게 세 가지로 나뉜다.

진화론

이것은 "창조"에 대한 견해가 아니다. 진화론에는 창조자가 없다. 간단히 말해서, 우연한 자연적 과정을 통해 최초의 생명 물질(단세포)로부터 종(種)이 진화하기 시작했다는 것이다.
많은 사람들이 진화가 과학적으로 증명되었다고 믿고 있으며, 따라서 창조에 대한 성경 기사는 허위라는 인식을 가지고 있다.

그러나 우리가 알아야 할 것이 있다.

생명의 기원에 관한 이론을 과학적으로 증명하는 것은 불가능하다. 왜냐하면 과학적 방법은 관찰과 실험에 근거하는데, 우주의 기원을 관찰하거나 실험하는 것은 불가능하기 때문이다. 16

창조와 진화의 연구에 아무런 편견 없이 접근한다는 것은 분명히 불가능하다. 우리 모두는 우리의 경험에 근거한 신념을 이미 갖고 있다. 문제는 어느 것이 더 나은 편견인가 하는 문제다. 우리가 가져야 할 편견은, 하나님께서 세상과 그 속의 모든 것들의 창조자이시고, 사람을 하나님의 형상으로 만드셨고(인간은 유인원에서 진화되지 않았다), 성경은 창조를 증거하는 책이라고 믿는 것이다.

진화와 창조는 한쪽은 과학이고 한쪽은 종교인 문제가 아니다. 진화와 창조가 우리 사회에서 경쟁 관계에 있다는 것은 의심의 여지가 없다. 그러나 그리스도인들은 창조를 토론하는 자리에서는 주로 방어적이 된다. 진화론이 증명된 사실이라는 가정이 팽배하여, 과학이 우리보다 우위를 점한 것 같아 보인다. 그러나 과학자라면 누구든지, 과학이 가정에 도전하고 가설을 시험하는 것이라고 주장할 것이다. 그러므로 인격적인 창조자를 믿는 사람들로서, 우리는 진화론에 이의를 제기한다고 분명하게 말하는 것을 두려워하지 말아야 한다.

진화론의 문제점

1. 하나님이 창조에서 배제된다. 17

진화론을 받아들이기 힘든 가장 큰 문제 중 하나는 하나님이 아예 존재하지 않는다고 생각하거나, 창조 행위에 별로 관여하지 않았다고 생각한다는 것이다. 하나님이 빅뱅(우주 대폭발)을 통해 생명체가 시작되게 하신 후, 저절로 발전해 나가게 놔 두셨다는 개념은 우리가 성경에서 읽는 하나님의 모습과 전혀 다르다. 그는 창조뿐 아니라 그가 만드신 창조물을 자라게 하시는 데도 친밀히 관여하는 인격적인 하나님이시다.

그렇다면 하나님께서 진화를 통해 창조하셨다는 개념은 어떠한가? 잠시 후, 그것에 대해서도 자세히 살펴볼 것이다. 그러나 다윈은 그런 개념도 처음부터 거부했다.

다윈은 진화의 과학적 개념에 하나님이 개입하는 것을 거부했다. 그는 다음과 같이 말했다.

> **"만일 자연선택 과정의 어느 한 단계에서라도 기적적인 개입이 필요하다면, 나는 차라리 자연선택 이론을 버리고 말 것이다."**[2)]

2. 우연에 의한 진화의 가능성 18

원시 바다 속의 우연한 화학 반응에 의해 생명이 시작될 가능성은 얼마나 될까? 진화가 성공적으로 일어날 수 있는 개연성은 얼마나 될까?

아미노산의 한 고리가 우연히 결합될 가능성을 논해 보자.

DNA 분자 구조의 공동 발견자인 프랜시스 크릭은 이렇게 썼다.

---

2) R.E.D. Clark, *Darwin : Before and After* (London : Paternoster, 1948), 86.

"이것은 쉬운 조합 문제다. 한 사슬이 200개 정도의 아미노산으로 되어 있다고 하자. 이것은 평균 단백질의 길이보다 상당히 짧은 것이다. 각 아미노산마다 20개의 가능한 경우가 있으므로, 전체 경우의 수는 20의 200승이 된다. 이것을 간단히 20^{200}라고 쓸 수 있는데, 0이 260개나 붙는 것이다.
이 수치는 상식적으로 불가능한 확률이다. 비교하기 위해서, 10^{11}개의 별들이 있는 우리 은하계뿐 아니라, 우주의 관찰 가능한 수십억 개의 은하계의 기본 입자들(원자들만 대충)의 수를 생각해 보자. 그렇게 엄청난 별들의 숫자도 10^{80}으로 추산되고 있다. 10^{260}에 비하면 하찮은 숫자인 것이다. 더구나 우리가 계산해 본 아미노산 사슬은 상당히 짧은 폴리펩티드 사슬이었다. 더 긴 사슬로 계산해 보았다면, 그 수치는 엄청났을 것이다."[3]

진화의 첫 단계가 우연히 일어날 가능성은 통계적으로 불가능하다.
여러분 중 어떤 사람들은 10의 260승 같은 숫자들을 좋아할 것이다. 또 어떤 사람들은 '간단하게 설명해 주면 좀 좋아?' 라고 지금 생각하고 있을 것이다.

찰스 라이리는 이렇게 말했다.

"존재했거나 현재 존재하고 있는 모든 생명체가 우연히 진화된 것이라고 믿기 위해서는 엄청난 믿음이 필요할 것이다."[4]

그리고 더 간단하고 분명하게 이렇게 쓴 사람도 있다.

"생명의 기원에 대해 현대인들이 믿고 있는 진화의 시나리오는 허리케인이 고철 더미를 지나간 후에 보잉747기가 조립되었다는 것만큼 가능성 없는 이야기다."[5]

3. 종간(種間) 진화의 증거 부재 19

찰스 다윈은 결국 자신의 이론에 근거가 불충분하다는 것을 자신의 글을 통해 인정했다.

"한 종에서 다른 종으로 변화된 증거가 한 건도 없다. …우리는 단 한 종이라도 진화했음을 입증할 수가 없다."[6]

3) Francis Crick, Life Itself, *Its Origin and Nature* (New York : Simon and Schuster, 1981), 51-52.
4) 찰스 라이리, 『평신도 신학 입문』(두란노 역간)
5) Fred Hoyle, *The Intelligent Universe* (New York : Holt, Rinehart and Winston, 1983), 19.
6) Francis Darwin, *Life and Letters of Charles Darwin* (New York : Basic Books, 1959), 1 : 210.

성경은 하나님께서 각 동물을 "각기 종류대로" 만드셨다고 말씀한다. 이것은 화석 증거만이 아니라, 현대의 과학적 관찰과 실험으로도 쉽게 증명된다. 학자들은 새로운 품종의 동식물을 성공적으로 개발해냈지만, 한 종을 다른 종으로 바꾸지는 못했다.

증거가 아무것도 없다. 사실, 진화론을 증명할 것이라 기대했던 증거들이 있었지만 결국 폐기되어버렸다.

> **"다윈 이후 120여 년의 시간이 흘렀고, 화석 증거에 대한 지식도 크게 확대되었다. 그러나 아이러니한 것은 다윈 시대보다 지금 진화의 증거를 찾아보기 힘들다는 것이다. 즉 다윈이 주장한 진화의 사례 중 일부, 가령 북미 대륙에서의 말의 진화 등의 연구 사례가 현대에 와서는 오류였음이 드러나거나 수정되어야 했던 것이다."[7]**

20

4. 엄청나게 복잡한 생명체

> **"생명체는 너무나도 복잡하여, 모든 상호 작용이 완전하게 이루어져야 하고 단 한 부분이라도 제거되면 효과적으로 기능할 수 없게 된다. …축소할 수 없는 이 복잡한 생태계로 인해 다윈의 진화론은 논리력을 잃을 수밖에 없다."[8]**

"축소할 수 없는 복잡한…"이란 말은 창조물들이 너무나도 정밀하여 단계적으로 진화했을 리가 없고, 한 번에 만들어진 것이 분명하다는 것을 뜻한다.

수백 가지 예 중의 하나로 딱따구리에 대해 이야기해 보자.

> 딱따구리가 나무를 쪼는 힘은 믿을 수 없을 만큼 엄청나다. 한 번 쫄 때마다 딱따구리의 뇌가 받는 충격은 중력의 천 배에 달한다. 이것은 우주 비행사가 수직 이륙 시 받는 힘의 250배이다.
> 딱따구리는 어떻게 그런 압력을 견딜 수 있을까? 무엇이 딱따구리의 머리가 깨지지 않도록 보호해 주는 것일까?
> 딱따구리가 머리에 가해지는 연타와 엄청난 힘을 극복하고 살아남는 것은 하나님께서 그분의 지혜로 딱따구리의 머리, 부리, 목을 특별하게 디자인하셨기 때문이다. 먼저, 창조자께서는 딱따구리의 두개골과 뼈를 매우 강하게 만드셨다. 머리가 산산이 부서지지 않으려면 그래야 했다. 그분은 딱따구리에게 다른 새들보다 강한 부리를 주셨다. 부리가 나무를 파낼 수 있을 정도로 강해야 부러지거나 찌그러지지 않을 수 있기 때문이었다. 나무를 파내는 부리의 끝은 단단할 뿐 아니라 송곳처럼 날카롭다. 딱따구리가 나무를 파내는 동안에는 많은 톱밥이 생긴다. 보통 새들 같으면 톱밥이 콧구멍으로 들어가겠지만, 딱따구리의 콧구멍은 가늘고 길게 디자인되었고 미세하고 억센 깃털이 덮고 있어

7) David Raup, "Conflicts Between Darwin and Paleontology," *Field Museum of Natural History Bulletin* 30, no.1 (1979) : 25.
8) 마이클 베히, 『다윈의 블랙박스』(풀빛 역간)

서 톱밥이 들어가는 것을 막아 준다.
또한 딱따구리의 부리와 뇌는 충격 완화 물질로 덮여 있다. 대부분의 새들은 부리의 뼈가 뇌를 둘러싼 두개골의 뼈와 붙어 있다. 그러나 딱따구리의 두개골과 부리는 스펀지 같은 조직으로 분리되어 있어서 부리로 나무를 쫄 때 충격이 흡수된다. 딱따구리의 충격 흡수 장치는 너무나 우수하여, 과학자들은 그것이 인간이 발명한 어떤 것보다도 훨씬 뛰어나다고 말한다.
뇌를 보호하기 위한 추가 장치로, 딱따구리의 특별한 근육은 부리로 나무를 쫄 때마다 두개골을 당겨 준다. 그러나 그것이 다가 아니다. 만일 딱따구리가 나무를 쪼는 동안 머리가 약간이라도 옆으로 돌아간다면, 쪼는 힘과 결합되어 머리가 찢겨 나가버릴 것이다. 그러나 완벽한 디자이너이신 하나님은 딱따구리에게 탁월한 조정력을 가진 목 근육을 주셔서 머리가 완전히 똑바른 자세를 유지하게 해 주셨다. 그래서 이 새는 그 엄청난 충격을 하루에도 수천 번씩 평생 동안 감당할 수 있는 것이다.[9]

Teaching TIP

이번 장에는 상당히 많은 인용문들이 나온다. 창조를 공부할 때는 창조에 대해 평생 연구해 온 과학자들이나 전문가들의 진술을 읽어 보는 것이 필요하다. 앞에서 말한 것처럼, 이 인용문들을 작은 종이에 프린트하여 보면서 읽어 주는 것이 좋다. 종이를 따로 들고 읽으면, 이것이 인용문이라는 것을 사람들이 분명하게 알 수 있다. 또한 그렇게 하면 읽는 동안 강단을 좀 벗어나서 걸음을 옮길 수도 있다. 앞의 인용문처럼 긴 것은 중요한 단락만 읽어도 된다.

그리스도인들과 진화론자들이 부딪치는 부분이 바로 이런 부분이다. 진화론자들은 딱따구리가 희박한 가능성을 뚫고 그렇게까지 발전한 것은 살아남기 위해서라고 말할 것이다. 그러나 창조의 진리는 딱따구리가 그렇게 정확한 규격으로 정교하게 디자인된 것은 하나님의 위대하심을 표현한다고 말한다. 어떤 이론이나 어떤 과학이나 어떤 신념도 여러분의 모든 것과 여러분이 보는 모든 것을 하나님께서 놀랍게 창조하셨다는 확신을 흔들지 못하게 하라.
창조에 대해 공부하는 동안, 하나님께서 만드신 모든 것들에 대해 기뻐하길 바란다.

한 기도서에 나오는 짧은 기도를 들어 보자.

> 하늘에 계신 아버지, 세상을 아름다움으로 채우신 분이시여. 우리 눈을 여셔서 아버지께서 하신 모든 일들 속에서 당신의 은혜로운 손길을 보게 하소서. 그래서 우리가 아버지의 모든 창조물 속에서 기뻐하며, 만물을 창조하신 아들 예수 그리스도 우리 주를 기쁨으로 섬기게 하소서. 아멘.

"우리 눈을 여셔서 아버지를 보게 하소서!" 우리가 창조물의 정교하고 복잡한 모습을 볼 때 드릴 수 있는 최고의 기도일 것이다.

9) David Juhasz, "The Incredible Woodpecker," *Creation* 18 (December 1995 February 1996) : 10-13.

진화론의 문제들을 볼 때, 자연스럽게 던지게 되는 질문이 있다. 진화가 저절로 일어날 개연성이 그렇게 낮다면, 하나님이 그 과정에 개입하심으로써 진화가 이루어질 수 있었던 것은 아닐까? 다시 말해서, 하나님께서 진화의 과정을 통해 창조하셨을지 모르겠다는 견해다. 이 질문은 세상의 기원에 대한 두 번째 이론으로 이어진다.

유신론적 진화론

유신론적 진화론은 하나님께서 진화의 과정을 통해 만물을 창조하셨다는 개념이다.

이 이론을 마음에 들어 하는 사람들이 많다. 왜냐하면 두 가지를 다 가질 수 있을 것처럼 보이기 때문이다. 논쟁을 해결하는 가장 쉬운 방법은 이도저도 옳다고 말하는 것이다. 진화와 창조에 대해서도 그럴 수 있을까? 자세히 살펴보자.

과학적 논리와 성경을 모두 믿고 싶어 하는 사람들이 이 이론에 빠져들기 쉽다. 하지만 유신론적 진화론에는 몇 가지 심각한 문제점이 있다.

1. 성경은 하나님께서 창조의 전 과정에 친밀하고 적극적으로 개입하셨다고 묘사한다. 21

시편 19편 1절과 느헤미야 9장 6절을 보자.

> **"하늘이 하나님의 영광을 선포하고 궁창이 그 손으로 하신 일을 나타내는도다"(시편 19:1).**
>
> **"오직 주는 여호와시라 하늘과 하늘들의 하늘과 일월 성신과 땅과 땅 위의 만물과 바다와 그 가운데 모든 것을 지으시고 다 보존하시오니 모든 천군이 주께 경배하나이다"(느헤미야 9:6).**

그리고 시편 33편 말씀을 함께 읽어 보자.

> **"여호와의 말씀으로 하늘이 지음이 되었으며 그 만상을 그의 입 기운으로 이루었도다 …그가 말씀하시매 이루어졌으며 명령하시매 견고히 섰도다"(시편 33:6, 9).** 22

함께 읽은 이 말씀들은 만드신 모든 것들 가운데 강하게 임재하시는 하나님에 대해 말씀한다. 성경에서 말씀하는 하나님은 시작만 하시고 물러나셔서, 저절로 되게 내버려두시는 분이 아니다. 하나님께서 무작위적 자연 선택 과정을 통해 만물을 창조하셨다는 데에는 논리적 공백이 있다. 그레고리 쿠클은 이렇게 썼다.

"유신론적 진화론의 문제는… 창조가 우연히 이루어졌다고 주장한다는 데 있다. 그것은 네모난 원과 같이 모순이다. 그런 것은 없다. 진화와 창조를 섞는 것은 사각 못을 원형 구멍에 넣는 것과 마찬가지다. 들어맞지 않는다."[10)] 23

진화론의 가정은 하나님께서 존재하지 않으시거나, 지구에 생명이 창조될 때 부재하셨다는 것이다. 그것은 자연 선택 이론이지, 초자연적 창조 이론이 아니다. 기본적으로 하나님께서 창조 과정에 참여하지 않으셨다는 이론에 하나님을 추가하려고 하는 것은 명백하고 치명적인 문제들을 낳는다. 그것은 마치 집을 받치고 있던 기초를 빼서 나중에 집 위에 얹으려고 하는 것과 같다.

Teaching TIP

아래 이야기는 내 개인의 경험이다. 내 이야기를 활용하는 것도 좋지만, 만약 당신이나 참가자 중 한 명이 비슷한 경험을 한 적이 있다면, 그것을 이야기하는 것이 훨씬 의미 깊을 것이다. 가장 개인적인 이야기가 가장 강력하다.

유신론적 진화론은 내가(톰 할러데이) 예수를 처음 믿었을 때 매우 신뢰했던 창조론이었다. 과학을 정말 좋아했던 나는 창조와 진화를 혼합해 놓은 이 이론이 타당하다고 생각했다. 그러나 몇몇 노인들이 내 생각을 바로잡아 주었다. 내가 유신론적 진화론에 대해 그들에게 설명해 주자, 그들은 내 생각을 바꾸려고 강요하지 않았다. 대신 그들은 시간을 갖고 이 문제를 더 깊이 연구해 보라고 나를 격려했다. 나는 앞으로도 늘 그들에게 고마워할 것이다. 나의 친구들은 나와 억지로 논쟁하는 대신, 하나님께서 내 심령 속에 역사하실 수 있는 기회를 허락해 주었던 것이다.

우리가 어떻게 창조되었는가에 대한 입장을 명확히 하는 것은 매우 중요하다. 그것은 우리가 누구인가의 핵심이기 때문이다. 오늘 배우는 내용 중 궁금한 것들이 많아진다면, 나중에 여러분이 시간을 들여 더 충분히 공부해 보아도 좋을 만큼 가치가 있는 주제다.

2. 창세기 1~11장을 역사적으로 보지 않고 문학적으로 본다. 24

책의 첫 페이지들을 보는 방식은 책의 나머지 부분을 보는 방식을 결정한다. 만일 첫 페이지에서 미스터리 살인이 나오면, 전체를 추리 소설로 보고 읽게 된다. 만일 첫 페이지에 조리법이 나오면, 그 책을 요리책으로 보고 읽을 것이다. 그리고 만일 첫 페이지를 읽다가 그 책이 백과사전인 것을 알게 되면, 아마 여러분은 다른 책을 집어들 것이다.

10) Gregory Koukl, *Michael Behe's Theistic Evolution*, transcript of Stand to Reason Radio, 24 December 1997, accessed 1 February 2003 at www.str.org

만일 성경의 첫 페이지가 문학 작품으로서는 좋은 내용을 담고 있지만 사실을 묘사하고 있지는 않다고 생각한다면, 그것은 성경 전체를 어떻게 읽는가에 영향을 미칠 것이다. 이런 이유로 성경의 맨 앞부분에 대한 영적 전쟁은 치열하다. 성경 전체를 읽는 방식에 영향을 미치기 때문이다.

이 전쟁에 관해 레이 볼린은 이렇게 말한다.

> **"성경은 창세기에 그 기초를 두고 있다. 창세기라는 말은 '시작'이라는 뜻을 담고 있다. 창세기는 우주, 태양계, 지구, 생명, 사람, 죄, 이스라엘, 민족들, 구원의 시작을 이야기하는 것이다. 창세기를 이해해야만 나머지 성경을 이해할 수 있다.**
> **예를 들어, 창세기 1~11장의 내용은 신약에서만 100회 이상 인용되거나 언급된다. 이 부분은 역사적인 사실이 맞는지에 대해 논란이 되는 부분인데, 1~11장의 모든 부분이 신약 성경에서 언급되고 있다. 신약 성경의 모든 저자들이 창세기 1~11장을 언급했다…**
> **어떻게 이 열한 장의 내용이 창세기의 나머지 부분들과 분리될 수 있을까? 아브라함이 살았던 연대는 고고학으로 입증되었으며, 창세기에서 아브라함과 관련하여 언급된 장소들, 관습들, 종교들은 정확한 역사적 사실이다. 아브라함의 이야기는 창세기 12장에서 시작된다. 만일 창세기 1장은 신화고 12장부터 역사라면, 이 열한 장 중 어디까지 허구이고 어디까지 진실인 것일까? 창세기 전체는 동일한 역사적 서술체로 씌어졌다."[11)]**

3. 하나님의 창조물과 하나님의 말씀에 동일한 지위를 부여한다.

"하늘이 하나님의 영광을 선포"하긴 하지만, 성경처럼 충실하고 분명하게 계시하지는 않는다.

> **"풀은 마르고 꽃은 시드나 우리 하나님의 말씀은 영원히 서리라 하라"(이사야 40:8).**

> **"천지는 없어질지언정 내 말은 없어지지 아니하리라"(마태복음 24:35).**

이사야서 40장 8절과 마태복음 24장 35절 말씀은 같은 내용을 담고 있다. 하나님의 말씀은 창조물보다 더 오래 남아 있으므로 더 권위가 있다.

오해하지 말라. 자연 및 자연에 대한 우리의 연구는 지식의 크나큰 원천이다. 그러나 허블망원경을 통해 관찰한 별들에 대한 지식을 그 별을 만드신 하나님의 말씀과 같은 지위에 둘 수는 없는 것이다.

11) Dr. Ray Bohlin, *Why we Believe in Creation*, Accessed 1 February 2003 at www.probe.org.

기억하라. 하나님의 말씀과 자연은 계시의 두 가지 통로로서, 별개이다. 자연은 하나님을 우리에게 보여 주기 위해 만들어졌고, 성경은 그 자연이 말하는 하나님께로 우리를 인도하도록 만들어졌다. 따라서 두 가지는 상호보완적이다. 성경을 통해 자신을 계시하시는 하나님께서 자연을 창조하신 하나님이시다. 하나님은 자연을 통해 그분의 성품을 느낄 수 있게 만들어 두셨다.
잠시 생각해 보자. 하나님은 이미 만들어진 것들을 보시고 우리에게 가르치실 만한 부분을 그 속에서 발견하신 것이 아니다. 하나님이 그것들을 만드셨다. 창조하시면서, 언젠가는 그 창조물들을 통해 우리를 가르치실 것을 미리 아셨다.

부지런하면 어떤 보상을 얻게 되는지 우리에게 가르치시기 위해 하나님은 개미를 만드셨다. (그것이 개미를 만드신 유일한 이유는 아니지만, 이유 중 하나이다.) 우리가 얼마나 의존적인 존재인지 보여 주시기 위해 양을 창조하셨다. 양은 사실 영리한 동물은 아니다. 목자를 따라가지 않으면 길을 잃어 방황하다가 벼랑으로 떨어지고 마는 그런 동물이다. 하나님은 양을 만드시면서 언젠가 우리를 양에 비유할 때가 있을 것임을 아셨다.

토의 3번과 4번의 내용을 여기서 나눌 수 있다.

우리는 지금까지 진화론과 유신론적 진화론을 살펴보았다. 이제 어떻게 모든 것들이 존재하게 되었는지에 대한 세 번째 견해를 살펴보자.

초자연적 창조론

하나님은 친히 초자연적으로 하늘과 땅을 창조하셨다.

이제 초자연적 창조의 과학적 증거, 그리고 초자연적으로 창조하신 하나님을 믿는 인격적 믿음의 차이를 살펴보자. 먼저 과학으로 하나님의 존재를 증명할 수 없다는 사실을 아는 것이 중요하다. 결코 그럴 수 없다. 과학이 합리적인 증거를 제시할 수도 있겠지만, 궁극적으로 이것은 믿음의 문제다. 그것만이 유일한 방법이다. 보이지 않는 하나님을 과학적으로 증명할 수 없다. 또한 믿음으로만 하나님을 믿는 것이 하나님이 원하시는 방법이기도 하다. 그분은 우리 각자와 인격적인 관계, 믿음에 기초한 관계를 갖기 원하신다.
이것은 과학적인 증거를 통해서도 증명할 수 있지만, 궁극적으로는 믿음의 문제다.

두 가지 예를 들어 보자.

1. 과학은 우리에게 빅뱅을 보여 주지만, 하나님이 "빛이 있으라"고 말씀하셨다고 인정하는 데에는 믿음이 필요하다. 26

과학은 창조주의 존재를 드러내는 학문이다.

- **1992년 5월 4일자 <타임> 지는 나사의 우주배경복사탐사위성(COBE)이 빅뱅으로 알려진, 초기 폭발로 우주가 시작되었다는 획기적 증거를 발견했다고 보도했다. "신앙이 있는 사람이라면, 그 증거가 마치 하나님을 보는 것 같았을 것입니다"라고 조사팀의 리더인 조지 스무트가 말했다.[12)]**

그러나 우리는 "오직 믿음"으로 창조주의 존재를 깨닫는다.

- **성경은 창세기 1장 3절에서 "하나님이 이르시되 빛이 있으라 하시니 빛이 있었고"라고 말씀한다.**

요점은 이렇다. 우주는 시작이 있었거나 혹은 없었다. 만일 시작이 있었다면 누가 시작하셨겠는가? 바로 여기가 하나님께서 등장하시는 장면이다.
하나님께서 말씀하시매… 우주가 시작되었다! 여기에 대해서는 다음 장에서 더 자세히 이야기할 것이다.

2. 과학은 우리에게 우주가 얼마나 완벽한 구조를 가지고 있는지 보여 주지만, 그 우주를 친히 창조하신 하나님을 아는 데에는 믿음이 필요하다. 27

과학은 창조주의 존재를 드러내는 학문이다.

- **1998년 7월 20일자 <뉴스위크> 지의 한 기사는 "과학이 하나님을 발견하다"라는 제목을 달았다.**

"물리학자들은 우주가 생명과 지적 존재를 위해 만들어졌다는 증거를 뜻하지 않게 때때로 접하게 된다. 자연에 존재하는 상수들, 가령 중력 상수, 전자의 전하량, 양성자의 질량이 조금이라도 달랐다면, 원자들은 결합 상태를 유지하지 못할 것이고, 별들은 연소하지 않을 것이고, 생명은 결코 나타나지 못했을 것이다. 케임브리지 대학교에서 물리학자로서 명성을 날리다가 1982년에 성

12) Michael D. Lemonick, "Echoes of the Big Bang," *Time*, (4 May 1992), 62.

공회 성직지가 된 존 폴킹혼은 '우리가 보는 우주가 정말 믿을 수 없을 만큼 정교하게 돌아가고 있다는 것을 깨닫는다면, 우주는 저절로 생기지 않았고, 만들어진 목적이 분명히 존재한다는 것을 깨달을 수밖에 없다' 라고 말했다. 레이저를 발견하여 1964년에 노벨 물리학상을 수상한 찰스 타운스는 이렇게 이야기했다. '어떤 지적인 존재가 우주 법칙을 다스리고 있다는 것은 많은 사람들이 느낄 수밖에 없는 사실이다.'"[13]

정밀한 디자인은 누군가 일부러 그것을 만들었음을 증명하는 증거가 된다. 시계 좀 빌려 줄 분이 있는가? 고맙다. 내가 이 망치로 시계를 부순 후에 다시 원래대로 맞춰 놓겠다고 약속한다고 하자. 방법은 이렇다. 시계 조각들을 이 봉지에 넣고 흔들면 확률의 법칙에 따라 언젠가는 시계가 원래대로 맞춰질 것이다. 시계를 부수도록 허락하겠는가? 허락하지 않을 것이다.

1,800년대 초, 시계는 만든 사람이 있다는 창조의 예화를 널리 알렸던 윌리엄 페일리는 이렇게 말했다.

> "디자인의 흔적들이 너무 강하기 때문에 우리는 디자이너의 존재를 무시할 수 없다. 디자인이 있으면 디자이너가 있게 마련이다. 그리고 그분은 하나님이시다."[14]

그러나 우리는 "오직 믿음"으로 창조주의 존재를 깨닫는다.

● 성경은 창세기 1장 1절에서 "태초에 하나님이 천지를 창조하시니라"라고 말씀한다.

정직하게 진리를 탐구하다 보면, 필연적으로 하나님을 보게 될 것이다. 차갑고 맑은 겨울밤의 별 무리를 관찰할 때나 천체망원경으로 별들을 연구할 때, 우리는 하나님께서 만드신 창조 세계에서 하나님을 볼 수 있다.

나사의 고다드 우주 연구소를 설립한 로버트 재스트로의 말을 들어보자.

> **"폭발로 인한 우주 탄생을 논리적으로 설명할 수도 있을 것이다. 그렇다 하더라도 과학은 그 논리를 발견하지 못한다. 과학자들이 아무리 우주의 역사를 추적해 나간다 해도 그 연구는 창조의 순간까지밖에 진행될 수 없다. 창조는 신학자들 외에는 아무도 생각해낼 수 없는 너무 신비한 전개다. 신학자들은 성경 말씀을 근거로 주장해 왔다. 바로 태초에 하나님이 천지를 창조하셨다는 말씀이다. …이성의 힘을 믿으며 살아 온 과학자들에게, 그것은 악몽과도 같은 결말이다. 과학자가**

13) Sharon Begley, "Science Finds God," *Newsweek* (20 July 1998) : 46–51.
14) William Paley, *Natural Theology* (London, England : R. Faulder, 1802).

무지의 산들을 오른 후, 가장 높은 봉우리를 막 정복하기 위해 마지막 바위를 오른 순간, 이미 여러 세기 동안 거기 앉아 있던 신학자들의 무리가 이제 오느냐고 환영하는 셈이니 말이다."[15)]

-로버트 재스트로, 나사의 고다드 우주 연구소 설립자

인간의 이성은 우리를 거기까지밖에 데려가지 못한다. 결국 "나와 내가 보는 모든 것들은 사랑의 하나님의 창조물들이다"라고 인정해야 할 믿음의 순간이 필요하다.

토의 5번의 내용을 여기서 나눌 수 있다.

마지막으로 세 번째 질문이 남아 있다.

28

하나님은 언제 창조하셨는가?

1. 모든 진화론자들은 지구가 수십억 년이 되었다고 믿는다.

2. 창조론자들은 양분된다. 대부분은 젊은 지구론을 믿지만, 오래된 지구론을 믿는 사람들도 있다.

하나님께서 이 모든 것들을 정말 6일 만에 창조하실 수 있었을까? 물론 하나님이시므로 하실 수 있다. 6초 만에라도 창조하실 수 있었을 것이다. 이 사실을 믿지 못한다면, 여러분은 하나님을 너무 과소평가하고 있는 것이다. 하나님께서 창세기에 나온 그대로 창조하셨다는 것은 믿음 안에서는 아무것도 아니다. 하나님은 당연히 그렇게 하실 수 있다.

오히려 창조론에서 의견이 엇갈리는 부분은 과학적인 영역이다. 이 우주와 지구가 매우 오래된 것이라는 주장을 뒷받침하는 방대한 양의 증거들이 있다. 지질학적 증거, 방사능 연대 측정, 별의 빛이 지구에 도달할 때까지 걸리는 시간 등이 우주의 나이가 수십억 년은 되었다고 증거하고 있다.

이 두 가지 견해의 논쟁점은 창세기 1장의 "하루"라는 단어의 번역에 있다. 히브리어로 '욤'

15) Robert Jastrow, *God and the Astronomers*, 2d ed. (New York : W.W. Norton, 1992), 106-7.

이라는 이 단어의 의미는 다음 세 가지로 풀어 볼 수 있다.

1. 구약에서 가장 흔한 용례인 24시간

2. 우리가 알 수 없는 기간

3. 한 시대

"욤"은 구약에서 대부분 24시간을 의미했다. 그러나 다른 의미로 쓰인 경우들도 상당히 있어서, 창세기 1장에서 "욤"이 무슨 의미인가에 대한 의견들은 분분하다.

최근 갤럽 조사에서 창조에 대한 미국인들의 생각을 들어 보았는데, 정말 재미있는 결과가 나왔다.

- 44%가 확고하게 창조론(하나님께서 6일 만에 세계를 창조하셨다)을 지지한다.
- 39%가 창조론과 진화론 두 가지를 섞어서 믿고 있다.
- 10%가 확고하게 진화론을 지지한다.[16)]

하나님이 언제 창조하셨는지에 대해 몇 시간 혹은 며칠도 토론할 수 있겠지만, 나의 목표는 양쪽의 의견을 간략하게 이해하고, 이 주제에 대한 토론에서 가장 중요한 신학적 질문의 답을 찾아보는 것이다.

집중 탐구 | **두 가지 질문**

1. 성경은 하나님께서 불과 6일 만에 세상을 창조하셨다고 말씀하는데, 어떻게 일부 과학자들은 지구가 수십억 년이 되었다고 주장할 수 있는가?
창세기 1장에 명시된 이 "하루"가 수백만 년을 나타낸다고 주장하거나, 창조의 날들 사이에 큰 시간차가 있었다고 주장하는 사람들도 있다.

'오래된 지구론'을 옹호하는 과학자들은 유신론적 진화론을 믿는 것이 아니다. 그들은 하나님께서 창조하셨지만 다만 그 과정에 오랜 시간이 걸렸다고 믿는다. 그들은 인간이 진화했다고 믿지 않는다. 우주가 최소한 몇 백만 년 동안 존재한 후, 어느 한 순간 인간이 창조되었다고 믿는다.

2. 그러나 어떤 과학자들은 과학적 증거를 무시하고, 지구가 수천 년밖에 되지 않았다고 주장한다.
그들은 하나님이 우주를 완전한 순서대로 창조하셨다고 믿는다. 그들은 천지창조 (그리고 대홍수로 인한 대격변) 때문에 방사능 연대 측정, 지구 자기장, 석유 가스 매장량, 지구 회전 등을 통해 추론해내는 연대표가 늘 부정확할 수밖에 없는 것이라고 주장한다.

16) Kenneth Chang, *Evolutionary Belief* (New York : ABC Internet Ventures, 1999), http : //abcnews.go.com/sections/science/DailyNews/evolutionviews990816.html에서 발췌

하나님께서 언제 창조하셨는가의 토론에서, 많은 사람들이 한 가지 신학적 질문을 던지곤 한다. "공룡은 어떻게 되었을까?"라는 것이다.

성경의 창조 이야기에서, 인간과 육상 동물들은 같은 날에 창조되었다. "하루"를 어떻게 해석하건 간에, 우리는 똑같은 시기에 창조되었다. 동물들과 인간이 창조된 후부터 아담과 하와의 범죄 전까지, 이 땅에는 완전한 시기가 있었다. 그것은 인간과 공룡이 지구상에서 함께 걸어 다녔을 것이라는 뜻이다. 석기 시대에 동굴에 사는 원시인들과 무시무시한 야수가 화산 활동이 격발하는 지구상에 공존했던 것이 아니고, 하나님의 완전한 세상에 하나님의 창조물들이 존재했던 것이다.

언제 공룡이 멸종했을까? 그것은 지구 기후의 급격한 변화 때문이었던 것이 분명하다. 어떤 과학자들은 빙하기나 운석 충돌이 원인이라는 이론을 내놓는다. 그러나 하나님을 믿는 많은 과학자들은 창세기의 대홍수 후에 일어난 기후 변화 때문일 수 있다고 생각한다. 결과적으로 공룡에 대해서는 아무도 확실하게 알 수 없다.

공룡보다 더 중요한 질문이 있다.

하나님께서 언제 창조하셨는가에 관련된 중요한 신학적 질문은 "언제부터 사람들이 죄를 짓고 죽음에 이르게 되었는가?"이다.

아담이 죄를 지어 창조 세계에 사망과 타락을 불렀다고 성경은 말씀한다.

> **"그러므로 한 사람으로 말미암아 죄가 세상에 들어오고 죄로 말미암아 사망이 들어왔나니 이와 같이 모든 사람이 죄를 지었으므로 사망이 모든 사람에게 이르렀느니라"(로마서 5:12).**

로마서 8장 20절에서는 아담의 죄 때문에 모든 피조물들이 고통을 겪는다고 말씀한다. 우리의 죄가 모든 피조물들을 오염시켰다.

예수님께서 우리에게 주시는 구원은 아담의 범죄라는 역사적 사실 때문이라고 신약 성경에서 말씀한다.

> **"사망이 한 사람으로 말미암았으니 죽은 자의 부활도 한 사람으로 말미암는도다 아담 안에서 모든 사람이 죽은 것같이 그리스도 안에서 모든 사람이 삶을 얻으리라"(고린도전서 15:21, 22).**

그래서 아담과 하와의 범죄 전에 인간이 사망했다던지 피조물이 타락했다는 창조 개념이 있다면 하나님 말씀의 분명한 가르침에 위배되는 것이다.

<*American Atheist*>(미국 무신론자)라는 잡지에서 G. 리처드 보자스는 무신론자들마저도 이 진리를 인정한다는 사실을 말했다. "기독교는 진화론과 필사적으로 싸워 왔고, 지금도 싸우고 있고, 앞으로도 싸울 것이다. 왜냐하면 그들이 주장하는 예수의 지상 사역이 필요한 이유를 진화론이 철두철미하게 말살하기 때문이다. 아담과 하와와 원죄를 파괴하면, 하나님의 아들도 아무것도 아

니게 되어버린다. 만일 예수가 우리 죄를 위해 죽은 구속자가 아니라면, 진화론이 결국 주장하듯이, 기독교는 아무것도 아니다."[17]

창조라는 주제에 기독교가 이렇게 민감한 이유가 우리 개인과 직결되기 때문이라는 그의 말은 옳다. 우리가 오늘 살펴본 진리들은 지질학적 증거들이나 역사적 연대에 나타나는 사실들이 아니다. 창조의 진리는 왜 우리가 여기 있는가, 우리는 어떤 사람이 되어야 하는가, 우리는 어디로 가야 하는가에 대한 답이 된다.

오늘 배운 내용에서는 우리가 마음에 결단해야 할 부분들이 있었다. 창조에 대한 공부는 그저 일어난 일에 대한 정보를 습득하는 차원이 아니라, 우리를 만드신 분께 새로이 헌신하는 과정이다.

말씀을 삶 속으로

1. **누가 당신과 세상을 만들었는지에 대해 확신이 서는가? 하나님께서 자신에 대해 말씀하신 것을 믿겠는가? 그리고 하나님의 말씀이 당신의 생활을 다스리시게 하겠는가?**

2. **하나님께서 당신을 창조하셨기 때문에 당신이 하나님께 소중한 존재라는 사실을 다시금 기억하게 되었는가? (혹은 처음으로 믿게 되었는가?)**

3. **우리가 보는 모든 것을 하나님께서 인격적으로 창조하셨다는 진리를 주장하는 사람들의 편에 서기로 헌신하겠는가?**

4. **이번 한 주 동안 하나님의 전능하신 일들에 대해 하나님을 찬양하고 경배하라. 걷거나 차를 탈 때, 당신이 보는 아름다움을 즐기라. 일을 할 때, 하나님께서 당신에게 주신 능력을 즐기라. 다른 사람들과 시간을 보낼 때, 하나님께서 각 사람을 얼마나 고유하고 훌륭하게 만드셨는지 즐기라.**

수업을 마치기 전에, 이전에 이 교재를 공부했던 '리스'에 대한 이야기를 할까 한다. 바로 이 부분에서 그녀는 손을 들고 말했다. "저 나누고 싶은 이야기가 있는데요. <말씀을 삶 속으로>에서 네 번째 적용 있잖아요. 거기서 '하나님의 전능하신 일들에 대해 하나님을 찬양하고 경배하라' 고 했는데, 저는 이것을 경험했답니다. 저는 원래 예수님을 믿지 않았어요. 그런데 어느 날 친구가

17) G. Richard Bozarth, "The Meaning of Evolution," *American Atheist* (20 September 1979) : 30.

하나님이 무엇을 만드셨는지 한번 보라고 말해 주더군요. 제게는 그게 시작이었죠. 보는 것부터 시작했던 저는 이제, 하나님이 저를 사랑하신다는 것을 알아요."

그녀는 정말 하나님을 찬양하고 경배한 것이다. 우리가 하나님의 창조물들을 볼 때, 그분에 대한 믿음이 더욱 깊어질 수밖에 없다. 이 불완전한 세상에조차도 하나님의 전능하신 창조물들을 통해 우리는 매일 하나님의 놀라우신, 그리고 우리 개인을 향하신 사랑을 발견할 수 있다.

암송 카드 5번, '창조'를 암송하라.

Q 토의

1. 창조에 대해 공부를 시작할 때, "당신이 어디로부터 왔는지 확신을 갖는 것은 당신의 자아상, 관계, 하나님을 보는 관점에 영향을 미친다"고 말했다. 하나님을 우리의 창조주로 믿음으로써 당신 자신의 정체성에 대한 생각이나 이 세상을 향한 일상적인 생각에 어떤 영향을 미친다고 생각하는가? 29

2. 하나님의 창조에서 가장 놀라운 점은 무엇인가? 30

3. 어떻게 하면 우리가 과학적인 지식으로 무장하고 창조론에 대해 토론할 수 있을까? 우리가 과학적 증거들을 외면하는 것이 아니라, 다르게 볼 뿐이라는 것을 다른 사람들에게 표현할 수 있는 방법에는 어떤 것이 있을까? 31

4. 당신은 복잡한 생태계가 완전하게 돌아가고 있다는 사실이나 화석 증거 등에 대한 토론을 좋아하는 편인가, 아니면 지루해서 눈물이 날 지경인가? 왜 어떤 사람들은 이런 것을 연구하는 것을 좋아하고, 또 어떤 사람들은 그러지 않고도 잘 살고 있는 것일까? 이런 면에서 이 두 부류의 사람들은 어떻게 다른 것일까? 32

5. 하나님이 창조주이시고 하나님의 말씀이 진화론보다 신뢰할 만하다는 확신을 삶 속에 드러내기 위해 할 수 있는 작은 일에는 어떤 것이 있을까? 당신이 살고 있는 지역 사회에서? 혹은 다른 성도들과 있을 때? 당신의 가정에서? 33

10장 창조 II

밭 갈기

하나님을 당신의 창조주로 예배하고 순종하기 위한 든든한 기초를 세운다.

강의 개요

삶의 기초가 되는 창조의 일곱 가지 진리

하나님은 모든 것을 무에서 창조하셨다.
창조는 적절한 순서대로 되었다.
하나님이 보시기에 좋았더라.
사람은 창조의 정수이다.
하나님은 어떻게 사람을 창조하셨는가?
우리는 어떻게 하나님의 형상대로 창조되었는가?

1. 우리의 인격 : 지성, 의지, 정서
2. 우리의 성 : 남자와 여자로 창조되었다.
3. 우리의 도덕성 : 도덕적 의식을 지닌 도덕적 존재로 창조되었다.
4. 우리의 영성 : 하나님과 관계를 맺을 수 있는 능력을 지닌 존재로 창조되었다.

하나님은 일을 마치셨다.
하나님은 일곱째 날에 안식하셨다.
하나님은 자신이 만드신 모든 것을 다스리신다.

호주의 오지에는 무덤새라는 새가 산다. 이 새는 몸무게가 1.6kg 정도밖에 안되지만, 타조 알만 한 220g짜리 알을 낳는다. 게다가 산란기 한 차례에 최고 35개까지 알을 낳는다. 어떻게 이 작은 새가 그 모든 알들 위에 앉아서 부화시킬 수 있을까?

이 새는 인큐베이터를 만든다. (이 새는 '인큐베이터 새' 라는 별명으로도 불린다.) 수컷은 인큐베이터로 쓸 흙무더기를 쌓고, 젖은 풀들이 썩으면서 나는 열을 부화에 이용하며, 환기를 위해 공기 구멍도 만든다. 또한 이 새는 모래로 단열을 시킴으로써 사시사철 내부 온도가 33.3℃를 유지하게 한다. 수컷 무덤새의 입에는 온도를 민감하게 감지하는 감각이 있기 때문에, 흙을 한 입 물어 기온을 정확하게 재서 33.3℃에서 ±0.6℃로 유지하는 것이다. 만일 기온이 조금이라도 변하면 알들은 부화되지 않는다.[1]

1) New *Encyclopaedia Britannica*, 15th ed., s.v. "Megapode."

이 새들은 어디에서 이런 지식을 배웠을까? 하나님의 지혜다.

지난 시간에 우리는 창조론과 진화론의 대결에 대해 살펴보았다. 그리고 오늘 이 시간에는 우리 모두가 납득할 수 있는 진리들을 제시하려고 한다. 하나님께서 여러분의 창조자시라는 진리를 전존재적으로 받아들이고 누리기 바란다.

삶의 기초가 되는 창조의 일곱 가지 진리

일주일의 7일 동안 매일 이 일곱 가지 진리들을 생각해 보아도 좋을 것이다. 지난 장에서 우리는 창조에 관한 교리가 우리가 누구이며, 왜 여기 있는가 등의 문제에 직접적으로 영향을 미친다는 것을 살펴보았다. 이제 우리는 창조의 진리가 매일과 매주의 일상생활에 어떻게 적용되는지 살펴볼 것이다.

때로 우리는 현미경이나 망원경을 통해 창조를 열심히 들여다보느라 열중해서 하나님께서 우리에게 말씀하시는 현실을 보지 못한다.

하나님은 모든 것을 무에서 창조하셨다 3

> **"믿음으로 모든 세계가 하나님의 말씀으로 지어진 줄을 우리가 아나니 보이는 것은 나타난 것으로 말미암아 된 것이 아니니라"(히브리서 11:3).** 4
>
> **"하나님이 이르시되 빛이 있으라 하시니 빛이 있었고"(창세기 1:3).**

"이르시되"에 밑줄을 그어 보자.

하나님의 말씀만으로 창조가 시작되었다.

하나님께서 말씀하시자 만들어졌다.
상상해보자. 하나님께서 "육지… 물… 해… 새… 고래… 꽃…"이라고 말씀하셨다.

혹시 하나님께서 자연적인 과정을 통해 만들어내신 것을 창세기의 저자가 시적으로 표현한 것은 아닐까? 아니다. 하나님께서 말씀하시면 그대로 이루어졌다. 이 사실을 놓치는 것은 창조의 가장 핵심적인 진리를 놓치는 것이다.

모든 것이 무에서 창조되었다.

하나님은 창조하실 때 어떤 재료를 사용하셨을까? 아무것도 사용하지 않으셨고, 다만 말씀으로 하셨다. 우리가 이해하기 어려운 부분이다. 우리는 "하나님께서 모든 것을 만들어내시기 전의 무는 어떤 모습이었을까?"라고 생각한다. 그것은 어떤 것처럼 생긴 것이 아니라, 무(無)였다. 우리가 창조할 수 있는 것은 하나님께서 만들어 놓으신 것들을 재정렬하고, 다른 모양으로 조합하는 것일 뿐이다. 그러나 하나님은 무에서 모든 것들을 창조하셨다.

과학적으로 불가능한 이야기인가? 물론 그렇다. 과학은 창조 세계가 어떻게 움직이는지 연구한다. 그러나 과학적 연구가 세상이 어떻게 시작되었는지 밝혀 주지는 못한다.

하나님께서 창조 세계에 정해 놓으신 자연의 과정들을 보고 창조를 이해하려 하는 것은 오렌지와 고추를 보고 오렌지 나무가 어떻게 생겼는지 고추 묘목이 어떻게 생겼는지 알려고 하는 것과 마찬가지다.

Teaching TIP

오렌지와 고추, 혹은 다른 채소를 가져와서 들고 설명해 보라.

하나님께서 말씀하시자 만들어졌다.

여러분이 보는 모든 것들은 하나님의 창조적 정신의 표현이다.
모든 것을 철저하게 확인하고 싶어 하는 인간의 본능을 잠시 잊고, 하나님께서 하신 일에 대해 그저 놀라워하자. 그 누구나 어떤 것도 하나님의 창조에 대한 여러분의 놀라움을 빼앗아 가지 못하게 하라. 그런 반응은 하나님께서 여러분에게서 가장 보기 원하시는 반응 중 하나다.

이번 한 주 동안, 하나님이 창조하심에 감격하며 생활하라.

C. S. 루이스는 『나니아 나라 이야기』 중 「마법사의 조카」에서 창조의 장면을 묘사한다. 이것은 창조에 대한 정확한 교리적 설명이라고 할 수는 없지만, 우리가 하나님의 창조를 생각할 때 품어야 할 경탄이 어떤 것인지 보여 준다. 사자 아슬란(이 책에서 예수님을 나타낸다)이 세상을 만들려 한다. 그 광경을 목격하는 사람들 중에는 디고리와 폴리라는 두 어린이, 그리고 영국인 택시

운전사가 있다.

> "조용해!" 택시 운전사가 말했다. 모두들 귀를 기울였다.
> 어둠 속에서 마침내 무슨 일인가 일어나고 있었다. 한 목소리가 노래하기 시작했다. 매우 멀리서 들려서 디고리는 어느 방향에서 나는 소리인지 알기가 어려웠다. 때로는 한꺼번에 사방에서 다 나는 것 같기도 했다. 때로는 발 밑 땅속에서 나는 것 같기까지 했다…
> 그러다가 두 가지 놀라운 일이 동시에 일어났다. 하나는 그 목소리에 갑자기 셀 수 없이 많은 다른 목소리들이 합류한 것이었다. 그 목소리들은 화음을 이루었고 음계보다 훨씬 높았으며 차갑고 맑게 울렸다. 두 번째로 놀라운 것은 캄캄하던 허공이 갑자기 반짝이는 별들로 뒤덮였다는 것이다. 별들은 여름 저녁 때 뜨는 것처럼 하나씩 살짝 떠오르는 것이 아니었다. 어둠 속에 분명 아무것도 없었는데, 어느 순간 우리 세상의 것들보다 훨씬 더 밝고 큰 별, 별자리, 행성들이 수천수만 개가 나타난 것이다. 구름 한 점 없었다. 별들은 목소리들이 들리는 동시에 눈앞에 나타났다. 만일 여러분이 디고리처럼 그 광경을 보고 들었다면, 그 노래는 별들이 한 것이고, 처음의 그 깊은 음성이 별들을 나타나게 하고 노래하게 했음을 알 수 있었을 것이다.
> "정말 영광스럽다!" 택시 운전수가 말했다. "이런 것을 진즉에 알았더라면 나는 훨씬 더 좋은 사람이 되었을 거야."[2]

하나님은 모든 것을 무에서 창조하셨다. 그 창조의 경이를 이번 한 주 동안 다시 느껴 보라. 이번 주에 여러분이 어떤 상황에 직면하든, 여기는 "경이로운" 세상이다.

토의 1번의 내용을 여기서 나눌 수 있다.

창조는 적절한 순서대로 되었다 5

> **"하나님이 이르시되 빛이 있으라 하시니 빛이 있었고 …하나님이 궁창을 하늘이라 부르시니라 … 천하의 물이 한 곳으로 모이고 뭍이 드러나라… 땅은… 씨 가진 열매 맺는 나무를 내라 하시니 … 땅이 풀과 각기 종류대로 씨 맺는 채소와 각기 종류대로 씨 가진 열매 맺는 나무를 내니… 하늘의 궁창에 광명체들이 있어 낮과 밤을 나뉘게 하고 그것들로 징조와 계절과 날과 해를 이루게 하라 …물들은 생물을 번성하게 하라 땅 위 하늘의 궁창에는 새가 날으라 …땅은 생물을 그 종류대로 내되… 우리의 형상을 따라 우리의 모양대로 우리가 사람을 만들고"(창세기 1:3~26).**

하나님의 창조의 순서에 주목하라. 먼저 빛, 하늘, 물, 땅, 식물들, 동물들…. 하나님은 적절한 순

2) C. S. 루이스, 『나니아 나라 이야기』, 「1권-마법사의 조카」

서대로 창조하셨고, 창조물들에게 질서를 부여하셨다. "징조와 계절과 날과 해"에 밑줄을 그어 보자. 하나님은 천체에 질서를 부여하셨다. "그 종류대로"에 밑줄을 그어 보자. 하나님은 생태계에 질서를 부여하셨다.

- **진화론자들도 자연이 질서를 가지고 움직인다는 사실을 인정한다.**
- **진화는 혼란 속에서 질서가 발생했다는 개념이다.**
- **반대로 성경은 의도적으로 질서가 세워졌다고 가르친다.**

하나님의 창조 세계의 질서가 "하나님은 체계적으로 창조하셨다!"라고 외치고 있다. 행성들을 보라. 연어를 보라. 벌집을 보라. 세포들이 어떻게 분열되는지 보라. 빛의 속성들을 파고들어 보라. 거기서 하나님의 치밀한 계획들을 볼 수 있다.

하나님은 벌집 속의 여왕벌, 일벌, 정찰벌에게 놀라운 질서를 주셨다. 정찰벌들이 일벌들에게 꽃가루가 어디 있는지 알려야 하는데, 하나님은 거기에도 놀라운 질서를 부여하셨다. 정찰벌들은 다른 벌들이 어디로 가야 하는지 말해 주는 춤을 춘다. 그들은 원을 그리는 횟수와 배를 흔드는 동작으로 식량원까지의 거리를 알려 준다. 거리가 멀수록 배를 천천히 움직인다. 방향은 원을 가로지르는 방향과 각도로 알린다. 노벨상 수상자인 곤충학자 칼 본 프리시가 그 춤을 분석하는 데 20년이 걸렸다. 하나님께서 창조의 순간에 벌의 뇌에 그것을 집어넣으신 것이다.[3]

여러분과 내가 오늘을 살아가는 데 있어서 이러한 사실은 어떤 의미가 있는가?

이번 한 주 동안, 하나님은 창조 세계에 대한 계획을 갖고 계시다는 것을 기억하라.

해는 여전히 매일 아침 솟아오르고, 식물들은 계속해서 자라고, 별들은 계속 밤에 빛나고, 벌들은 계속 춤을 추고 있다. 하나님은 이 세상을 계획하셨고, 여러분도 계획하셨다.

토의 2번의 내용을 여기서 나눌 수 있다.

3) Collier's Encyclopedia, s.v. "bee."

하나님이 보시기에 좋았더라 6

> **"빛이 하나님이 보시기에 좋았더라 하나님이 빛과 어둠을 나누사"(창세기 1:4).**
>
> **"하나님이 뭍을 땅이라 부르시고 모인 물을 바다라 부르시니 하나님이 보시기에 좋았더라"(창세기 1:10).**
>
> **"땅이 풀과 각기 종류대로 씨 맺는 채소와 각기 종류대로 씨 가진 열매 맺는 나무를 내라 하시니 하나님이 보시기에 좋았더라"(창세기 1:12).**
>
> **"낮과 밤을 주관하게 하시고 빛과 어둠을 나뉘게 하시니 하나님이 보시기에 좋았더라"(창세기 1:18).**
>
> **"하나님이 큰 바다 짐승들과 물에서 번성하여 움직이는 모든 생물을 그 종류대로, 날개 있는 모든 새를 그 종류대로 창조하시니 하나님이 보시기에 좋았더라"(창세기 1:21).**
>
> **"하나님이 땅의 짐승을 그 종류대로, 가축을 그 종류대로, 땅에 기는 모든 것을 그 종류대로 만드시니 하나님이 보시기에 좋았더라"(창세기 1:25).**
>
> **"하나님이 지으신 모든 것을 보시니 보시기에 심히 좋았더라 저녁이 되고 아침이 되니 이는 여섯째 날이니라"(창세기 1:31).**

창조물들이 "보기 좋았다"는 것은 너무 단순한 말처럼 들릴지 모르겠다. 하지만 교회사에서 가장 파괴적인 거짓 가르침이 창조물들이 악하다는 개념을 중심으로 생겨났다. 여러분의 교재에 있는 두 가지 요점들을 살펴보자.

- **하나님의 창조물은 악하지 않다. 세상이 사람들을 악하게 만든 것도 아니다. 사람들이 세상에 악을 들여온 것이다.**

- **세상 것이 악하다는 선입견을 버리라.**

> **"…모든 것을 후히 주사 누리게 하시는 하나님…"(디모데전서 6:17).** 7

물질적인 것이 본래부터 악하다는 생각은 경계해야 할 거짓 가르침이다. '사물'이 악하다는 주장은 성도들을 두 가지 방향으로 끌고 가게 되는데, 기독교 역사상 그런 일들이 거듭해서 일어난 것을 볼 수 있다. 한 가지 방향은 '이 몸과 이 세상은 어차피 악하니까 내가 그것들로 뭘 하든지 별 상관없어. 천국에 가면 완벽해질 거야. 이 몸 안에 있는 동안에는 죄를 지을 수밖에 없어. 왜냐하면 몸은 악해서 내가 어떻게 해도 죄를 지을 것이 뻔하기 때문이야' 라는 가치관이다. 이 거짓 가르침이 끌고 가는 두 번째 방향은 '이 세상 안의 모든 것이 악하다면, 나는 이 세상의 어떤 것도 만질 수 없고, 이 세상의 어떤 것에도 속할 수 없고, 이 세상의 어떤 것도 즐길 수 없어' 라는 가치관이다. 물질적 세계에 속하는 모든 것이 악하다는 생각은 하지 말라. 그것은 성경적인 가르침이 아니다.

많은 성도들이 천국 가기 전까지는 아무것도 즐길 수 없을 것처럼 행동한다. 그러나 하나님께서는 이 세상도 창조하셨다. 죄의 흔적으로 얼룩져 있지만, 창조의 진리가 완전히 상실되지는 않았다. 하나님께서 만드신 것을 즐기기 위해 천국에 갈 때까지 기다리지 말라. 지금 즐기라.

나는 하나님께서 이 땅에서 우리에게 주시는 즐거움들과 천국에서 주시는 즐거움들을 이렇게 묘사해 보고 싶다. 이 초콜릿 바는 지상의 즐거움 중 하나다. (한 입에 먹을 수 있는 미니바를 들어 보이라.) 그리고 이 초콜릿 바(세상에서 가장 큰 초콜릿 바를 들어 보이라)는 우리가 천국에서 얻을 즐거움이다. 지금 우리가 누리는 것은 천국에서 경험할 것을 조금 맛보는 것뿐이지만, 마찬가지로 아주 맛있다!

이번 한 주 동안 하나님이 창조하신 세계를 즐기라.

토의 3번의 내용을 여기서 나눌 수 있다.

8

사람은 창조의 정수다.

하나님께서 어떻게 사람을 창조하셨는지 살펴봄으로써, 이 말의 의미를 이해할 수 있을 것이다.

하나님은 어떻게 사람을 창조하셨는가?

"여호와 하나님이 흙으로 사람을 지으시고 생기를 그 코에 불어넣으시니 사람이 생령이 되니라" (창세기 2:7).

"여호와 하나님이 아담을 깊이 잠들게 하시니 잠들매 그가 그 갈빗대 하나를 취하고 살로 대신 채우시고 여호와 하나님이 아담에게서 취하신 그 갈빗대로 여자를 만드시고 그를 아담에게로 이끌어 오시니"(창세기 2:21, 22).

하나님은 아담을 만드실 때, 땅에서 흙을 취하여 빚으셨다.
하나님은 하와를 만드실 때, 아담의 옆구리에서 갈빗대를 취하여 그것으로 창조하셨다.

하나님은 세상의 모든 것을 말씀으로 창조하신 후에, 사람만은 땅의 흙과 갈빗대로 만드셨다. 왜 그러셨을까? 아담이 땅의 흙으로 만들어진 것은 우리와 나머지 창조물들의 연결 관계를 기억하게 하신 것이다. 우리는 창조의 정수지만, 하나님께 창조된 존재임을 겸손히 기억해야 한다. 하와가 아담의 옆구리에서 창조된 것은 서로의 연결 관계를 기억하게 하신 것이다.

여러분의 손가락 끝에는 세상의 다른 아무도 갖지 못한 것이 있다. 그것은 바로 지문이다. 여러분의 지문이 어떤 방에 남아 있었다면, 여러분이 거기 있었다는 것을 알 수 있다. 하나님의 형상으로 창조되었다는 것은 하나님의 지문이 우리의 모든 삶에 묻어 있다는 것을 의미한다. 하나님의 마음, 성품, 가치, 인격이 우리의 자아에 나타난다.

스티븐 커티스 채프먼이 노래한 <하나님의 지문>이라는 찬양의 가사를 들어 보자.

거울 속의 저 사람은 연예인처럼 아름답지는 않아
오 그러나 내가 거울을 볼 때 분명한 것은
거울 속의 그 사람에게서 나는
하나님의 지문을 보네
하나님의 지문을 보네
하나님의 지문을 보며 나는 그 진리를 깨닫네
나는 모든 창조물이 조용한 갈채를 보내는 걸작
나는 온통 하나님의 지문으로 덮여 있네.[4)]

우리가 하나님의 형상으로 창조되었다는 사실은 우리를 가장 겸손하게 하는 진리이다. 그러나 이로 인해 자만하지 않도록, 몇 가지 사실을 상기시키려 한다.

매일 지렁이들이 이동시키는 흙의 양은 우리가 기계로 평생 이동시킬 수 있는 흙의 양보다 많다.
눈송이는 매우 작지만 많은 양이 모이면 도시 하나를 무너뜨릴 수 있다.

---

4) Steven Curtis Chapman, "Fingerprints of God," Speechless, *Sparrow Records*, 1999.

> 평생 체육관에서 운동을 한다 해도 개미 한 마리만큼의 힘도 얻지 못할 것이다(자기 몸무게의 50배를 들 수 있다).
> 태양의 플레어 하나는 수십억 개의 수소폭탄에 맞먹는 에너지를 방출한다.[5]

이 몇 가지 사실들만으로도 우리의 시야는 넓어질 수 있을 것이다. 이제 우리가 하나님의 형상으로 만들어졌다는 사실과 그 사실이 무엇을 의미하는지에 대해 이야기해 보자.

하나님의 형상대로 창조되었다는 것은 무슨 의미인가? 9

1. 우리의 인격 : 지성, 의지, 정서

하나님은 생각하시고, 우리도 생각한다. 하나님은 결정하시고, 우리도 결정한다. 하나님은 느끼시고, 우리도 느낀다.
동물들은 우리처럼 생각하거나 논리적인 사고를 하지 못한다. 곤충들은 결정하지 못하고, 우리가 본능이라 부르는 내재적 통제장치에 반응한다. 식물들은 감정이 없다. 여러분이 지난주에 물을 주지 않았다고 해서 배신감을 느끼지 않는다. 모든 창조물 중에서 오직 인간만이 하나님의 인격을 가지고 있다.

다음 내용은 좀 놀라운 이야기이다. 우리의 성(性)도 하나님을 닮았다는 것이다. 무슨 내용일지 궁금할 것이다.

2. 우리의 성 : 남자와 여자로 창조되었다. 10

> **"하나님이 자기 형상 곧 하나님의 형상대로 사람을 창조하시되 남자와 여자를 창조하시고"(창세기 1:27).**

창세기에서 "하나님의 형상대로"라는 말씀 후에 항상, 그 의미가 "남자와 여자를 창조"하셨다는 뜻임을 다시 한 번 일러 주는 것에 주목하라. 하나님께서 무슨 말씀을 하시는 것인가?

하나님께서 분명히 말씀하시려는 한 가지는 남자 혹은 여자만이 아니라 남자와 여자를 모두 하나님의 형상대로 창조하셨다는 것이다.

---

5) NASA 인터넷 홈페이지(http://helios.gsfc.nasa.gov/cme.html)에서 발췌.

그러나 그보다 더 깊은 의미가 있다. 창세기에서 "남자와 여자 모두를"이라고 말씀하지 않고 "남자와 여자를 창조하시고"라고 말씀한다. 어떤 면에서 우리의 성적 정체성은 하나님의 형상대로 창조되었다는 의미와 직결된다. 많은 신학자들이 우리가 닮은 하나님의 형상에 성도 포함되어 있다고까지 말한다.

이것은 우리가 이해해야 할 매우 중요한 부분이다. 우리가 사는 이 세상은 성별을 오직 성(sex)으로 만들어버렸다. 우리는 그 의미를 극적으로 축소시켰다. 많은 사람에게 성적 정체성은 단지 신체적인 차이에서 오는 것일 뿐이다.

그러나 하나님은 남자와 여자를 매우 다르게 만드셨다. 동의하는가? 하나님의 형상대로 창조되었다는 것을 기억할 때, 나는 그 차이를 즐거워하게 된다. 나의 남자[여자]로서의 특징은 하나님의 형상을 반영한다. 여러분의 여자[남자]로서의 특징은 하나님의 형상을 똑같이 반영한다.

이것에 대한 오해가 있기 쉬우므로 분명히 하고 넘어가도록 하자. 하나님은 아버지, 아들, 성령 등 남자의 이미지로 자신을 계시하셨다. 예수님은 이 땅에 남자로 오셨다. 그러나 그것은 하나님께서 창조하신 여자가 하나님의 형상을 따라 만들어지지 않았다는 의미가 아니다. 하나님은 지상에 하나님의 인격과 성품을 담으시기 위해 남자와 여자를 다 창조하셨다.

우리가 이 진리를 잊을 때 얼마나 많은 문제가 생기는지 모른다. 성 정체성의 혼란과 성적 부도덕을 야기하는 뿌리는 하나님께서 만드신 남자와 여자로 살아가는 것이 우리에게 가장 큰 기쁨임을 믿지 않는 것이다.

11

집중 탐구

모든 인간이 하나님의 형상대로 만들어졌으므로 남자와 여자, 모든 민족이 똑같이 가치 있다.

> **"인류의 모든 족속을 한 혈통으로 만드사 온 땅에 살게 하시고 그들의 연대를 정하시며 거주의 경계를 한정하셨으니 이는 사람으로 혹 하나님을 더듬어 찾아 발견하게 하려 하심이로되 그는 우리 각 사람에게서 멀리 계시지 아니하도다 우리가 그를 힘입어 살며 기동하며 존재하느니라…"(사도행전 17:26~28).**

3. 우리의 도덕성 : 도덕적 의식을 지닌 도덕적 존재로 창조되었다 12

우리는 옳고 그른 것을 구별할 줄 안다. 개는 옳고 그른 것을 모른다. 여러분의 말대로 행동하도록 개를 훈련시킬 수 있겠지만, 개에게는 '난 이제 쓰레기를 뒤져서 먹고 살아서는 안 돼. 나는 이 상황에서 벗어나야 해' 라든지 "안녕, 내 이름은 스퍼트고, 쓰레기를 먹고 살지"라고 생각하거나 말할 수 있는 도덕적 양심이 없다.

여러분의 집에 침입하는 쥐는 양심을 가지고 있지 않다. 밤에 잠 못 들고 깨어서 치즈 한 조각을 훔친 것이 옳은 일이었는지 고민하거나, 세상에서 자기가 감당해야 할 역할이 무엇인지에 대해 고민하지 않는다.

아담과 하와는 범죄했을 때, 즉시 수치심을 느꼈다. 하나님은 우리를 도덕적 존재로 창조하셨다. 사도행전 24장 16절은 우리 모두가 양심을 가졌음을 상기시킨다.

"이에 그들의 눈이 밝아져 자기들이 벗은 줄을 알고 무화과나무 잎을 엮어 치마로 삼았더라"(창세기 3:7).

"이것으로 말미암아 나도 하나님과 사람에 대하여 항상 양심에 거리낌이 없기를 힘쓰노라"(사도행전 24:16).

도덕적 본성에는 선택의 자유 및 선택에 대한 책임도 포함된다.

자유에는 책임이 따른다. 중 · 고등학교에 다니는 자녀들이 있는가? 밤에 놀러나가는 아들이나 딸에게 무엇이라고 말하는가? "자유에는 책임이 따른다." 하나님이 우리에게 선택의 자유를 주실 때 하시는 말씀이 바로 그것이다.

4. 우리의 영성 : 하나님과 관계를 맺을 수 있는 능력을 가지고 창조되었다. 13

"그뿐 아니라 이제 우리로 화목하게 하신 우리 주 예수 그리스도로 말미암아 하나님 안에서 또한 즐거워하느니라"(로마서 5:11).

에덴동산에서 아담과 하와가 불순종했을 때, 그들과 하나님 사이의 관계는 깨어지고, 부서졌다. 그리고 로마서 5장 11절은 예수 그리스도를 통해 그 관계가 회복되었다고 상기시킨다. 하나님의 성령을 통해 우리의 영이 다시 생명을 얻었다.

우리는 하나님의 형상대로 창조되었다는 의미를 표면적으로만 살펴보았다. 남들이 우리에게 강요하는 형상이 아닌, 우리가 창조된 형상을 따를 때에 우리는 하나님의 자녀가 되었다는 의미를 삶 속에 실현하게 될 것이다. 광고물에서 보는 이미지와 여러분이 따라서 창조된 모델 중 어떤 것이 이번 한 주 동안 여러분의 삶과 결정에 영향을 미치게 하겠는가? TV 화면에서 보는 이미지? 아니면 여러분이 하나님의 형상대로 창조되었다는 사실? 하나님의 형상대로 만들어졌다는 사실에 집중한다면, 남은 평생 우리는 더욱 온전한 사람으로 성장할 것이다.

이번 한 주 동안 당신이 하나님의 형상대로 만들어졌다는 사실에 매일, 그리고 하루 종일 집중하라.

토의 4번의 내용을 여기서 나눌 수 있다.

하나님은 일을 마치셨다 14

"천지와 만물이 다 이루어지니라"(창세기 2:1). 15

창세기 2장 1절에서 "다 이루어지니라"에 밑줄을 그어 보자. 이번에는 히브리서 4장 3절을 다 같이 읽고, "이루어졌느니라"에 밑줄을 그어 보자.

"…세상을 창조할 때부터 그 일이 이루어졌느니라"(히브리서 4:3). 16

- **이 우주는 상당히 거대한 조화로 완료되었다.**
- **이 지구와 우주는 작업 중인 상태가 아니다.**
- **우주는 창조가 완료된 작품이며 인간이 들여온 죄로 인해 훼손되었다.**

이 진리로 인해 우리가 이 세상을 보는 관점은 완전히 달라질 수 있다. 아직 완성되지 않아 진행 중인 작업은 골조만 세워진 집과 같다. 완성되었지만 훼손된 작업은 오랜 세월 방치된 빅토리아풍 대저택과 같다. 전자는 완성되어야 하고, 후자는 복구되어야 한다. 우리에게는 완성이 필요하지 않다. 회복이 필요하다.

이 세계는 개선될 필요가 없다. 원래의 상태대로 복구되어야 한다. 우리는 새롭고 발전된 인간상을 세울 필요가 없고, 하나님과의 관계를 회복해야 한다. 하나님의 원작을 우리가 개선시킬 수는 없다.

이번 한 주 동안, 죄로 망가진 창조물들을 하나님께서 회복시키실 것을 소망하라.

토의 5번의 내용을 여기서 나눌 수 있다.

하나님은 일곱째 날에 안식하셨다 17

"하나님이 그가 하시던 일을 일곱째 날에 마치시니 그가 하시던 모든 일을 그치고 일곱째 날에 안식하시니라 하나님이 그 일곱째 날을 복 되게 하사 거룩하게 하셨으니 이는 하나님이 그 창조하시며 만드시던 모든 일을 마치시고 이 날에 안식하셨음이니라"(창세기 2:2, 3). 18

하나님은 왜 안식하셨는가? 19

여기에는 두 가지 이유가 있다.

Teaching TIP

"두 가지 이유" 같은 간단한 말이 듣는 사람들에게는 얼마나 큰 도움을 주는지 모른다. 당신이 이 말을 하면, 듣는 사람들은 그 두 가지가 무엇일지 기대하기 시작한다. 들어야 할 내용의 가짓수를 말할 때마다, 사람들은 당신이 무슨 말을 할지 기대감을 갖게 되는 것이다.
그리고 두 가지에 대해 이야기할 때는 매우 분명하게 하나하나 사람들에게 말해 주는 것이 중요하다. 인도자가 이것이 두 번째 이유라고 말하지 않으면, 사람들은 기다리는 이야기가 나오지 않아 혼란스러워할 것이다.

첫 번째 이유

• 우리에게 본이 되시기 위해

"엿새 동안은 힘써 네 모든 일을 행할 것이나 일곱째 날은 네 하나님 여호와의 안식일인즉… 이는 엿새 동안에 나 여호와가 하늘과 땅과 바다와 그 가운데 모든 것을 만들고 일곱째 날에 쉬었음이라…"(출애굽기 20:9~11).

하나님은 피곤해서 쉬셔야 했던 것이 아니다. 하나님은 결코 피곤하거나 지치지 않으신다. 하나님께서 일곱째 날에 일을 중단하기로 결정하신 것은 우리가 실행해야 할 본을 보여 주시기 위해서였다. 여러분은 일주일에 하루를 쉬는가? 여러분은 그렇게 하도록 지어졌다. 만일 쉬지 않으면, 여러분의 몸은 무너질 것이다.

악보에는 쉼표가 가득하다. 쉬는 동안에는 연주하지 않지만, 바로 그것이 음악을 아름답게 한다. 쉬는 부분이 하나도 없이 음악을 연주한다면, 소음이 뒤죽박죽 된 불협화음만 날 것이다. 우리 모두의 인생의 위대한 작곡자이신 하나님께서는 우리 삶에 휴식하는 시간들을 두셨다. 쉬어야 할 때도 쭉 연주한다면, 더 좋은 음악을 창조하는 것이 아니라, 소음을 일으킬 뿐이다.

여기서 간단한 경고를 하겠다. 일곱째 날에 안식하는 것은 율법주의자들이 좋아하는 주제다. 그들은 일곱째 날에 쉬어야 한다고 말할 뿐 아니라, 어떻게 쉬어야 하는지도 강요하려 한다. 성경은 어떻게 쉬는가는 우리에게 달려있다고 말씀한다. 사실, 신약 성경은 우리가 7일 중에 하루를 쉬기만 한다면, 정확한 날에 매달리지 않아도 된다고 알려 준다. 하나님께서 원하시는 것은 단순히 일을 하루 쉬는 것이 아니라, 하나님께 초점을 맞추는 안식이다. 우리 대부분에게는 그날이 주일이 될 것이다. 왜냐하면 그날 우리가 다른 사람들과 함께 예배하기 때문이다.

하나님께서 일곱째 날에 안식하신 두 번째 이유는 다음과 같다.

• 하나님의 계획을 보여 주시기 위해

> **"그런즉 안식할 때가 하나님의 백성에게 남아 있도다 이미 그의 안식에 들어간 자는 하나님이 자기의 일을 쉬심과 같이 그도 자기의 일을 쉬느니라 그러므로 우리가 저 안식에 들어가기를 힘쓸지니…"(히브리서 4:9~11).**

"그의 안식에 들어간 자"에 밑줄을 그어 보자.

하나님께서 자기 일을 쉬신 것은 우리가 영적으로 하나님의 안식에 들어가야 함을 가르치기 위해서였다. 하나님께서는 우리와 하나님의 관계가 우리의 행위가 아니라 하나님의 역사를 의지하고 안식하는 데 있다는 것을 창조의 방식을 통해 알려 주셨다. 그것이 무슨 의미인지는 '구원'에 대한 장에서 더 자세히 살펴볼 것이다. 이 구절에서는 구원을 받으려면 우리의 일을 쉬고 하나님의 안식에 들어가야 한다고 말한다. 우리의 행위에 의지하는 것을 중지하고, 오직 하나님께서 하실 일에 의지해야 한다.

안식은 아무것도 하지 않는다는 의미가 아니다. 히브리서의 마지막 구절 "저 안식에 들어가기를 힘쓸지니"를 보라. 여러분의 행위에 대한 의지를 중지하고 여러분 안에서 이뤄지는 하나님의 역사를 의지하기 위해서는 믿음의 큰 노력이 필요하다.

이번 주일에는, 예배하며 안식하는 하루를 보내라.

토의 6번의 내용을 여기서 나눌 수 있다.

하나님은 자신이 만드신 모든 것을 다스리신다 20

"또한 그가 만물보다 먼저 계시고 만물이 그 안에 함께 섰느니라"(골로새서 1:17).

하나님께서 창조물들을 직접 돌보고 다스리시는 것을 하나님의 '섭리'라고 한다. 하나님께서 모든 것들을 만드시고 나서 알아서 돌아가도록 놔두셨다고 생각하지 마라. 하나님이 창조 세계를 친히 섬세하게 이끌어 가고 계신다는 말씀만도 성경 전체에 수백 개는 된다.
아주 작은 이슬방울에서부터 거대한 나라들에 이르기까지, 하나님이 모든 것들을 다스리신다.

욥기 38장과 시편 47편을 보자.

"…이슬방울은 누가 낳았느냐"(욥기 38:28). 21

"하나님이 뭇 백성을 다스리시며 하나님이 그의 거룩한 보좌에 앉으셨도다"(시편 47:8).

플라스틱 지구본을 조립한다고 생각해 보자. 상자에서 네 조각을 꺼내 조심스럽게 손으로 맞춰 본다. 여러분이 손으로 붙잡고 있는 동안은 지구본이 하나가 되어 있다. 그러나 손을 놓는 순간, 지구본은 네 조각으로 떨어진다. 지구본을 하나로 만들어 주는 접착제는 여러분이다.

우주를 붙잡고 있는 접착제는 하나님이시다. 전 우주를 지탱할 정도로 충분히 강력한 접착제는 없기 때문에, 하나님의 "손"이 모든 것들을 매순간 붙잡아 주시지 않으면, 우주는 산산조각이 되어 날아갈 것이다.

그리고 하나님은 여러분을 붙잡고 계신다. 월급 봉투가 여러분을 붙잡아 주고 있다고 생각할지 모르겠지만, 그렇지 않다. 하나님이 여러분을 붙잡으시는 공급 통로 중 하나가 월급일뿐이며, 공급자는 하나님이시다. 공급 통로와 공급자를 절대로 혼동하지 말라. 하나님이 여러분을 붙잡는 데 사용하시는 수단과 공급자 되시는 하나님을 절대로 혼동하지 말라.

우주를 돌보시는 하나님이 매일 당신을 돌보고 계심을 이번 한 주 동안 기억하라.

창조에 대한 공부를 마치면서, 창조자 하나님께 여러분이 개인적으로 반응할 수 있는 기회를 가지려 한다. 여러분의 내면과 주위에서 여러분의 정신을 빼앗는 모든 것을 내려놓고, 몇 분 동안 우리의 창조자이신 하나님께 감사하는 시간을 갖자. 우리는 하나님께 감사하는 시간을 충분하게 갖지 못하고 있다. 그러므로 지금 하나님께 감사를 드리자.

집중 탐구 | 창조주 하나님을 찬양하자

"주 하나님 지으신 모든 세계 내 마음 속에 그리어 볼 때"

"큰 빛들을 지으신 이에게 감사하라 그 인자하심이 영원함이로다 해로 낮을 주관하게 하신 이에게 감사하라 그 인자하심이 영원함이로다 달과 별들로 밤을 주관하게 하신 이에게 감사하라 그 인자하심이 영원함이로다 …모든 육체에게 먹을 것을 주신 이에게 감사하라 그 인자하심이 영원함이로다"(시편 136:7~9, 25).

"하늘의 별 울려 퍼지는 뇌성 주님의 권능 우주에 찼네"

"오라 우리가 굽혀 경배하며 우리를 지으신 여호와 앞에 무릎을 꿇자 그는 우리의 하나님이시요 우리는 그의 기르시는 백성이며 그 손이 돌보시는 양이기 때문이라 너희가 오늘 그의 음성을 듣거든"(시편 95:6, 7).

"주님의 높고 위대하심을 내 영혼이 찬양하네"

"내가 주께 감사하옴은 나를 지으심이 기묘하심이라 주께서 하시는 일이 기이함을 내 영혼이 잘 아나이다"(시편 139:14).

주님, 저를 이러한 모습으로 만들어 주심을 감사드립니다. 저 자신을 다른 사람들과 비교하고 때로는 다른 사람들처럼 되고 싶어 했던 것을 용서해 주옵소서. 주께서 저를 만드신 고유한 모습 그대로 살아가도록 도와주옵소서. 예수님의 이름으로 기도합니다, 아멘.

암송 카드 5번, '창조'를 암송하라.

이 말씀을 가지고 당신이 얼마나 자주 사람들에게 하나님의 창조에 대해 이야기하게 될지 알게 된다면 매우 놀랄 것이다.

Q 토의

1. 당신은 언제, 무엇을 보면서 하나님이 얼마나 창조적으로 세상을 지으셨는지 놀라게 되는가? 구체적으로 말해 보자. 22

2. 하나님의 창조물들은 창조주의 인격과 성품을 어떻게 드러내고 있는가? 예 : 내가 별을 볼 때…, 바다를 볼 때…, 계곡을 볼 때 하나님의 성품은… 23

3. 하나님께서 창조주시라는 진리가 이 세상을 사는 우리에게 어떻게 튼튼한 기초가 되어 주는가? 24

4. 당신은 물질적인 것을 '좋게' 보는 편인가, 아니면 '악하게' 보는 편인가? 세상 속의 악의 존재를 아는 것과 물질적인 모든 것이 악하다고 보는 것의 차이를 토론해 보자. 25

5. 인류가 하나님의 형상대로 창조되었다는 사실에 대해 곰곰이 생각해 보고 어떤 느낌이 드는지 이야기해 보자. 26

6. 하나님이 안식하신 모습을 당신은 얼마나 잘 따르고 있는가? 하나님이 보여 주신 본을 따르기 위해 당신이 실천할 수 있는 한두 가지가 있다면? 27

참고 도서 | 켄 A. 햄, 『진화론은 새빨간 거짓말』(두루마리 역간)
스코트 휴즈, 『진화론이 무너지고 있다』(에스라서원 역간)

암송 카드

암송 카드	1 **성경** 성경은 하나님의 완전한 가이드 북이다.	2 **하나님** 내가 상상하는 것보다 하나님은 더 크시고 더 좋으시고 더 가까이 계신다.
3 **예수님** 예수님은 우리에게 자신을 보여 주신 하나님이시다.	4 **성령** 이제 하나님은 내 안에 계시고 나를 통해 역사하신다.	5 **창조** 저절로 된 것은 아무것도 없다. 하나님께서 모든 것을 창조하셨다.
6 **구원** 은혜는 하나님과 관계를 맺는 유일한 방법이다.	7 **성화** 믿음은 성도가 성장하는 유일한 방법이다.	8 **선과 악** 하나님은 우리에게 선택권을 주시려고 악을 허용하셨다. 하나님은 악한 것을 통해서도 선을 이루신다. 그리고 하나님을 선택하는 자들에게는 악에 대한 승리를 약속하셨다.
9 **죽음, 그 후** 천국과 지옥은 실재하는 장소들이 다. 죽음은 끝이 아니라 시작이다.	10 **교회** 세상을 바꾸는 진짜 힘은 교회에 있다.	11 **재림** 이 세상을 심판하고 하나님의 자녀들을 모으시려 예수님은 다시 오신다.

<table>
<tr><td>“보라 아버지께서 어떠한 사랑을 우리에게 베푸사 하나님의 자녀라 일컬음을 받게 하셨는가, 우리가 그러하도다 그러므로 세상이 우리를 알지 못함은 그를 알지 못함이라”(요한일서 3:1).</td><td>“모든 성경은 하나님의 감동으로 된 것으로 교훈과 책망과 바르게 함과 의로 교육하기에 유익하니”(디모데후서 3:16).</td><td></td></tr>
<tr><td>“오직 주는 여호와시라 하늘과 하늘들의 하늘과 일월성신과 땅과 땅 위의 만물과 바다와 그 가운데 모든 것을 지으시고 다 보존하시오니 모든 천군이 주께 경배하나이다”(느헤미야 9:6).</td><td>“술 취하지 말라 이는 방탕한 것이니 오직 성령으로 충만함을 받으라”(에베소서 5:18).</td><td>“그 안에는 신성의 모든 충만이 육체로 거하시고 너희도 그 안에서 충만하여졌으니 그는 모든 통치자와 권세의 머리시라”(골로새서 2:9, 10).</td></tr>
<tr><td>“우리가 알거니와 하나님을 사랑하는 자 곧 그의 뜻대로 부르심을 입은 자들에게는 모든 것이 합력하여 선을 이루느니라”(로마서 8:28).</td><td>“내가 그리스도와 함께 십자가에 못 박혔나니 그런즉 이제는 내가 사는 것이 아니요 오직 내 안에 그리스도께서 사시는 것이라 이제 내가 육체 가운데 사는 것은 나를 사랑하사 나를 위하여 자기 자신을 버리신 하나님의 아들을 믿는 믿음 안에서 사는 것이라”(갈라디아서 2:20).</td><td>“너희는 그 은혜에 의하여 믿음으로 말미암아 구원을 받았으니 이것은 너희에게서 난 것이 아니요 하나님의 선물이라”(에베소서 2:8).</td></tr>
<tr><td>“그러므로 너희 마음의 허리를 동이고 근신하여 예수 그리스도께서 나타나실 때에 너희에게 가져다 주실 은혜를 온전히 바랄지어다”(베드로전서 1:13).</td><td>“모이기를 폐하는 어떤 사람들의 습관과 같이 하지 말고 오직 권하여 그 날이 가까움을 볼수록 더욱 그리하자”(히브리서 10:25).</td><td>“위의 것을 생각하고 땅의 것을 생각하지 말라”(골로새서 3:2).</td></tr>
</table>